U0919431

和虎妞一起成长，
一起感受家的温暖，一起爬山涉水，
一起品味北美求学生活的酸甜苦辣。

家有虎妞

师海念　著

中国财富出版社

图书在版编目（CIP）数据

家有虎妞 / 师海念著．—北京：中国财富出版社，2015.2
ISBN 978－7－5047－5359－5

Ⅰ．①家…　Ⅱ．①师…　Ⅲ．①家庭教育—通俗读物　Ⅳ．①G78－49

中国版本图书馆 CIP 数据核字（2014）第 199636 号

策划编辑　丰　虹　　**责任印制**　方朋远
责任编辑　丰　虹　　**责任校对**　梁　凡

出版发行　中国财富出版社
社　　址　北京市丰台区南四环西路 188 号 5 区 20 楼　　**邮政编码**　100070
电　　话　010－52227568（发行部）　　010－52227588 转 307（总编室）
　　　　　　010－68589540（读者服务部）　010－52227588 转 305（质检部）
网　　址　http://www.cfpress.com.cn
经　　销　新华书店
印　　刷　北京京都六环印刷厂
书　　号　ISBN 978－7－5047－5359－5/G・0584
开　　本　710mm×1000mm　1/16　　**版　　次**　2015 年 2 月第 1 版
印　　张　16.5　　**印　　次**　2015 年 2 月第 1 次印刷
字　　数　270 千字　　**定　　价**　36.00 元

推荐序

妈妈寄语

亲爱的读者朋友们：你们好！

我是本书作者师海念的妈妈，前一段时间，念念在家里的一次翻箱倒柜，意外翻出了一些上了年头的信纸，那其中有她从幼儿园开始到成年之后的日记，上面还有我当初的标记。这些都是我珍贵的“收藏品”。

对于我来说，这些信纸无比珍贵。因为它们承载了一个孩子的成长，也倾注了作为父母的我们二十年来对她的爱。从国内到国外的数次搬家中，我一直都把它们带着。每每打开它们，我的记忆就像浓郁的花香一样快速飘满周围的整个空间。眼前也浮现出一个个生动的片段，画面中出现最多的是一个小女孩，正在光影变幻中慢慢长大——她时而哭，时而笑，时而大大咧咧，时而沉默不语……时光在她身上留下了很深的印记，也让她成长和蜕变。

孩子永远是父母手心的宝，心头的肉。当我们在呵护他们成长的时候，都希望他们能够成龙成凤。可是，为人父母的是否想过：“孩子们是否需要我们为他们设定生活？他们一路成长过来快不快乐？”

从初为人母，到现在成为一个 20 岁孩子的母亲，这 20 年来，我经历的就是同孩子一起成长。念念现在在哥伦比亚大学念书，也许她并不像“哈佛女孩”或“牛津男孩”那样耀眼，但她告诉我，这些年来，她觉得很快乐。而我们，又何尝不是呢？

听到她说的这句话，我已经很满足了。作为父母，对于孩子最朴素的一种爱不正是希望他们能在一个洋溢着幸福和充满正能量的环境下成长吗？在陪孩子成长的道路上，我们有过欢乐，也有过痛苦；有过相聚，也有过离别；有过胜利的喜悦，也承受过失败的打击……但不管怎样，这都是我们一路走来所深切感受到的！

当她跟我说了出书的打算之后，我举双手赞成。我们将这些信纸上记录的最真实的一切展现给大家，同大家分享“虎妞”是如何炼成的！我衷心希望每一个孩子都能在快乐的环境中成长，每一个家庭都充满幸福的阳光！这正是我们这本书出版的意义。

念念的妈妈

2014 年 9 月

自　序

来到这个世界，还是那么的朦胧。当第一次看到爸爸妈妈，眼里充满了幸福。慢慢长大，我的爱依然那么大……

——摘自歌曲《我的独白》

各位读者朋友们好：

首先自我介绍一下，我叫师海念，今年我年满 20 岁了，现在在哥伦比亚大学读大二，是一个快乐、有梦想的 90 后女孩。

偶然的一天下午，当我翻开一个尘封已久的行李箱，映入眼帘的是一摞摞信纸。我有些诧异，一时间想不起来这些信的来历，现在大家都用手机、用电脑，谁还会不厌其烦地花费精力写了这么多信？

这一发现，让我产生了强烈的好奇心。我捧起那一摞信纸，抽出其中的几张，马上就看到了那有些稚嫩歪斜却又非常熟悉的字体，这不就是我写的吗？我拿着那几张信纸，坐在沙发上读了起来：

月亮和太阳

月亮、月亮，我在天上看你，
太阳我在地上看你。
天天妈妈看我，
爸爸上班的，太阳。
爸爸回来也，
我就看爸爸。

当我读完这一段时，不禁捧腹大笑，这真是各种幼稚、各种错误呢！不过，我看到那有些泛黄的纸张上写着“念念五岁半学前班”这几个字。仔细一辨别，就明白过来这字出自老妈之手。这时，我才大概知道了，这些东西应该是我小时候写的，只是我随便写、随便放，又历经几次搬家，然后去加拿大，最后又到了美国纽约读大学，这些东西早已不知道放在哪里了，没想到现在竟然被我又找到了，一时有种失而复得的兴奋感。

对我而言，失而复得的不光是这些泛黄的信纸，还有我过去那些年的记忆。我想，这些文字都是我写的，但肯定是我老妈帮我整理出来的。那么，妈妈为什么要保存这些我写的东西呢？可是左思右想，我也想不出所以然来。俗话说，解铃还须系铃人，我喊来正在厨房研究新菜谱的老妈，问她这到底是怎么回事。

老妈看到这些东西，一时间也没反应过来，翻了几张后马上就记得了这些信纸的来历。她拉着我的手坐在沙发上，那眼神似乎是在回忆当年的情况，嘴角上扬，洋溢着微笑。老妈对我说：“念念呀，这些东西是我从你学会写字开始收集的，包括你的日记、信件还有成绩单，我当时就觉得这些东西是你从小到大的经历，想把它们都保存下来，等你长大后可以拿出来一起好好回味下。”

瞧我老妈，心思多么细腻，我不得不佩服起她来。毕竟，我从幼儿园起就断断续续地拿起笔写了一些东西，它们都记录了我成长的过程。而老妈的精心整理和保存，又能让我在与祖国相隔万里的美国纽约重温那些年少时的回忆。

妈妈看到这些旧物，也是很有感慨，她对我说：“念念，我觉得你写的那些东西都很好，每一个年龄阶段有每一个年龄阶段的特色，如果把它们都整理成一本书，那是不是能对现在的家长育儿有很大的意义呢？”

听妈妈这么一说，我也陷入了往昔的回忆。的确，我能走到现在这一步，肯定离不开父母对我的培养和教育。那么，若是把我的成长经历向广大家长和孩子们分享，一定会引起他们的共鸣，而且老妈还向我保证，只要我把这些经历串联成一本书，她就答应我，用她那很少执笔写字的手，书写一封封给我的信，通过信的形式写给当时的我，谈谈她当时的一些看法与做法，让广大家长更有借鉴意义。

就这样，我终于决定，要用这些泛黄纸张上面密密麻麻的文字，加上妈妈给我写的那一封封带着回忆的信，写出一本自己的成长书，也是属于妈妈的一本育儿书。这样的话，读者朋友们在读到这本书后，能多了解一些家长和子女的行为和想法，从而创造一个轻松愉快的育儿成长环境。

那么，该怎样做才能让这本书更好地呈现这些东西，让读者都能受益匪浅呢？思来想去，我决定写下这篇独白，希望读者在开始读这本书的正式内容之前，先仔细阅读这一篇文字，它能起到一个路标的作用，指引那些走进这本书的读者，都能顺畅地在书中有所悟、有所得。

这本书分为四篇，分别记录的是我从小到大的一些成长经历和生活感悟：第一篇的时间段主要为学前班到小学六年级；第二篇说的是我在加拿大上初中和高中的一些生活轨迹；第三篇“海念视角”收录了在加拿大《寰球华报》我的专栏《海念视角》中的一些文章，写下我对东西方生活、教育、文化等方面的一些见解，权当为一些想留学西方或者移民海外的学子和家长上几道“开胃菜”；第四篇详细叙述了我适应海外生活的过程，让读者能真正感受到我的思考和成长。

对于具体的结构，我会在每节附上过去这些年来自己以及妈妈整理的日志、日记、书信、博文，再加上老妈在后来精心为我写的“妈妈手记”，剖析了当年我和她的心理，并以此来分享给广大家长朋友一些育儿的心得体会。

在某些重要的章节最后，老妈还贴上她从“妈妈手记”里整理出来的“育儿锦囊”，并附上一些知识链接，让读者在读这本书的过程中能身临其境，真切感受到我当时的生活状态和所思所想，也能明了父母培养子女的一些真实体会，具有很强的参考和实用价值。

我想通过这样一本书，通过这样一种特殊的编排方式，把我和老妈需要分享的东西传递出去，这也是我写作这本书的初衷和目的。

最后，请读者朋友们带着一种分享成长的喜悦走进这本书，走进属于我们一家人的现实生活和理想世界。

师海念

2014 年 6 月 30 日

目　录

第一篇　吾家有女初成长

第二篇 风雨兼程

第三篇 海念视角

第四篇　东张西望

第一篇 吾家有女初成长

你说你的这本书要从出生时写起，问我有没有你儿时的资料，我抬出了满满一箱“宝贝”，你用惊奇的目光看着我，不用奇怪哪来这么多你的日记，我珍藏着你从小到大的所有的照片，你画的第一幅画，你写的第一首诗，你做的第一张作业，老师给你写的第一个学期总结……

爱一朵花就陪它一起绽放，爱孩子就和她一起成长，看你的第一篇“非正式”的日记时，爸爸笑着说：“这一篇可以叫‘吾家有女初成长’。”这是你的成长日记，也是我们共同的成长历程。

记忆的闸门一打开，岁月的沉淀就会不停地泛起，才发现最初的成长记忆，一点一滴的渗化，浸透到了灵魂的深处。翻看着这些浸染着岁月痕迹的宝贝，我们看到了你成长的一幕幕，你的天真，你的“无理取闹”，你的“疯狂”，你的无私……

你的每件事情我都如数家珍，你成长的每一个细节都能叩响我心中最柔的那道心弦……

第一章　念念不知道的事

外公外婆的守护

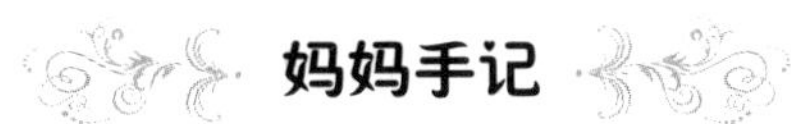

妈妈手记

你知道吗，这篇文字是妈妈写在你记事之前。二十年前，你的爸爸妈妈双双辞了公职，紧随时代的步伐下了海，正在水中扑腾挣扎，为黑暗中找不到出路而彷徨迷茫的时候，你的突然到访，既带给了我们希望，也令我们措手不及，因为在思想上、经济上，我和你爸爸当时都没有做好准备。

面对你的到来，我们这对没有经过培训的父母，并没有太多的期望，也没有做任何规划，一对毫无经验的年轻父母就这样匆忙上岗了。幸好，在这个关键时刻，我的爸爸妈妈，也就是你的外公外婆义不容辞地承担了守护你的责任。

作为母亲，我已经感受到一个新生命对一个女人生命的丰富和铸就。这是一份多么昂贵的礼物啊！看着襁褓里粉嫩的你，我体会到了那种骨肉相连、心灵相映的幸福感，是任何东西都代替不了的。看着你澄澈的眼睛，涌上心头的是无私、彻底、不求回报的母爱，是欢快、沉甸甸的责任。谢谢你的到来，让我和你爸爸体会了人生最幸福的时刻。

于是，在成都的那栋单元房里，我在你外公外婆家坐月子。因为一个小生命的到来组成了一个温暖而忙碌的完整家庭。我知道，我们必须尽快成长为一对成熟的父母。

当我和你爸爸把你抱在怀里时，我们就决定尽最大的努力，给你一个充满爱和温馨的家，使你能在这个家里，获得生命所必需的支持，接受正确的教育方式，能自己独立地做出判断和决定……

没过多久，你爸爸不得不撇下我们，乘火车南下去为你赚奶粉钱。这么多年过去了，当年的离别场景还历历在目：我看见你躺在床上，嘴里吸吮着奶嘴，根本不知道你爸爸要出远门。临走前，你爸爸一边打着铺盖卷一边说：“我就不信自己连老婆孩子都养不活了！”然后他就背着简单的行李头也不回地出了门。我哭得跟泪人一般。你外婆连忙安慰说：“月子里不能哭的，落下病了怎么得了?”

在你周岁那一天，外公带着你在公园里玩耍，把你放在一个足球场外边的跑道上，像往常一样用他那温暖的大手扶着你。这一次，你勇敢地挣脱了外公的手，独自站了起来，迈开了你人生的第一步，我和外公站在旁边既紧张又兴奋，然而你还没走出三步，就摔倒了。外公正准备去扶时，你已经摇摇晃晃地自己爬了起来，又走了几步。外公对我赞叹道：“这是一个不怕摔跤的孩子！”是的，外公的这句话好像是个预言，印证了你在今后的人生道路上独自面对的勇气和经历，印证了你每次做选择时总是选最难的那条路去走，活脱脱一个明知山有虎，偏向虎山行的虎妞。

两岁时，外公带你上街，见到游泳池门口贴着“一人一票”四个字，你问外公是什么，外公教你学了一遍。你就能在其他地方一眼找出这几个字并准确地念出来，乐得外公逢人就夸你，仿佛我们家得了一个神童。

快三岁了，你跟外公在公园里玩竹蜻蜓。外公蹲在地上，两个手掌夹着竹蜻蜓，一搓，竹蜻蜓就飞上了天，你跑去捡回来，交给外公。外公再一搓，这时，来了两个比你大的孩子，一个哥哥、一个姐姐，也跑去捡。一次是姐姐捡到了，一次是哥哥捡到了。你还小，怎么跑也跑不过他们。你看着他们拿着你的竹蜻蜓，突然“哇”的一声哭了起来。外公看到这种情况，走过去跟哥哥姐姐协商让他们让着你点，于是他们很配合的跑得慢些，也让你能捡到竹蜻蜓，很快笑容和自信又回到了你的脸上。后来外公告诉我：“不服输是一把双刃剑，孩子们不懂控制情绪，要教会念念使用它。”

这是外公对你的守护。而外婆则用她的宽容和朴实的性格为你在幼儿时期就树立了一个好榜样，他们给予你的是慈祥的隔代爱，能够敏锐地捕捉到你在成长的关键期的情绪和性格变化，并及时给你引导和关爱，弥补了此段时间妈妈和爸爸对你的教育空缺。

知识链接

推荐书籍

《怀孕圣经》（英）安妮·迪安著，李振华等译，山东科学技术出版社。

《郑玉巧育儿经》郑玉巧著，21 世纪出版社。

《西尔斯亲密育儿百科》（美）威廉·西尔斯、（美）玛莎·西尔斯著，蔡骏译，汕头大学出版社。

《卡尔·威特教育全书》（德）威特著，中国妇女出版社。

推荐网站

摇篮网：www. yaolan. com

宝宝树：www. babytree. com

推荐儿童节目

《天线宝宝》：英国 BBC 推出的儿童节目。主要的收视对象是 12 个月 ~5 岁的学龄前幼儿。

《花园宝宝》：英国 BBC 出品的一档观众定位为 1 ~4 岁的孩子的电视节目。

《巧虎》：中国台湾出品的针对学前儿童的 VCD。

留守儿童

妈妈手记

在你一岁多的时候，你爸爸的事业到了关键时刻，需要我去帮忙，我们不得不将你留在外公外婆家，于是你成了留守儿童，而我和你爸爸则开始了在广州拼搏漂泊的生活。

对于你来说，那是在你成长的关键时期，最依赖父爱与母爱的时候，而身为父母的我们，却没有在你身边陪伴，虽然外公外婆对你疼爱有加，但我知道任何一份爱都代替不了父母之爱，为此我心里一直充满了内疚，也非常想念你。好在外公外婆常常寄来你的照片，在一定程度上慰藉了我们的思念之苦。

2 岁的念念

这张照片是你两岁多的时候拍的，你说那个洋娃娃的眼睛和你的眼睛很像，洋娃娃的眼睛并没有感情，而我在你的眼睛里读到的却是满满溢出的思念。这个眼神我记忆至今，我一直很想问问作为留守儿童那段时间，远离父母的你内心是怎样的想法，是不是像我一样常常感受到一种孤独、渴望与挣扎？

可你好像从来没有对我们倾诉过这些。我有时也在想：是短暂的相聚时间没有机会诉说，还是这段特殊的经历让你有了一颗早熟而敏感的心？还记得那段时间，你爸爸常常讲关于你的一个故事：

“有次和几个朋友一起回到成都，办完事情我急急忙忙往家里赶，一年没有见女儿了，回家的路上，我的脑海里不禁浮现出去年离开时的一幕：那时，念念才一岁多，推动着院子的大铁门，等铁门滑动后就双脚站上去，享受铁门滑动带给她的快乐。

“我说：‘念念再见！’她好像什么都没有听见，只顾自己玩。我的离开似乎跟她没有任何关系……时隔一年，再回来，朋友们开玩笑地说：‘一年没见面了，你女儿肯定不认识你了。’我表面苦笑，心却忐忑，走进院子，我看到外公旁边站着一个扎了两个小羊角辫、穿着粉红色小裙子的小女孩。我心中惊喜，宝贝女儿长高了！这时，她已经看到了我，伸开双手大声叫着‘爸爸，爸爸’，跌跌撞撞地向我扑来。我一把将她举过头顶，心里纳闷：两岁的孩子怎么在人群中就能一眼判断出一年不见的亲人？

“当我牵着她的小手，走在街道上，我发现什么东西在她眼中都是好奇的，她的小嘴巴不停地问‘爸爸这是啥？’‘爸爸那是什么？’

“在给她不厌其烦地解释过程中，我发现原来生活中还有这么多美妙的东西存在。这时候，天突然下起了雨，幸好路边有房屋，我拉着她躲在小屋檐下，屋檐刚好能遮住小小的她。我半个身子露在外面，雨水在我的头顶啪啪作响，屋檐流下来的水变成了一道水幕。她在水幕后的屋檐下凝神地盯着我，突然掰开我的手，穿过水幕，用两只还没有力气的小手将我推到屋檐下，口里说‘爸爸，到里面’，自己却站在了雨中。小小的她竟然也懂得照顾爸爸！我抱起了淋湿的女儿，挤到屋檐下，不知道怎样形容自己心中的幸福。”

这个故事爸爸也时常向朋友讲起，我想除了借以思念他的宝贝女儿，更多的也有炫耀的成分在里面吧！

你三岁那年，我们在广州终于有了自己的家，于是我迫不及待地将你接到广州上幼儿园。还记得你当时大包小包急急忙忙的小样儿。外婆问：念念，你这是去哪儿？你说：去广州上幼儿园。你这么急切，是对父母怀抱的渴望还是对家庭的依恋？

美国心理学家埃里克森曾说过，人的自我意识发展持续一生，任何年龄段的教育失误，都会给一个人的终生发展造成障碍。0～6岁的孩子，正处于人格发展的关键时期，信任感、安全感往往都是在这个时期确立起来的。母亲的拥抱与抚摸、充满深情的目光、热情的鼓励与赞许，对于海量吸取外界刺激的孩子来讲，都是积极而必需的，也是无法替代的。这种充满温情的关爱和体贴，能够让婴幼儿快速建立起对周围环境的安全意识和充分的信任感。让孩子在生活中能够表现出自信、坦然、放松，信任、勇敢、开朗等个性特质，能够更好地适应新的环境，与他人形成良好而积极的互动，拥有良好的自我意识。

我坚信，小孩在6岁前甚至整个童年，对于父爱和母爱的需求都是其他的感情所无法代替的。所以我现在才意识到我当时犯了一个多么大的错误，在你最需要我的时候我却不在你身边，它是我心中永恒的内疚，直到现在一有空，我还是喜欢陪着你，吃饭、说话、玩、学习等。喜欢让你感到妈妈很爱你，总在关注你。倾我所有给你的爱，不仅仅为了弥补之前离开你、无法陪伴你的空缺，更是想给你安全感，让你放心：爸爸妈妈再不会离开你了。

知识链接

推荐书籍

《母亲的使命》（美）萨莉·克拉克森著，齐桂萍、阚春梅、王培洁译，江西人民出版社。

《六A的力量》（美）麦道卫著，黎颖、王培洁译，江西人民出版社。

《陪孩子一起上幼儿园》付小平著，电子工业出版社。

第二章　爸爸是太阳，妈妈是月亮

儿歌四首

月亮和太阳

月亮、月亮，我在天上看你，
太阳，我在地上看你。
天天妈妈看我，
爸爸上班的，太阳。
爸爸回来也（了），
我就看爸爸。

到家

爸爸回家，爸爸到，
我到家说：爸爸回来了
妈妈笑嘻嘻，说
爸爸在这。
我笑着说：爸爸在这吗？
妈妈说：对！

我的妈妈

我的妈妈，我的妈妈，
我在天上看你，
你来地上，我想你。
你来吗？我想你，

快来吧！妈妈，
快来，我想你你你……

月亮真好看

小月亮真好看，
小太阳真红呀！
小星星真三个，
小小的乎（我），真好看吗？
我这真好看。

念念于幼儿园

妈妈手记

在学前班期间，念念每天都能用属于自己的方式给我们带来惊喜。

她对什么都感兴趣，勇于尝试新的东西。每当她把充满好奇与创意的想法说出来时，我就会引导、鼓励她去做。五岁那年，她写出了第一首“儿歌”，从此“一发不可收拾”，写了第二首，第三首……于是她喜欢上了用文字去表达自己，笔耕不辍地写到现在，不论是中文还是英文，都如同母语一般运用自如。

对于小孩子来说，在幼年时学会用文字去表达自己内心的想法，有利于他们以后心智的提高和培养独立思考的能力。在申报美国大学时，热爱写作成为念念的特质，也是美国名校录取她的重要原因，从录取她的学校中，我们发现最顶尖的重视文科的大学都发出录取通知书，如：哥伦比亚大学、芝加哥大学及美国西北大学麦迪尔新闻学院。

这个阶段的孩子是幸福的，因为他们还有一个童年。作为与孩子关系最亲近的家长，我们有义务去教育一个孩子怎样能有一个幸福无忧的童年。而让孩子经常用文字来写日记、儿歌，可以锻炼孩子的文字表达能力、观察力，更为关键的是能让孩子冲破视野的限制，发现一个新的世界。试想，一个孩子如果将童年都耗费在无休止的玩乐和吃喝上，那么他的童年一定过得没有意义。但是，孩子如果能在充满想象力的创作热情中，细心地去观察生活，准确表达自己，写完一篇佳作之后的那种满足感，岂是吃喝玩乐玩电子游戏能代替的？这样的童年不但有意义而且充满了愉快的回忆。

现在常有人问我："念念是不是先天就很聪明？"对于这样一个问题，我也无法回答上来。说真的，从小到大我也没给她测过什么智商，也没觉得她特别聪明，但她一直都是一个非常有灵性的孩子。

不过，不管她先天是否聪明，这一个因素自打她生下来之后就无法改变、不能干预了。父母能改变的是让孩子后天的环境变得更加丰富。

况且，据我所知，人有八种不同的智能，分别是语言智能、数学逻辑智能、空间智能、身体运动智能、音乐智能、人际智能、自我认知智能和自然认知智能。只要孩子具备了任意一种的智能，都有发展的可能性，让孩子成为有用之才。

念念的语言表达能力和想象力相对较好，她从小就很喜欢听故事，我也会尽量满足她的要求，给她讲有趣的故事。我给她讲故事时喜欢用提问的形式启发她的想象力，例如讲《小猫钓鱼》的故事，我讲到猫妈妈坐在湖边认真钓鱼，小猫却不见了，它去干什么了呢？然后就让念念去猜，念念就会天马行空地给我说出很多答案。其实这时候已经不是我讲故事给她听了，而是换成了她自己创作故事讲给我听。

每个孩子的潜能都是无限的，父母要做的就是开发保护孩子的各种潜能，及时地给孩子发展其潜能的机会，尽早让孩子把这种能力发挥出来。如何拨动孩子的心弦？念念最初的"作品"几乎都是在我们放学回家的路上口头完成的。我提问，引导，勾起她的表达欲望。我力争做一个会问问题的妈妈，而不是只会给答案的妈妈，我认为直接就给孩子答案的妈妈是个懒妈妈，所有的问题都不仅仅一个答案，而靠你自己发现的，才属于你。到现在，念念有什么事，都愿意同我们商量，征求我们的意见。我们还是很少给她答案，但她却总是能从我们这里找到，满意而归。一起读书，一起学习，一起分享，这样的快乐贯穿了她的童年。后来到美国念书，用英文写出好文章时，她不无遗憾地说，可惜妈妈不能理解。

不过，鼓励孩子写文字是件好事，但一定不能让孩子把这些当任务，否则容易让孩子感到压力和不解。同时，在写作的具体过程要让孩子自己去思考，这就需要去引导他们，让他们感觉到用文字去表达是天底下最快乐的事情。

写文字还有利于让孩子早早学会去观察事物。外面的世界是丰富多彩的，孩子需要有一双发现的眼睛，只不过这样一双眼睛需要去开发。一开始，小孩子们看到新鲜的东西都会觉得好奇和新鲜，但是苦于不会去好好描述，所以家长可以站出来，适当地引导孩子们去正确地观察事物。在写作的过程中，我鼓励她更多地使用动词，少用形容词，动词的使用让她学会了仔细观察，表达起来相对客观，而形容词会有更多的个人感情在里面。

既然写文字有这么多好处，那就让孩子把这个好习惯传承下去。拿写日记来说，日记，日记，顾名思义，就是每日记。它的篇幅可以不要很长，但一定鼓励孩子坚持写下去，一旦间断则容易放弃。上初中以后，来自父母的肯定已经不能带给她满足感，需要更多的激励。于是，我们在新浪博客中开了一小片自留地，在出国后，博客又成为了她和国内亲友沟通的桥梁。

然后，我建议家长给孩子提供一个安静的环境。孩子采用文字记录的形式是为了将自己的内心感受和对某项事物的外在看法表达出来，这些东西都是孩子们的大脑里需要细细感受和思考的东西，所以周围的环境一定要相对安静，否则，孩子在吵闹的环境写下的文字，肯定没有思想，让人读后味同嚼蜡。

最后，当孩子写完文字后，不要置之不理，而是要去适当地询问他的感受，分享他的快乐，这对于孩子的成长是有好处的，到了青春期更是如此。

月光下

夏天的那个晚上，模糊的月亮露出了笑脸，把黑暗变成了光明的世界，月亮的小尾巴“小星星”也亮了起来，沾了一些月亮的光。

我和妈妈踩着月光去散步。

月亮一直望着我们，跟着我们走，在回家的路上，有一家人的窗户里，传出美妙动听的小提琴声，我停下了脚步。月光下，我陶醉了。

我说：“妈妈，就让我在这儿睡一会儿，好吗?”

妈妈手记

孩子们的心是纯洁和美好的，他们对自然界的感悟是最真最纯的。清清的小溪、绿色的树木，大自然是梦的摇篮、爱的天堂，家长带孩子去感受大自然，在与每一滴水、每一棵树、每一朵花、每一株小草和每一块石头中感悟它们那微弱而坚强美丽的精神。我喜欢带孩子去亲近大自然，一有时间我就会带念念去郊外散步，她也很喜欢这样，有时候她会盯着一株草看半天，然后跟我说：“妈妈，小草说今天的阳光真甜啊!”阳光也有味道? 不得不说孩子对自然的全身心地领悟，就是比我们大人厉害。如果孩子能领悟大自然，领悟它内在的那独特的美，就能领悟人生、领悟哲理。那样她就会拥有一颗善良的心、美丽的心、纯洁的心。孩子就像大自然中的小树，每一片绿叶闪着光亮，我在期待着她快快长大……

装睡觉

晚上，看完芭蕾舞演出回来，我在车上睡着了。

到家门口，爸爸抱我进屋时，我已经醒来了，可我还是闭着眼，装睡着的样子；

童年的我

躺在床上，妈妈替我盖被子时，我已经醒来了，可我还是闭着眼，装睡着的样子；

听见爸爸妈妈轻声说话时，我已经醒来了，可我还是闭着眼，装睡着的样子。

我的心里暖暖地（的）……

妈妈手记

记得心理学家达克尔·凯尔特纳说："温暖的父母会产生温暖的孩子，我们的世界也将会变得更加温暖。"也就是说温馨的家庭环境对孩子性格和心理成长有很大的影响。

因此，我和老公就比较重视家庭的气氛，毕竟不管多么恩爱的两个人生活在一起，都会为琐碎事情产生冲突。我们早在结婚时就约定：如果有争吵，那也不说伤害感情的话，不说伤人的话，就事论事，如果一方答应终止，争吵就应结束，不允许冷战，不允许离家出走等，所以我们在矛盾发生时能及时化解，这也感谢老公有颗宽厚的心，能无条件地包容和放纵我的任性和小女人的脾气。特别是有了念念后，我们更是注意，尽量不在孩子面前争吵。

如果一定要吵架，我们都先微笑着告诉念念：宝贝，爸爸妈妈不是吵架，是在大声讨论问题。后来，我们只要嗓门一提高，念念就说：讨论大会现在开始了！我俩被她逗笑了，火气也消了。

爱孩子就爱孩子的妈妈；望子成龙就给孩子一个学习的环境；要孩子专心学习就不在孩子面前吵架；想孩子做事不拖拖拉拉就得以身作责；希望儿子像个男子汉，首先不做一个霸道的妈妈；给孩子一个干净温暖的大后方，孩子就是一个勇往直前的战士。因为爱和包容，我们才有一个幸福的家庭，也很庆幸你能感到“心里暖暖地……”。

一条小裙子

改装前的小裙子

夏天到了，我从衣柜里翻出一条陪伴我多年的小裙子，红色的小百褶上，点缀着白色小圆点，是我最喜爱的小裙子。我想穿上给妈妈看一看，可是，刚穿上，就发现小了，连屁股都露出来了，怎么办？

我想了个办法：把裙子的边放长，再加上粉红色的荷叶边。这条裙子我两岁半就开始穿了，照现在这么一改，又可以多穿几年了。岂不是节约了妈

改装后的小裙子

妈的开支吗？

放学之后，妈妈已经把我设计的裙子做好了。我连忙穿上。哇！加上荷叶边的百褶裙更美了！我转了一圈又一圈，裙子飘了起来，我觉得自己像个公主一样。

妈妈手记

妈妈小时候家庭条件不太好，外婆就常常教育妈妈要节俭。令我欣慰的是，小小年纪的你就知道简朴自律。我想，这些应该是外婆对你潜移默化的影响吧。

培养孩子形成勤俭节约的良好习惯很不容易，从小就要注意，但只要家长经常提醒孩子将“不管对待任何事物都要忠于俭朴”这句话牢记于心，那么孩子就会渐渐地在日常生活中养成简朴节约的良好习惯。

让我感动的是，你不但自己勤俭节约，还常常督促我节约，要求我买东西时要看价格。悄悄地问一句：“是谁教你这样做的，是外婆吗？”

不生气

“生气”的小念念

妈妈说：“念念，你不能生气！”

妈妈批评我的时候，我生气；

妈妈骂我的时候，我生气；

妈妈凶我的时候，我生气。

我一生气就影响大家的情绪。妈妈会不高兴，我会更不高兴。我一生气对我的身体不好，对我的学习不好，对大家会更不好。

以后，我尽量不生气，人家表扬我时我笑一笑，人家批评我时我点点头。对！以后我就这样做！

妈妈手记

看到这一段，我实在感到汗颜、惭愧。在相处的十八年中，我俩发生争吵时，居然有一半以上的时间都是你让着我。

瞧，在你的笔下妈妈的动作：“批评我、骂我、凶我。”你还在上幼儿园时就说过妈妈比白雪公主的后妈还厉害。当我们之间有分歧时，留在床头的书信，成为了我们之间沟通的桥梁。

知识链接

推荐书籍

《月亮晚安》马格丽特·怀兹·布朗著，上谊文化公司出版。

《与孩子共享自然》（美）约瑟夫·克奈尔著，郝冰译，中国城市出版社。

女主角的故事

爱上跳舞的念念

从前，有个女孩爱跳舞。有一天，上舞蹈课时，其他的小朋友都很认真，但那个小女孩却东张西望，没有学会。女主角的位置被别人夺去了。

过了几天她又去上课，老师又教他们一段舞蹈，其他人还没学会，但那个小女孩很认真，她学会了，老师问："谁会跳这个舞呀？"小女孩没吭声，其实她会，就是不敢。他们又跳了一次那个舞，老师又问："谁会呀？"小女孩鼓起勇气说她会了，老师就让她当上了女主角。

你们猜那个小姑娘是谁？那个小姑娘就是我啊！

幼儿园的念念

妈妈手记

一次，我带你去儿童活动中心观看小朋友学习舞蹈。你一眼就喜欢上了，跟我说："妈妈，我也要去跳舞。"想着你能在音乐声中活动身体，我马上就答应了。当儿童活动中心的老师来幼儿园招生时，我给你报了名。但幼儿园的胖主任私底下同招生的彭老师说：念念根本不是跳舞的料，她妈妈却还硬是要她学。

当我听到这句话的时候内心很矛盾，胖主任的话也有道理，客观条件上来讲你的柔韧度的确不够好。但是，她却不明白身为母亲，看到孩子眼睛里流露的对舞蹈的热爱时的感动，即使有再大的困难我都会支持孩子去尝试。

学了一段时间的舞蹈，我不知道按照专业的眼光来讲你进步了多少，但我从你稚嫩的动作里看到了舞蹈带给你的欢乐。在一次幼儿园向家长汇报的大型文艺汇演中，其他小朋友都参加了，而你同另外一个同学老师却没有安排。那天你在家模仿日本小女孩跳的一段樱花舞，告诉我们这是敏惠跳的；然后又模仿非洲男孩举着一个扫把在家里跑来跑去，说这是天翼跳的。我问：“那你跳什么?”你说：“老师没有安排我在节目中表演，说我在舞台上啃手指头。”

“那你会在舞台上啃手指头吗?”我问。

“当然不会。我会好好跳的。”

晚上，躺在床上，我翻来覆去睡不着了：也许孩子的柔韧度不够好，也许孩子会站在舞台上吃手指头，但是孩子有着表演的欲望，这个舞台不是专业舞台，每一个孩子都不是完美的，在考虑舞台整体的同时，老师是否应该认真想想：孩子的心愿如何安放?

第二天一早，送你进了幼儿园的教室，我去办公室找胖主任。胖主任告诉我说：“节目已经定了，过两天就要表演了。不能因为一个孩子影响了大局。已经安排你的孩子同另外一个孩子在台下鼓掌。”

我低下头想了一会儿，然后抬起头说：“如果我的孩子选择上台表演呢?首先她跳得并不差，而且，我们应该考虑孩子的感受。”

胖主任开始表现出不耐烦了，说：“你们要服从安排！如果家长、孩子都像你这样不服从，我们幼儿园就乱套了。”

这时，进来一个面貌慈善的中年老师，听到了我们的争论。她了解了一下情况，问我：“你确定你的孩子能模仿每一个舞蹈动作?”

我肯定地点点头，说：“我们可以让孩子来表演一下。”她看着我的眼睛，微笑道：“我相信你说的了，让我们重新安排一下。”胖主任还想说什么，没说出来。我一阵欣喜，又有些迟疑，中年老师看懂了我的怀疑，自我介绍说：“我是幼儿园的园长，我希望我们的幼儿园能够人性化，一切以孩子为主，真正做到因材施教。”

我从这件事中也明白了一个道理，父母是孩子人生路上的第一个守护者，父母的坚持与态度影响着孩子的未来。

后来，你真的上了台，你真的没有站在舞台上啃手指头，你真的跳得很好。这是你人生的第一次登台，这是妈妈为你争来的，我希望在以后的人生路上你能用自己的能力争取属于自己的舞台。

我不知道这件事情对你带来了多少影响，但我还记得你在二年级的时候，写过一篇作文叫做《女主角的故事》，你还记得吗？

知识链接

推荐书籍

《按天性培养孩子》（美）查尔斯·博伊德等著，刘萍译，中国民族摄影艺术出版社。

《好妈妈胜过好老师》尹建莉著，作家出版社。

我学会了跳舞

“念念、路滢、盈盈等同学去德国慕尼黑参加第九届国际青少年舞蹈比赛。”舞蹈老师彭老师和蔼地恭喜我们。

我不禁想起六年前，刚学跳舞时的情景。好像幼儿园的老师早在我四岁就下了定义：“念念柔软性差，不适合跳舞。”

我的骨头仿佛特别硬，大脚背压下来了，小脚背还是高高地翘起。我很沮丧，看看同样学舞的好朋友任任的基本功，无论是腰，还是腿，想搬在哪里，就搬在哪里，让我羡慕极了。可我知道羡慕也没用。回家后，我让妈妈给我使劲地轧脚背。妈妈用手轧不下，只好用脚踩我的脚背。“啊，好痛！”当妈妈整个身体都轧在我小小的脚上，痛得我哇哇大叫。眼泪跟断了线的珍珠一般，一颗一颗地快速往下掉。“妈妈，我受不了了，真的受不了了！”我再望望妈妈：她的脚在用力地踩，眼眶也湿润了，还强忍着不流泪，用手擦了又擦。可是，妈妈的一颗豆大的泪珠还是落在我的脚背上，冰冰的，凉凉的。我学妈妈，用手擦了又擦，没错，是在擦眼泪。妈妈每天都给我这样轧，但我不再哭。我明白，只有痛，才能使我进步，只有付出比别人更多的代价，才能比别人做得更好，我止住了哭泣……

还记得那次舞蹈课，老师让我们听着《梁祝》即兴跳舞。我也不知道怎么搞的，使劲地在想动作，只是为了跳舞再跳舞，始终找不到感觉。妈妈说：“跳舞不是死记硬背，要听音乐。如果是优美的音乐，就要跳得柔美；如果是悲伤的音乐，就要跳得伤心；如果是欢快的音乐，就要跳得快一点儿；如果是抒情的音乐，就要跳得慢一点儿……总之，你要把舞蹈融到音乐里，在舞蹈中寻求快乐。”

听了妈妈的话，我在想：《梁祝》是一首十分悲伤的音乐，它讲述了梁山伯与祝英台生死离别的爱情故事。跳舞的时候，我要用身体、感情表达出梁山伯与祝英台的依依不舍。

当我翩翩起舞时，舞蹈带给我快乐。通过学习舞蹈，我学会了倾听音乐；我学会了那个字：忍。在舞蹈中，我懂得了成功的背后凝聚着辛勤的汗水；我懂得了要比别人做的棒，就要比别人付出的多……

说了那么久，其实用几个字就可以代替：我学会了跳舞！还学会了舞蹈以外的更多更多……

十年后再探望彭老师，我已经成了“大姐姐”。虽然没有走专业，但是舞蹈让我学会坚持

妈妈手记

这一跳，你跳了十四年。直到今日，你的柔软度已经有了很大进步，虽然同专业舞蹈学校的学生相比，依然有很大的距离，但却从不影响你对于舞蹈的热爱。在国内，你一直在彭老师那里学现代舞，去了加拿大，学了中国舞、爵士舞和抒情舞，现在练习瑜伽。舞蹈成了你生活的一部分，它带给你的早已超出舞蹈本身。

我记得四岁那年，你开始在彭老师那里学舞蹈，总是悄悄地站在队伍的最后面，跟着前面的学员依葫芦画瓢学着动作，每节课一小时下来，就大汗淋漓，非常吃力。那时，孩子们一排排坐在地上，伸出双腿，彭老师让你们压脚背。家长们在教室外面隔着窗户的玻璃观看。一排排看过去，你的脚背最硬、翘得最高。彭老师走到你身边，蹲下去，轻轻地扳下你的脚背，再将你的小脚背向下压，同你交谈着。

我紧张得大气不敢出，一动不动地看着你们的每个动作，却听不见你们说什么。彭老师抬头用目光扫了一眼窗外的家长，就知道了这个新来的孩子的妈妈是谁了。下了课，过道里一群家长围上来都问："彭老师，我的孩子怎么样？"他却独对我说："我教了十五年的孩子了，看一眼就知道你的孩子长大了肯定会有出息。"其他家长齐刷刷地看着我，我有些不知所措。接你回家时，我问："彭老师同你说了什么？"

"他问我喜不喜欢跳舞？"

"你怎么说？"

"我说当然喜欢了。"

我一直琢磨着，这么简洁的对话怎么令彭老师得出这样的结论？虽然没敢想孩子长大了能有什么出息，但是彭老师的话给了我鼓励和信心。作为学校教育的代表，他的话让我在今后的家庭教育中信心百倍。并且我懂了：只要你愿意同其他孩子一起，在音乐声中舞动身体，我就决不放弃。

在你四年级时，你参加了广州市番禺区举办的"环保大使"比赛，当时从小学生到高中生都有参加。我知道这件事时，你已经幸运地进入了决赛环节。决赛前还有一段时间的培训，大概有十个参赛者。其中最大的已经高三了，而你是他们当中年龄最小的。我支持你参加这种比赛，因为我觉得这样能积极地利用大众传媒为你开启了解世界的窗户，参与社会活动，并能借助大众传媒的力量来丰富你的课余生活，培养你的兴致和情趣。但我提醒你我们不要看重这些比赛的名次，更值得关注的应该是在参与这些活动的过程中，所培养的一种参与和竞争的精神。如你外公打趣："我们是脚踩西瓜皮，滑到哪儿算哪儿。"有些家长私下猜测，主办者可能早已内定了冠亚季军了，我们只不过是些陪衬。但对于你来说，有这么好的学习机会，能做陪衬已经很幸运了。冠亚季军给其他任何参赛者都应该，他们也许面临高考或中考，都比我们更需要这个奖杯。

获奖的念念

比赛那天，你爸爸工作忙，没有去观看比赛。我甩着双手去看热闹，只有外公买了一卷科达胶卷，在现场不停地摁着快门。

比赛开始了，从自制环保服走猫步、现场制作环保作品，到自我介绍等环节，你都显得活泼大方、表情轻松、语言风趣，一点也不输给大哥哥大姐姐们。但到了比赛的高潮，现场抽题，回答三个问题时，你却表现得令在场观众无不捧腹大笑。

三道题中前两题，你中规中矩地背出了答案，到第三题，主持人问：为什么我们要保护穿山甲，穿山甲的作用是什么？

“一头穿山甲能够保护250亩山林不受白蚂蚁伤害，这对保护森林资源和维护自然生态平衡有重要作用。”这道题你太有感触了，你张口就说出了答案。我刚刚松了口气，以为你已经说完了。没想到你接着说，“我爸爸和同学的爸爸应酬时，有时要吃穿山甲。他们已经吃掉了好几只了。我现在住的小区到处都是白蚂蚁，肯定和我们的爸爸们爱吃穿山甲有关。我和几个同学已经不许我们的爸爸吃穿山甲了。”

整个现场的人哄然大笑，我立马紧张起来，这可不是事先准备的答案，你可不要画蛇添足了？可坐在前排的评委们被你一副认真可爱的模样给逗乐了，其中一个评委拿起话筒说：“我们被这个小女孩的社会责任感所打动，我们需要这样的环保大使。”

后来外公说，如果知道你拿到冠军和最佳口才奖两个奖杯，他就不会事先照完了胶卷。当主持人宣布冠军和最佳口才奖获得者是师海念时，他的胶卷正好照完了。你高高举起两个奖杯的照片不是外公照的。为此，他遗憾了很久。

推荐书籍

《我不是完美小孩》几米著，海豚出版社。

推荐电影

《地球上的星星》导演：阿米尔·汗，制片国家/地区：印度。

第三章　留在床头的信

开心与伤心

妈妈：

我今天感到很开心，您长到34岁，我第一次感到这么开心。

我开心，不仅仅因为我学到了知识，我开心，是因为您爱我，所以才yanli（严厉，笔者注）地批评我。

妈妈，我知道您是聪明爱我的好妈妈，我订正完数学作业后，睡在沙发上，您看见了，急忙把温暖的被子给我盖上。您给我带来了一个深深的yin（印，笔者注）象，而且我还知道了，每当您睡觉时，我也会给你盖被子。

我知道，数学是非常重要的一门学科，宇宙飞船、飞机大炮都离不开数学，还有生活中的大事小事就更离不开数学了！

妈妈，对不起，刚刚我发了牌（脾，笔者注）气，经（今，笔者注）后，如果您批评我，我就对您说："谢谢妈妈。"妈妈，您相信我，我以后会沉下心来，静下心来，抛开不开心的事情。我要做一个对国家、对社会有用的人。而且掌握更多的新东西，学东西不再粗心了！我会jin（尽，笔者注）力让我的数学更上一层楼！su（俗，笔者注）话说："学习如逆水行舟，不进则退。"

祝：

身体健康，万事如意！

爱妈妈的念念

2002年5月25日

以下是念念写给自己的便条：

其实

写了这么多都因为我的数学！

提醒

把我的数学学好！

爱念念的念念

2002 年 5 月 25 日

妈妈手记

你高中时在《我家的专制与民主》一文中写道："在我成长初期，我们家中有两个独裁统治者——爸爸和妈妈，苦难的人民只有一个——我。"也是在好几次的冲突后，我开始反省自己：你这样做一定会有你的原因，我尝试着站在你的角度去理解你，和你沟通讲道理，也让你照着自己的想法去做，甚至走些弯路。但有时候看到你的调皮和惹了麻烦后的"战场"，我心里也很想大声地说："活该，都告诉你多少遍了，你还这样！"但我清楚，语言上的伤害远比肉体上的伤害更能摧残你那颗脆弱的心，所以我会努力控制自己的情绪，当别的父母为孩子的错误大发雷霆的时候，我们选择了通过特殊的床头信的方式来表达自己的情绪和观点，留给对方改正和成长的空间。下面是我当时写给你的一封信：

念念：

我今天感到很伤心，你长到八岁，我第一次感到伤心。

我伤心，不仅仅因为你的数学学得差；我伤心，是因为你的学习态度。你是一个聪明伶俐的孩子，你的聪明、认真如果用在数学上，就不至于退步了，可是你还没有意识到，也没有认真地去找退步的原因，我和你爸爸提醒过你，欧阳老师也在替你担忧。念念，你需要将自己的记忆清理一下，为你的数学腾出学习的位子。

妈妈希望你沉下心来、静下心来，抛开不开心的东西，将你的心思收回来，放在学习上；将你的目光收回来，放在花朵草木上。

但是，人无完人，你认真听讲—仔细作业—检查后，还是出现了错误，要学会改错，边改边总结：为什么会错呢？是新知识领悟错了，还是粗心了？

这样你的错误才可能慢慢减少。

在你长大后，你会发现，人生就像一张数学考卷，有些人不断进步，也有人总在一个问题上犯同样的错误。

爱你的妈妈

2002 年 5 月 25 日

最伤孩子的话

爸爸、妈妈：

你们好！

我不知道今晚我哪儿做错了。

我看一下星星哪儿错了？你们说了我，我就准备擦桌子，哪儿错了？

“你们怎么变成这样了？”

“对，怎么变成这样了？”这句话是最伤人自尊心了。听了这句话，我恨不得飞到玉皇大帝那儿。

你们太凶了，只有艳芳姐姐才算朋友。

我们安排如下：

一、我写信，艳芳洗碗。

二、收拾杂物间。

三、艳芳扫地，我拖地。

其实，我说什么也没用，反正早晚都是骂，虽然现在不是整天学了，却是整天骂了。我帮艳芳姐姐做事做得满头大汗。早上骂得我心服口服，不过晚上骂得我不服了，除了“该努力”，虽然话说对了，却不该用到这上面。请回信！

你们的女儿

2003 年 8 月 16 日

妈妈：

你说过我们永远是好朋友。

错了！

你和我都做不到。

特别是你！

你说过（做）人不要总生气。

虽然对了，

但你、我都做不到。

特别是你！

念念

爸爸：

你说过我们相互提出问题相互改正！

错了！

你和我都做不到。特别是你！

念念

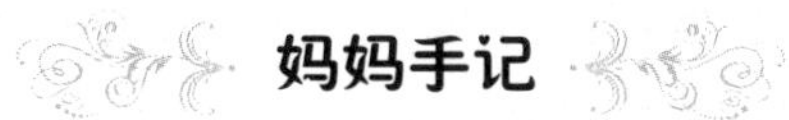

妈妈手记

任何的教育都有它的欠缺，身为父母，面对调皮的孩子有时候很难冷静下来，就会犯下一些教育方式、方法的错误，给孩子造成了创伤。你的这篇文章就提醒了妈妈。

这么高分还写检讨书

成绩：语文 99 分；数学：97.5 分；英语：97.5 分。

师海念啊，师海念，抹干你的眼泪，你这学期没考好，下学期努力一下，不要粗心，不就能考好了吗？

伟人是经常反躬自省，坚持不断努力的人；认为自己很了不起的人，这一瞬间，他就不是真正的伟人了。如果有一点点地位，而令别人加以奉承，误以为自己真了不起，这是睁着眼睛的瞎子。

人生的真谛是生活，是奋斗。西方有句名言是：“知识不如能力，能力不如品质。而品质中最重要的是热情、自信、勇气。”

妈妈手记

你一直都是个认真努力的孩子，无论是在生活上还是在学习中，但是，孩子都会犯错误，错误不怕，怕的是不知道为什么犯。总结经验、汲取教训比成功更重要。

也许你现在认为犯错误的孩子不是好孩子，考高分的孩子是好孩子，但是我想让你知道的是：作为一个学生，分数只是衡量学习能力的一个标准，却不能代表你的别的能力。高分数并不代表高能力。你这次考试分数相对班上的孩子来说很高，但是你离之前给自己定的目标还有距离，你能有目标地学习这很好，我希望你不但在学习上做到有目标，今后的人生道路上也能做到有明确的目标，并为它付诸努力。你对自己不满意，自己写了检讨书，好，妈妈就告诉你，需要检讨的是什么，不是得到几分，而是你和自己目标之间的差距，更重要的是，你应该如何反省。说空话大话套话容易，真正触及自己的内心和缺点，需要有勇气敞开心扉去反省。这就是我让你写这份检查书的目的。当时，我给你回了这样一段话：

念念：

妈妈仔细看了你写的检讨书，写得很好，但是缺少你自己的东西，一种比较细致的过程描写。比如说：你知道分数后的感受，考试的错误在哪里，今后要注意些什么，下学期应该汲取的教训是什么，还有除了分数，什么才是最重要的。当然，摘取名言名句是应该的，但只能是你文章的一小部分，更多的是用你九岁的目光看见的、听见的、感受到的，才是你自己的东西。

妈妈即日

被严加看管的妈妈

妈妈：

念念小猪想问，你什么时候回家？

妈妈，你出门时化妆了，而且你没有准时回家，我很不高兴，下次再这样我不让你出去了！

玩得怎样？打保龄球好玩吗？你不许喝啤酒。记住了吗？

念念
2003 年 10 月 31 日晚上

小猪问你："几点钟回来的？"

妈妈，你连晚上 12 点之前都没有回来，更别说十点半了，你回来那么晚，是不是没看见我写的纸条？

玩得怎样？除了打保龄球还玩了什么？你睡到现在还没有起床。我都要去上学了。

附：我非常不高兴！

念念
2003 年 11 月 1 日早晨

妈妈手记

爱是一个永恒的话题，之所以永恒，因为它可以循环。父母给子女无私的爱，子女又会给父母感恩的爱。这个过程有角色的互换，让我明白父母对孩子严格要求的时候体现的是"父母责任"，而当孩子对父母"严加看管"，也是她对父母的责任感和赤子心。

写在 10 岁生日前

念念：

过两天就是你的生日了。我曾问你：生日想怎样过？想要什么礼物？你反问我："你送什么礼物给我呢？""给你买衣服呀，给你买玩具呀。你喜欢什么告诉妈妈，妈妈一定给你。"我说。记得当时你说："不要买这些东西，送一样你最想送给我的东西吧。"

“你最想送给我的。”我一直在想这句话，一直想着你真挚而稚嫩的话语。你从未对物质有过过多的要求，虽然你知道，你的要求父母都会满足你。妈妈明白了你的愿望是什么，也许是一句话、一封信或亲手制作的一个小纸鸟、一个小帆船，只要父母用心去做了，你就欢天喜地了。

这十年来，从一个刚出生的小婴儿到如今日益健壮的小乖女，妈妈握着你的小手，感受着它在我手心里由弱小柔软慢慢地一天比一天有力。我突然找到送给你的生日礼物了，那就是将你出生那天到现在的照片编制成一本成长的故事，讲给你听。每张照片后面都有一段感动自己的故事。

还有你在学前班写的小诗，一直到现在的每一篇作文，妈妈会将它们编订成册保留，作为你的生日礼物。

祝

生日快乐！

开开心心！

爱你的爸爸妈妈

2004 年 3 月 28 日

妈妈手记

你的到来是上帝给我们的最好的礼物，你带给我们无尽的欢乐。作为父母我们能给你的就是尽我们最大之力给你最多的爱。每当你的生日时，我都会让自己静下来思考，当然并不只思考要给你准备什么礼物，更多的是想过去的几年我们为你做了什么，未来几年还要怎么做才能让你更全面、更优秀。

回顾前几年，我不敢说自己把你培养的多么优秀，但你在我们的精心呵护下已经成长为一个身体健康、做事认真负责、性格活泼开朗、懂得爱和感恩的孩子。今后我想让你不但懂得狭义的爱，更要懂得广义上的爱，懂得如何去爱。爱什么呢？爱学习，爱生活，更重要的是去爱人。广义的爱是什么呢？《圣经》上说：“爱是恒久忍耐，又有恩慈；爱是不嫉妒，爱是不自夸，不张狂，不做害羞的事，不求自己的益处，不轻易发怒，不计算人的恶，不喜欢不义，只喜欢真理；凡事包容，凡事相信，凡事盼望，凡事忍耐；爱是永不止息。”

写给 12 岁的女儿

念念：

你就要满 12 岁了，也快小学毕业了。我和你爸爸一直在想，送一份什么礼物给你？所以准备了这份特别的礼物——整理出你从出生到 12 岁的文字、图画等。

这份礼物记录了你成长的点点滴滴。我一直都希望能整理出我为你保留的一张张纸片，但时间一长，我已经不记得是哪一年的了。

宝贝，你出生在成都，先会喊“爸爸”再会喊“妈妈”，你说的第一句完整的话，是给爸爸打电话时说“爸爸，回来，想你”。那时，爸爸在广州，我们在成都。后来，妈妈也去了广州，你同外公外婆在一起。你认识的第一个句子是：一人一票。这是游泳池门口的一句广告。外公一字一句地教，你一字一句地学，大概在你两岁左右的时候。

记得三岁，你在广州上幼儿园，你向我学“8”这个阿拉伯数字，你只会用两个“0”叠在一起。我在纸上用笔弯给你看，你怎么也写不出来，我就在地上摆绳子，你还是不会。我急了，大声地说话，可是，宝贝，你一直很有耐心，认真地到你会写了，前后用了两个小时。从那以后，这样扭来扭去的东西，再没难倒过你。

我一直在想，三岁的孩子，可以用两个小时学一个“8”，也许在别人眼中会有些笨，可是在妈妈眼中是毅力。拥有这样的毅力，即便比别人笨一点也没关系。

12 岁的念念，是爸爸妈妈心中快乐的源泉、温暖的天使。愿我们的小天使

永远快乐！

平平安安！

爱你的爸爸妈妈

2006 年 3 月 16 日

妈妈手记

每年你的生日妈妈都会为你精心准备礼物，今年也不例外。我送你了一份成长图册，我想告诉你，宝贝你是我们爱的结晶，外公外婆、爸爸妈妈永远是你的守护者，你每一个脚步都凝结了我们的期望和汗水，你每一个微笑我们都十二分的开怀与欣慰。你每天都在创造惊喜，今天也不例外，你收到了我的礼物，也回赠给我们一份珍贵的礼物。这篇文章让我知道你学会了感恩，更懂得尊重别人，对别人的给予心存感激。念念，妈妈知道你拥有了一颗感恩的心。

你说你的这种收获也与我们的言传身教分不开，是的，这是外公和爸爸为教育你达成的统一战线。从小外公就教你对每一位帮助你的人说“谢谢”，可能小小的你当时并不懂这两个字背后承载的是什么意思，但你把说“谢谢”养成了一种习惯。我还清晰记得我给你倒水，你第一次跟我说“谢谢，妈妈”时我激动的心情。念念，我不想像别人那样，给你讲大道理，说拥有一个感恩的心多么重要，要感恩父母、感恩社会……，我想让这些说教语言言传身教、化成行动，从你身边的小事做起，从日常生活的点滴做起，比如：收到他人的信件要回复，别人的提问要回答。你问我：如果我不知道答案怎么回答？那就告诉对方：对不起，我不知道。这也是回答。到家的访客，无论是谁的朋友，你只要在家都需要尽可能地出面问好，客人临走时，尽可能地来当面告别。这是礼貌。我们还特意带你参加社会实践和慈善行动，把感恩化为一种行动、化成一种自然而然流淌的心情。

念念，我很高兴你现在在接受每一份帮助时都懂得说“谢谢”，更高兴你能在他人困难时，习惯性地伸出援助之手，从来不会认为这花费了你的时间和精力，因为这是你本分。

珍贵的生日礼物

这几天，总见妈妈躲在房间里，不知忙些什么。问爸爸，爸爸笑而不答。

等到我的生日来临的这天，妈妈抱出一摞厚重的相册，爸爸笑着说："你的生日礼物。生日快乐！"我欣喜地翻开相册。

第一页，一个闭着眼的婴儿，满脸皱巴巴，张着大嘴啼哭。我忍不住问："是谁呀？"妈妈说："是刚出生的你呀。"这天，1994 年 3 月 29 日，中午 12 点，成都人民医院。

看着那时的模样，我忍俊不禁。相册被翻过的页数慢慢增加。那段日子，仿佛在我记忆中很深很深的地方，若隐若现。每张照片里的那个小女孩，都露着白白的乳牙，在外婆或是外公怀里，笑得无邪。

外公、外婆和念念

日子又跟着相册前行。我轻轻翻开第五十一页。快三岁了，爸爸妈妈接我到广州了。"你看，这是你第一天上幼儿园，我们偷拍的。"幼儿园高高的栏杆仿佛牢不可破。我提着自己的袋子，趴在栏杆前望着外面，是在盼望着放学，还是在等妈妈？忧郁的眼睛里强忍着泪水。

妈妈指着右边的一张照片，我和一群小朋友在舞台上表演。她吸了一口气，似乎要讲一个很长的故事。因为幼儿园上得早，我是班里最小的。在家长会上，小朋友们要表演节目。那时我们班共有二十四个人，就有二十二个人都要上台表演，唯独我和另外一个小孩没有上台。妈妈去找主任，为什么她的女儿不能上台表演节目。主任说，太小，怕上台吃手指。妈妈说："我的女儿不但不会吃手指，而且把每个小朋友要表演的动作都模仿得惟妙惟肖。"

现在回想起来，第一次上台表演，对我来说，其意义的重要，早已超过了表演本身。谢谢妈妈，在我不知情下，为我争取到的第一次。

记忆最深刻的，是在学前班，同一个四年级的哥哥一起主持全校六一文艺汇演。小学里的哥哥姐姐都是我仰视的偶像。不知为什么这么重要的活动，会选中我？还在上学前班，主持稿上绝大部分的字，我还不认识。记得当时，有一个节目是模特表演，让我报幕时学模特走猫步，而我走着猫步，扭来扭去差点从台上掉到台下。台下同学们哈哈的笑声我倒没听见，只记得有几个同学居然来找我签名。也从那次起，我记住了“自信”。

学前班时主持学校的文艺汇演

照片继续往后翻，我二年级时转学了。当时，班里只有八个人。那是一段开心的日子。老师就像爸爸妈妈，我们八个人就像兄弟姐妹。上学本是高兴的事，回到家亦是开心。

三年级，我迎来了可以说是人生的第一次大型比赛——绿色环保大使大赛。舞台下面，同学们举着“师海念你最棒”；舞台上，我举着两个冠军的奖杯，深深地鞠躬。这一次，我学会了“感恩”，明白了成功的背后，包含了多少人的心血。

念念代表广东省少先队队员向人大代表提议

接受央视采访

接着，我在四年级时，成为广州市少先队理事会最小的一个常务理事，我懂得了努力；代表全市小学生向人大代表提议、接受央视采访，我懂得了表达；五年级去慕尼黑参加国际舞蹈大赛、获得羊城小市长，我懂得了展示；六年级各种学科竞赛，我懂得了付出；这一年，也读懂了外公写的“志存高远，宠辱不惊”；更是懂得了，我所懂的，不过沧海一粟罢了。

也许只是一步一步地进步，也许走得不算快，但我知道，有一种力量在不断推动着我前进。那是爸爸给我的力量。四年前，爸爸在我的鼓励下，戒

参加羊城小市长比赛

掉了二十几年的烟瘾。他用行动告诉我："天下无难事，只怕有心人。"他说：言传不如身教，坚持就是胜利！在爸爸身上，我知道了什么叫"毅力"。

爸爸教给我的岂止是努力和坚持，更重要的是"爱"。大爱无疆。

相册里，爸爸每年暑假带着我们全家自驾车旅游的照片在脑海回旋。我们的车征服过腾格里沙漠，游过九寨沟翻过张家界，在丽江的客栈停泊过，穿越过大香格里拉天堂般的美景，一直到去年暑假，我们的越野车开到新疆美丽如画的天山——一号冰川末端。上千张照片，记录着从三年级到今天，每年暑假，我们全家在祖国自驾车五万公里的行程，不仅了解了西部的历史文化、风土人情，更是体会到偏僻山区的贫困和落后，还有许多同我一样的孩子不能上学。

翻过成功与失败，翻过泪水和汗水，翻过挑战与探险，翻过努力与进步，翻到了去年暑假：在我父母的策划和组织下，我同母校的老师来到爸爸的老家，在一所贫困山区小学开展了十五天的义教活动。

这是最令人难忘的十五天。照片上父母慈祥的笑容；老师们生动的课堂；山区学生渴望知识的眼神；吸引全村村民的文艺活动……一切的一切实在令我难忘，就像黄土地上的野花，深深地扎在我心里，灿烂地盛开！我懂得了：人生的快乐在哪里，生命的意义是什么……

在慕尼黑，参加国际舞蹈比赛彩排时

征服腾格里沙漠

征服天山一号冰川

天山脚下的牛羊

郑重地合上相册，思绪万千。这样的礼物，包含了爸爸妈妈的爱，见证了我的成长，记录了我的欢笑和眼泪。还有什么比这样的生日礼物更珍贵呢?

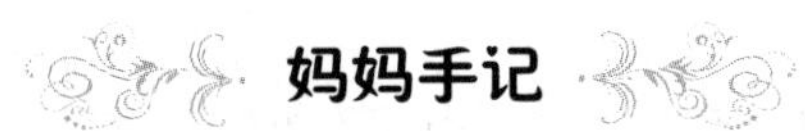

妈妈手记

现代家庭教育的最大误区是：父母都是干巴巴的说教，孩子们缺少生活体验和道德实践。

教育是一门艺术，暗示是一种智慧，如果父母动辄：“来，我得教育你，你应该……”孩子可能就烦了。“润物细无声”式的教育就是指发现并抓住教育的时机，巧用“计谋”和暗示来达到教育的目的。

家庭教育的特点就是它的“渗透性”和“随机性”。孩子是家庭的一员，父母与孩子的接触最多，对孩子的教育就可以无所不在，无处不在。巧用“计谋”和暗示是实现“渗透性”和“随机性”家庭教育的最好方法。暗示教育来源于父母真挚的爱，只有无私的爱，才能真正发现对孩子有益、有用的暗示。有时是为了调动孩子在某一方面的潜能，有时是对孩子的过错的批评和引导。谁都不愿意被硬性教育，但谁都会在“润物细无声”中不知不觉地被改变。还记得，念爸爸为了让念念上学穿得暖和一点，常常会出门转一圈，回来说：今天外面好冷，我穿了两件衣服还觉得冻。他好像不是专门讲给念念听的，但念念出门的时候，却已经自己穿上了三件衣服。

第四章　花的目光　叶的心

最美的玫瑰

No. 1　通向天使之家的路

在我家花园的后面有一条通往天使之家的山路。云雾缠绕翠绿的山峰，路边开满了数也数不清的玫瑰花，它们娇艳美丽，绽放着天使般的笑容。

No. 2　玫瑰花的自述

我是一朵路边的玫瑰花朵儿。奶奶告诉我，我们花儿的生命都很短暂，最美的瞬间就是凋零的开始。我听了，伤心了好一阵子。奶奶劝我说："好好地珍惜，尽情地绽放!"便落下了她最后一片花瓣。我好伤心，为奶奶更为自己。奶奶的话还萦绕耳边，是呀，我要振作起来，以最美丽的姿势迎接黎明的到来。

早晨，我很早就醒来，揉了揉惺松的睡眼，太阳公公便把第一缕金色的阳光洒在我身上，我发现自己穿上了漂亮的裙子，其他的玫瑰也忍不住赞美道：最美的玫瑰呀!

清风拂来，我向山爷爷招手问好，向白云阿姨说 Hello，给树枝间跳来跳去的小鸟妹妹飞吻，低下头亲吻小草哥哥，绿叶弟弟不高兴了，非要我的一个拥抱，哈哈，可爱的绿叶弟弟呀!

感谢完身边的亲友们，我就像吸取了丰富的营养，忘掉了烦恼，精神焕发地开始了新的一天，以美丽的身姿欢迎游人的到来。

这是一个星期天的早上，来往这条玫瑰之路的行人特别多。第一个踏上这条小路的是一个叔叔，穿着西装，提着皮包，不停地看手表，仿佛是上班迟到了，匆匆而去，转眼就消失在风中，无暇顾及美丽的风景、娇艳的花朵。

紧接着又来了个漂亮美眉，柔顺的长发披在肩头，高跟鞋发出有节奏的“哒哒”声。我忙挺起了胸，抬起了头，以最灿烂的笑容迎接着她的目光。可是，她美丽的小嘴一直在说着什么，哦，原来她在打电话，好像还在发脾气，眼睛里闪着愤怒的光芒，很快从我身边走过，“哒哒”的音乐渐渐远去。

过了一会儿，走过来一个受了委屈的小学生，书包的拉链也忘记了拉上。星期天的早上还要上学吗？可怜的小弟弟。走过一对情侣，卿卿我我，眼里只有对方。又走过一个遛狗的老人，那只小狗在我身边嗅嗅，走开了。

望着一个又一个离去的背影，我有些伤感：为什么就没有一个人停下来欣赏一下美丽的风景，嗅一嗅花儿的芬芳？难道我们还不够美？我对着露珠照了又照。姐妹们又取笑我臭美了：“喂，臭美花，没人夸，自己夸呀！”

我一扭头，正想反驳，就看见了她——一个扎着马尾辫的女孩。她就站在我的面前：“好美的玫瑰花呀！这是我见过的最美的花儿呀！”她说。

No. 3　念念的日记

我叫念念。今天清晨，我在山脚下跑步。啊，清新的空气中夹杂着花儿的芬芳，蒙蒙的细雨将秀丽的山峰清洗得多干净呀！云雾迷离，绿树红花，山，就像一个刚出浴的少女，婀娜多姿。

来往的人很多，但脚步匆匆，神色严肃，也许为生活奔波，为工作忙碌，为功课烦恼，竟忽略了美丽的景色。可惜呀！

雨，慢慢停了下来。突然，一株最鲜艳、最灿烂的玫瑰花吸引了我：“好美的玫瑰花呀！这是我见过的最美的花呀！”她在风中摇曳着，身姿优雅地曼舞，又红又大的花朵，尽情地怒放，引来无数的蜜蜂在她的身边飞舞“嗡嗡嗡……”，太阳升起来了，照耀着她的露珠儿五彩缤纷，我陶醉了。

一个母亲牵着可爱的小姑娘急急忙忙地走来，母亲说：“快点，班车就要走了！”可是，小姑娘走到了这株玫瑰前说：“妈咪啊，这是什么花，好漂亮哟！”她伸出小手，抚摸着花瓣，咯咯笑着。

母亲停下了脚步，看了看手表，有些着急："要迟到了！"一把牵住小姑娘的手，拉着她要走。小姑娘哭着说："花儿……花……"就在这时，母亲顺手就摘下了那朵最美的玫瑰，塞在了小姑娘手中。小姑娘拿了花，却大声地哭了起来。

我惊呆了。小姑娘被母亲抱了起来，赶路去了，哭声也消失了，只有剩下的花茎，孤单地在风中哭泣。我的泪水情不自禁地流了下来。

No. 4　花茎的自述

我从一朵花，刹那间变成了一根孤零零的花茎。我还记得奶奶说过的话：最美的瞬间就是凋零的开始。只是没想到我是以这样的方式凋零。不过，我曾经灿烂过，我尽情地开放过，我也曾经为美丽的山爷爷增添过最绚丽的色彩，我没有什么好后悔了。只是这个扎着马尾辫的女孩，还在暗自落泪，那泪水化成珍珠落在泥土里，那珍珠，在薄雾中，在云层里，在阳光下，闪烁着最美丽的光芒……

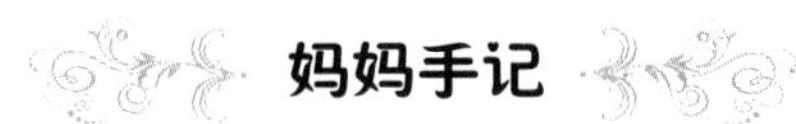

妈妈手记

孩子本身就是一本童话，很多时候他们会扮演不同的角色，孩子更愿意相信自己居住在童话世界里，童话里的真与假、善与恶、美与丑都影响着孩子的心灵。童话给孩子一个虚幻的美丽世界，也能带给孩子奇妙的想象力和充实的情感。在童话的世界里，孩子们能潜移默化地接受爱的教育、真善美的教育。孩子用童话般的视角看待周围的人与物，生活也就被他们涂上了一层浓浓的童话色彩。

捕捉心灵的老鼠

我，是一只"猫"，一只不寻常的"猫"。我这只"猫"，捕捉的是心灵的老鼠。我，就是那本书——《捕捉心灵的老鼠》。

一天，我被一个叫念念的小女孩的爸爸从书店里买走了。到了念念家后，我才知道，那天是念念的 7 岁生日。爸爸把我作为生日礼物送给了念念。我这只“猫”就在念念家里生活了下来。

念念得到我后，一有空就又是摸我又是看我，把我当成了她怀里的小猫，也不知道她看不看得懂我呀！

念念慢慢地长大了。

这一天，她又和妈妈闹翻天了，伤心地走到书房。住在第一层书柜的我，看着念念可怜的样子不知如何是好，不知道该怎样安慰她。这时，念念打开书柜，把我取出来。对呀，我要利用我的力量，把念念心灵的老鼠“捉”出来。我把自己翻到了第 144 页：《换一个角度思考问题》。那一篇充满哲理的小故事告诉人们，在思考问题时如果站在对方的立场上，也许什么矛盾都迎刃而解了。念念明白了：我应该站在妈妈的立场上去想问题，妈妈这样严厉都是为我好呀……念念马上跑到主人房，和妈妈紧紧地拥抱在一起，两颗心又连在了一起。我在书柜里偷着乐，原因你是知道的，嘻嘻……

又有一天，念念放学了，一回家跑到书房便哭了，向我倾诉：“可爱的小猫，今天红红不跟我玩了，我不知道为什么；今天老师批评我，我不知道为什么；今天我数学没考到满分，我也不知道为什么……我怎样才能让红红跟我玩？怎样才能让老师不批评我？数学怎样才能考一百分呢？”我又一次下定决心，一定要帮念念把心灵的老鼠“捉”出来！我把自己翻到《山不过来，我就过去》这篇文章。

念念轻轻地读道：“如果事情无法改变，我们就改变自己；如果别人不喜欢自己，是因为自己还不让人喜欢；如果我们还无法成功，是因为自己暂时没有找到成功的办法；要想事情改变，首先要改变自己；只有借由改变自己，才会最终改变别人；只有借由改变自己，才可以最终改变属于自己的世界……”念念轻轻地读着读着。我知道她读懂了，我看见她的微笑，我发现她的坚毅，我理解她的包容，我是她力量的源泉！虽然我现在被她写得、画得、翻得“遍体鳞伤”，可心里却很美哟！

我不但对念念有帮助，对她的爸爸、妈妈、爷爷、奶奶、叔叔、阿姨、同学、朋友……也有帮助呢！

我愿意永远做念念最好的朋友，永远陪伴在她身边。

妈妈手记

看到你写的这篇文章，爸爸的嘴巴都笑裂了，我知道他是因为为你挑对了符合你当时心理和认知的书而自豪。是的，妈妈也承认它是一本成功的少儿心理书，它让我明白孩子的心理也应同样受到关注，以及拥有一本儿童心理书籍对你成长的重要性。在我和你爸爸忽略你的情绪时，是它让你静下心来，客观冷静地思考问题，为你疏通心灵，给你启示与指引，使你成长为一个身心健康的孩子。

上善若叶

叶子，是千姿百态、奇特的；叶子，是平凡微小的；叶子，却又是伟大的。

榕树的叶子十分普通，瘦瘦长长，头部微弯，呈S型，好像窈窕淑女。

紫荆花的一片叶子分为两半，仿佛有无数绿黄镶嵌的蝴蝶在紫荆花枝头绕着红色的紫荆花自由飞舞。

柳树叶子又细又长，洋洋洒洒地飘逸，潇潇洒洒地舞动。那片片叶子，似女子的长发，又若三千尺的瀑布。“不知细叶谁裁出，二月春风似剪刀。”

还有一种我叫不出名字的树叶子，呈深红色，比别的叶子厚许多。最大的叶子和大拇指头差不多。近看像扇子，远看又像一株小小的榕树。

最为奇特的是铁树的叶子。它不是大片大片的，而是由无数的细茎和无数小刺般的针叶组成。多少根细茎啊，一根堆在另一根上面，数也数不清；多少片细叶啊，一片紧挨着一片，不留一点儿缝隙。它们有序地排列着，尽显风姿，使自己与众不同。既挺拔，又柔嫩；既翠绿，又茂密，不愧是名垂千古的活化石。

尽管每片叶子形状、颜色不同，它们却诠释着同样的道理，孕育着同样的精神。

叶子虽然美丽，生命却是短暂的：春生、夏绿、秋黄、冬落，甚至有些叶子在刚发芽之时，在不经意之间，就会被狂风刮落。在如此短暂的生命历程间，叶子却尽力完美自己的外形、美化自己的颜色，让别人更好地欣赏；尽量吸收更多的二氧化碳，放出更多氧气，让人类更好地生活。它把大树装饰得更茂盛，把花朵衬托得更鲜艳。它默默地活着，是为了别人，却不求任何回报。

一阵风吹过，又落下了几片叶子，我赶紧跑到草坪上拾起一片，夹进了我的书里，当作植物书签。书顿时洋溢着淡淡的芳香。我希望能为它那奇特的形状、鲜艳的颜色做个永远的保存，为它无私、勤劳、坚强的一生给予一点点微不足道的回报。

叶子如此，人不也一样吗？雷锋叔叔在年轻时不断进步、不断学习、不断追求是为了什么？难道不是为了更多地帮助别人更好地为后人留下回味吗？

比尔·盖茨赚那么多钱又是为了什么？他除了自己活得快乐也尽量为别人带来快乐，他不断做慈善事业不断帮助需要帮助的人。

看着这片夹在书中的叶子，曾经的无数个“为什么”终于得到了解答：人活着是为了什么？我想：问题的答案已被一片片叶子淋漓尽致地挥洒在自己生命的羊皮卷上，已经赤裸裸地呈现在我们眼前。

我缓缓地合上书，看着远方的天空，心中想起了席慕蓉《贝壳》中的一句话：“这是一颗怎样固执又怎样简单的心啊？”

像叶子一般平凡却灿烂，你会生活得更快乐、更快活。

上善若叶吧。

妈妈手记

老实说，我们有时真的太小视我们的孩子了，也太藐视他们心灵中那片未被开垦的土地。他们有时候比我们成年人更有生命的原始感悟，也比我们有更多人性的光辉。他们用自己纯洁的童心来为我们还原这个复杂社会上的真善美本质。我们千万不要去扼杀与污染了这片净土，因为这是他们在生命的大海边一次从容的散步；是在童心未泯之时对生命伸向遥远天际的一种渴望。我们一定要保护好它，保护好这种感悟，保护好这种生性的灵动，就像人类必须保护好自己的生命一样……

爱情的鸟笼

在我家的花园里，有一棵枝繁叶茂的芒果树，在树枝下，挂着一个精制的鸟笼。鸟笼里，养着一只漂亮又可爱的鹦鹉。她肥肥胖胖的身上穿了一件锦衣缎袍，在阳光的照耀下，浑身晶莹剔透，一双明亮的眼睛镶嵌在额头两旁，像两颗耀眼的珍珠。最动人的是她的小嘴了，红红的、弯弯的，像一轮月牙儿，吃起东西来十分地灵巧，特别是剥瓜子，去皮吃瓤，比我动作还麻利。

突然有一天，她唱起了歌："叽秋、叽秋……"歌声引来了一个同样美丽的绿色鹦鹉，在芒果树枝上跳来跳去："吡咕、吡咕……"和着她的节拍回应着。怎么回事？难道，鹦鹉王子前来向我们的鹦鹉公主求婚吗？好像有故事要发生了！我赶紧冲下楼，仔细观察。

绿鹦鹉飞跑了。一连几天，有好些王子前来求婚，来时都充满自信，可是，面对牢不可破的鸟笼，一个个又失落而归。

是不是该把笼门打开，让我们的公主自由地去飞翔呢？我是不是太残忍了，为了满足个人快乐，令鹦鹉公主失去自由。她，一定向往蓝蓝的天、白白的云……我思考着，直到有一天……

我刚放学，玲玲姐姐就兴奋地抓着我说："他来了，他来了……"

"谁呀？你有男朋友了吗？"

"什么呀，是她的男朋友！"玲玲姐姐指着鹦鹉公主悄声说："他已经来了三次了！"

看来，我们的鹦鹉公主找到真命天子了。我定睛一看，这是一只野鹦鹉，是那种在枝头上扑哧一下子就飞走了的小鸟，他怎么会来找从小在笼子里长大的家鹦鹉呢？是不是被我们的鹦鹉公主深深吸引了。不过，他长得却不敢恭维：矮小的身材，灰色的羽毛，和我们的鹦鹉公主相比，真是一朵鲜花插在了牛粪上。

我们的公主似乎也没看上他，只顾吃着碗里的小米，对他的殷勤置之不理。都是这位玲玲姐姐大呼小叫，自作多情。

灰鹦鹉在芒果树上跳个不停，一会儿到这儿，一会儿到那儿，边跳边唱，歌声嘹亮而动听，然后他跳到了鸟笼上，两只爪子紧紧抓住铁栏，嘴，十分仔细地一点不漏地啄着鸟笼，生怕漏掉一个空隙。难道他在寻找出口？他的嘴啄到了小米，可是，食物的诱惑并没改变他行动的方向，他依然继续寻觅，一遍又一遍，坚持……

我忍不住慢慢地，一步一步地走向鸟笼，我想帮帮他！他似乎并不怕我，好像知道我是来帮他的，见我走近，没有惊慌失措地飞走，只是跳到树枝上，静静地等待……

我有点担心娇惯的鹦鹉公主不能适应外面的世界，不过我还是轻轻地把笼门打开了。我默默地祈祷：自由地比翼双飞吧！蓝天白云属于你们。

鸟笼门打开了，灰鹦鹉在枝头上欢快地叫着："喳喳喳，快快快，快出来。"鹦鹉公主探出了头，犹豫了片刻，又缩了回去。

灰鹦鹉跳到了笼子边："喳喳喳，快快快，快出来。"他悦耳的歌声终于得到了鹦鹉公主的回应："叽秋、叽秋……"是呼唤灰鹦鹉进去吗？这应该是不可能的吧……

在那一瞬间，奇迹发生了，野生的灰鹦鹉毫不犹豫地走进了鸟笼！

我不敢相信自己的眼睛，望了一眼玲玲姐姐，她对我肯定地点点头！

为了同他心中的公主在一起，他放弃了蓝天白云，放弃了自由自在，放弃了无拘无束，哪怕余生在笼子里度过。这让我想起了一首诗，不过我要把内容改一改：生命诚可贵，自由价更高。若为爱情故，两者皆可抛。

我们的鹦鹉公主也非常高兴，用她灵巧的小嘴将碗里小米的壳剥掉，喂在灰鹦鹉的嘴里。看到这里，我和姐姐都笑了，笑声中伴随着鹦鹉唧唧喳喳的歌声。

妈妈手记

爱情和自由是我们从来不回避谈论的话题，看见你在这篇故事中表达出来的对爱情的理解，令我和你爸爸都忍俊不禁，因为你做到了自圆其说。如果家长不知道自己的孩子在想些什么，在做些什么，就无从帮助孩子。孩子们的性知识要么来自电视网络，要么来自同学朋友，却在家里高深莫测，避而不谈。作为一个女儿的母亲，我力争作第一个告诉女儿各种性知识和生理现象的那个人。所以在我们家里，生理卫生和性知识就像语文数学课一样，是一门科学课，遇到了，需要谈论时，我和念念爸爸都不会露出神秘和害羞的神态，而是大大方方自然而然地谈论，不刻意回避任何人。我没有刻意地关上门，为女儿上这么几堂课，而是见机行事。比如：有一次，女儿发现住在我们家的表姐来月经了，非常好奇。我就趁机为她上了一堂生理卫生课。女儿当时七八岁的样子，一边骑着自行车在我们小区院子里转，一边大声喊：我知道月经是怎么回事了！直到现在，女儿的小秘密都愿意同我分享。作妈如此，何其幸福！

星期六，同学都去哪里了

这是一个星期六的上午。我在家里刚上完外教老师的英语课，就要去上舞蹈课了，才发现英语作业忘了做，立刻抽空给同学打电话。

我第一个想到求救的就是雨莹大小姐，于是，充满信心地给雨莹打电话："喂，你好，请找雨莹。"随即，传来一阵温柔的声音，哦，是雨莹的妈妈。"是念念吗？找雨莹啊，她在上奥数课呢！你有事吗？等会儿我让她给你打过来好吗？"

"噢，等一会儿我没空了。谢谢阿姨！"

"那你就找别的同学吧。"也是，听雨莹说，她好忙的，既要上奥数课，又要上羽毛球课，还要上什么英语课。

没事儿，找近月吧。我虽然不是信心十足，但还是满怀希望地打给了近月。"喂，你找谁呢？"

"阿姨好，我是念念，找近月。"

近月的妈妈很抱歉地说："近月在上钢琴课呢，等一会儿我让她打给你好吗？"

"我等一会儿要上舞蹈课，谢谢阿姨了。"

近月的妈妈很热心地继续问："上完舞蹈课我让她给你打好吗？"

"不行，上完舞蹈课我还要上琵琶课呢！"

"那上完琵琶课呢？"

"我还要上游泳课。"

"不会吧？参加这么多的课外活动。"

"嗯，谢谢阿姨。"耳朵听着近月的妈妈在说"不会吧"，心里想的也是不会吧：我怎么会这么忙啊？！

我怀着一点点信心给小萱打了过去："你好，请找小萱，我是她的同学。"

"小萱啊，她去上语言课了！"我的天啊，又在上课？难道星期六只是从学校的课堂转向了学校外的课堂吗？！

我怀着最后一丝希望打通了亦妍家的电话。"嘟嘟嘟……"亦妍，快接吧，我马上就要上舞蹈课了。没人接？我不灰心，再打一遍。"嘟……嘟……"还是没人接。亦妍也不在家？她也在上课？我知道亦妍也是有很多课的。在电话那边的亦妍是去找家教讨论作业还是在练形体？……

为什么我和我的同学们，在星期六也不能歇歇？雨莹在上奥数课；近月在上钢琴课；雨萱在上作文课；亦妍不在家！

我丧失了信心，但还是抱着侥幸心理打给倩楠。"找倩楠的吗？哦，她在忙啊，不在家。""没事没事，好，再见。"我晕倒在地，怎么回事啊，怎么星期六大家比上学还忙？

不达目的不罢休！我一定要找到一个同学，这时候我已经忘记找同学要做什么了，只是不甘心，难道所有的同学都在上课吗？可是，我没有了信心，但还是不停地打电话："多多，你在吗？"我在心里默念，却听见电话"嘟"了两下没人接，便变成了刺耳的"迪"声，传真！

星期六呀星期六，同学们都去哪里了？什么时候我们才能够有一个真正属于自己的星期六？

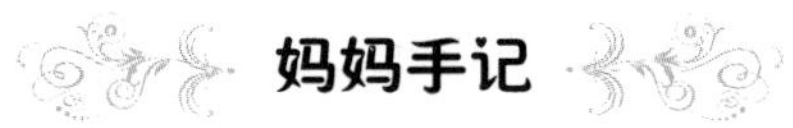

妈妈手记

重读你的这篇文章，我记起自己曾经是个用力过猛的推妈，让你度过了一段与推妈共舞的苦难日子。我一直在同其他的妈妈们讨论：我们是做个推着孩子往前走的推妈，还是让孩子们顺其自然地成长？到现在我才明白：做一个推妈，是需要多么的小心翼翼。什么时候该推？力度如何把握？朝哪个方向推？推什么？一连串相当复杂的问题，不能够简单地一概而论。不同的孩子不同的方法，就是同一个孩子在不同时期，都不一样，需要细心观察孩子的感受，需要了解环境把握未来，需要根据实际情况而言，就像家长和孩子跳一曲华尔兹，你进我退，你退我进，时而放松自如时而高歌猛进，进退得当，舞步方能优美。在教育上完全顺其自然地放养孩子，我认为那是不负责任的父母。既不能让孩子顺其自然，又不要用力太猛，顺势而为适度地推，这都是基于父母对孩子的尊重和爱。

该露牙时就露牙

爱美之心，人皆有之，特别是女孩，都很注意自己的face。可是，当一个女孩在牙齿上箍上牙套——一个银色的像拉链一样的东西，她会怎样？既难受又不习惯，而且不仅难受在嘴里，还难堪在脸上。

刚戴上牙套时，只要咧开嘴大笑，就有“观赏者”指指点点：“拉链”。

天呀！看着他们的眼神，我马上就合上嘴。

那段时间，我说也不是，笑也不是，好不自在。我问自己：“这是怎么了？”

上课的时候，老师幽默的语言令同学们笑得前仰后合，大家张开大嘴哈哈大笑。而我呢？虽然也笑个不停，却只见肩膀随着笑声有节奏地抖动，小眼睛早眯成了缝，可嘴巴始终是紧闭着。看看我这模样，是典型的笑不露齿。再看看旁边的雨莹同学，前两天也刚戴上牙套，可她似乎不在乎牙齿上的拉链，毫无顾忌地张大嘴，银光闪闪的牙套一览无余地展示在我们面前，也不怕没有淑女形象。

我惊讶！我诧异！我奇怪！我吃惊！雨莹：够胆量！够勇气！够厉害！佩服佩服！

下课后，我忙抓住雨莹同学请教其中奥秘。她毫不在意地回答：“没什么啊，很正常，戴牙套有什么好害羞的?”听她一说，我觉得恍然大悟。嗯，言之有理。

是呀，何必遮遮掩掩？比如那小S，戴着牙套还大方地主持，还引以为豪。嗯，牙套一族，也挺时尚。我告诉自己：既然做了牙套一族，该露牙时就露牙，大大方方，有何不可！何必在乎别人的目光？

放学的路上，几位同学竟然不知从哪里冒出来了，笑容可掬地对我说：“看看你的新牙套。”我顿时觉得天昏地暗、天崩地裂、天翻地覆，恨不得天诛地灭。这些可恨的男生！没见过别人戴牙套吗？唉，我真气坏了，甩下“不行”二字就头也不回地走了。走着走着，我开始觉得好笑，也许他们真没见过，见见新鲜玩意又何妨？好东西大家欣赏嘛，何必如此当真？

想着想着就到家了。表姐一见到我，就要看牙套。“看就看!”这回，我可是毫不犹豫、毫不吝啬地张大了嘴，就是嘛，好东西就要大家分享！

表姐羡慕地叫道：“好漂亮呀！多好看呀！像一朵朵花瓣！我也想戴牙套!”我晕，居然有人羡慕戴牙套，可惜表姐的牙齿整整齐齐、白白亮亮，看来是没机会了！

妈妈手记

很多时候我们太在意别人的看法而忽略了自己的真实感受，人越是忌讳和在意自己缺陷的时候，别人越容易攻击和伤害到你，不论这种伤害是有意的还是无意的，但我们却可以通过适当的自嘲来化解这种窘况。

在国外待过一段时间后，我更深刻地体会到，相比之下，国内孩子更容易对待事情过分认真，甚至斤斤计较，缺少豁达与幽默感。这应该和教育体制有关，也和现在的家庭教育有关。现在的孩子多是独生子女，是在夸奖和赞美声中长大的，铸成了不少孩子听不得一点贬义的声音，遇到窘况不能自己化解，所以作为家长我们应该教会孩子有自嘲精神，培养他们对生活对逆境的豁达乐观的态度。

自嘲不但需要一个强大的心理，更需要超人的智慧与勇气。所以它是一种人性的豁达，是幽默的最高境界。而豁达则是幽默中蕴涵着的一种重要品质，意味着超脱，是一种积极因素，更是一种美好的人性的表现。试想，凡是能操纵最高级的语言艺术——幽默的人已经是“智力过剩者”，那么能用最高境界的幽默——自嘲作为武器者，便堪称人情操纵场上的“无冕之王”，怎能不令人肃然起敬。我们常常看到，社交场合里受欢迎的不是俊男美女，而是爱说笑话的那个人；在竞选中胜出的往往不是满腹经纶的，而是妙语连珠的选手。

再见了，母校

尊敬的老师们、各位同学：

早上好！

不知下了多少场雨、刮了多少阵风、打了多少次雷、闪了多少道闪电，天空中的太阳越来越耀眼，母校也建校五年了。

而我，就是那个在校园里的草坪上留下一串串足迹的女孩——师海念。

从建校到现在，我伴随着母校一步步地成长。喜怒哀乐还有无边无际的知识将我们的每天塞得满满的，还没有来得及细细品味，就发现，要说再见了。于是，在母校的每一幕，每一个镜头，都像电影一样在我的脑海中重新放映，历历在目，令人回味无穷。如果你愿意，让我们一起来回顾一下小学生活吧。

二年级时，我们班只有八个学生。记得一次语文考试评讲试卷的课堂上，语文老师给我们念金科的看图作文。这幅图画主要讲的是一只小兔子要过河，请求乌龟帮忙。而且要求字数是200字。金科怎么写的？为了凑数，这小子只好把兔子和乌龟的对话不断地重复。小兔子问乌龟：“乌龟哥哥，背我过河好吗？”乌龟说：“不可以，我没空！”“乌龟哥哥，背我过河好吗？”“不行！”“乌龟哥哥，背我过河吧！”“我没时间！”……扳着手指算算，好不容易凑够了200字，终于大功告成！就是这个金科，把我们的肚子都笑痛了。现在想起来，那个笑绝对是发自内心地哈哈大笑，而没有带一丝的嘲笑。本来就是嘛，写作文干什么要凑字数呢？在大家的支持下，金科的作文现在可是不得了。

三年级时，我们终于有了自己漂亮的校园！学生的人数增多了。我们的心里别提有多自豪了！那个时候，我们每个小组都有一面小旗，根据表现来升降小旗。一次上数学课，炎热的中午令很多同学委靡不振，有的甚至昏昏欲睡。看到这个情景，当时的数学老师 Mr. 欧阳突然唱起了国歌，然后大声说："降旗仪式现在开始！"大家精神一振，不知道发生了什么事情，就看见 Mr. 欧阳跑到了班级的后墙，唱着："一闪一闪亮晶晶，我要摘下颗小星星……"正准备摘梓豪的小星星。正在打瞌睡的梓豪从美梦中惊醒，尖叫道："啊，不要！不要摘我的星星！"立即端端正正地坐好了。Mr. 欧阳就是用这样的方法令我们枯燥的课堂变得活跃。虽然已经是三年前的事了，但我还是记忆犹新。就要离开母校了，再不能够听 Mr. 欧阳讲课了。不过，我有个小小的心愿，希望 Mr. 欧阳能够再唱一次这首摘星星的歌，可以吗？梓豪，你想听吗？谢谢 Mr. 欧阳！

从三年级的环保大使大赛，到四年级的市少理事，又到五年级的小市长，再到今年的省少代会，Ms. 满对我倾尽了心血。特别是小市长竞选时，Ms. 满每天都利用休息时间细心地帮我辅导，不漏掉一个细节，有时甚至在晚上 12 点时还打电话过来指导我。每一关比赛和培训时，Ms. 满都必定在场，为我加油、鼓劲。在老师们和同学们的支持下，我过五关斩六将，终于获得了总决赛二等奖的好成绩。记得复赛终于结束时，主持人开始念进入总决赛的名单时的情景：第一个，不是我；第二个，不是我；第三个仍旧不是我……我在心里面默默地想，眼睛忍不住望着观众席上的 Ms. 满。"最后一个……"主持人说道，Ms. 满焦急的目光和我怦怦直跳的心，"念念！"主持人大声说道。我走上台，心还在怦怦跳，眼眶早已经湿润了。望着台下的老师，她早已热泪盈眶，悄悄地抹着眼泪。我知道，这泪水的背后包含了多少努力，充满了多少期待。我真想立刻下台拥抱住 Ms. 满，如果没有 Ms. 满的辅导，我也不会从 8 万多名选手中脱颖而出；我真想对 Ms. 满大声说："老师：谢谢您！"刚迈出脚步，却又停住了——有电视台的摄像机正在拍摄。当时没有机会，今天，毕业的时间就这么来了，我想大声地说出来：老师，谢谢你们，没有你们的辛勤教导，就没有我们今天的成绩。今天，Ms. 满：让我拥抱一下您……谢谢 Ms. 满！

六年级，我们都长大了，也即将分别了。这一年里，我参加了“广州市语文能力竞赛”，有 Mr. 方对我呕心沥血的辅导；还有参加“全国华罗庚杯数学竞赛”时，Mr. 何和许多老师倾尽心力的培训，都令我受益匪浅。我强烈地感觉到在这些老师的辅导下我在飞速地进步。我最喜欢的课是周五 Mr. 方的写作课。每周不断练习写作，不论写得好不好，都总是能够得到 Mr. 方的鼓励和赞扬。我渐渐爱上了写作。尽管培训很多、功课很繁忙，尽管我们都不小了，但仍不影响同学之间的友谊。不论是去历奇山庄进行团队精神的培养还是去故乡里游玩，大家相互的帮助和关心让我深深地感动。过水上独木桥时，不管男同学还是女同学，都在前面同学的帮助下过了那关，又帮后面的同学过这关。金科受伤了，我急忙拿出创可贴，雨莹和多多赶快带他去洗手间将手上的血迹和脏东西洗掉，还有同学立刻告诉老师。他被接去医院后大家都为他担心……

带我们这群毕业生的班主任是 Mr. 张，但不知道为什么，大家都叫他彪叔，可能因为彪叔很强壮或是很严厉。是这样的，别看彪叔表面挺幽默风趣的，但人家是“笑里藏刀”，面对不好的现象就非常严肃，一严肃起来活人也要被尿憋死。开玩笑，彪叔不要生气！所以嘛，男生们都怕彪叔。有一次，植树节为了美化校园，我们从自己家把锄头带来学校种树。我们班“四大天王”之一的志佳同学热爱校园，扛来了一个大锄头正准备植树。他看到了“英俊潇洒”的彪叔，突然像吃了豹子胆一样，高举锄头，马步站立，瞪着彪叔说：“彪叔，我不怕你了！”那滑稽的表演，逗得彪叔也忍不住哈哈大笑。

也许以前我们是怕彪叔的严厉，可是现在却是怕离别的时间越来越近，怕再不能天天接受老师们的教导了，再不能天天听同学们幽默的话语，再不能天天吃饭堂可口的饭菜，再不能天天去学校操场上尽情地玩耍……

不得不承认，美好的时光总是短暂，分别总是不期而遇。天下没有不散的筵席。

今天，我们依依惜别：要告别我们的母校，告别敬爱的老师，告别亲爱的同学，我们可以落泪，我们真的感到不舍，我们却不得不说：再见了，老师们，同学们！再见了，我热爱的母校！

明天，我们又要开始新的挑战。阳光总在风雨后，但风云总是变化无常的，今天下了雨，明天或许还要下。今天准备好了雨伞，明天还要有备无患。我们必须以一种全新的心态对待明天。明天，让母校，为我们骄傲吧！

是的，没有离别的泪水，哪来欢聚的笑容？

这不，太阳又出来了。在这阳光明媚即将分离的日子里，就让我们先举起右手，再举起左手，然后用双手拍出幸福、感恩的声音。感谢母校，感谢老师，为你们祝福。

祝福母校，明天更加美好；祝福老师们，桃李天下；祝福同学们，在未来的道路上走得顺畅、走得开心！

再见了，我的母校！

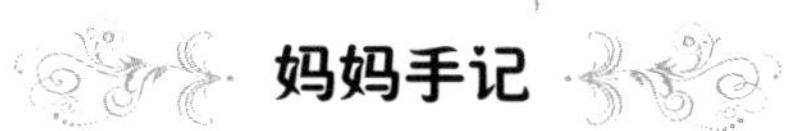

妈妈手记

在你十八岁的生涯中，我们一家住过三个城市，两个国家。你读过七所学校，迄今待过时间最长的地方是你的小学。在那里，你度过了快乐幸福的童年时光。在小学毕业典礼中，你的发言流露出了对学校的真情实感，也感动了老师和同学们。

母校是孩子儿童时代健康成长的快乐摇篮，是给他们无限关爱和启蒙的另一个“妈妈”，在这里他们懵懂、懂事、成长、成才。学校对于他们来说是最重要的场所。在孩子走上社会之前，学校就是一个小的“社会”，孩子一天24小时有一半的时间是在这里度过，在学校里不但要学习知识，更要学习做人的道理。

孩子在学校里与同学和老师的融洽相处，也是培养孩子社会交际和交往能力的一种方式。在学校里懂得与老师和同学关系融洽，到社会上就能轻易与别人相处。在培养孩子的这些能力上，并不是学校和老师单方面的责任，家长也应密切注意孩子在学校的表现和状态，多与老师交流沟通，这样才能全方面的为孩子打造一个良好的成长空间。

我本身就很看重同学之间的情谊，现在我和小学的同学们还是很好的朋友，得益于与同学的友谊。我也很注重你与同学们的关系，所以平时我经常会问你一些学校里的事情，你也常常讲一些同学们的奇闻趣事给我听，谁的作文厉害，谁的口语最棒，谁可以把刘德华模仿得惟妙惟肖……你班上的每个同学什么性格、有什么特长我都知道，我也常常让你邀请同学到家里玩，给他们做好吃的，与他们一起聊天，他们很多人都把我当作好朋友，不愿跟妈妈讲的秘密都乐意和我分享。记得有一次你和一个同学产生了误会，很是苦恼，我让你邀请那位同学到家里来，给她做最喜欢吃的菜，结果一顿饭还没吃完，你们两个人已经又是好姐妹了。

红楼一梦

《红楼梦》的最后一页被翻过，但我依旧紧紧地握着这本沉重的传奇，久久不肯释手。所有情绪还沉浸在这场红楼的梦境之中。作者早已明示，就算这个故事有多长，就算故事的情节有多曲折，就算在故事中出场落幕的演员有多少，却终究只是一场梦。可我不知道，人们为什么还要如飞蛾扑火，奋不顾身地扑进这场梦境之中呢?

海棠诗社

每每脑海里浮现出大观园一群少男美女谈笑风生、吟诗作对的时候，我的嘴角也会溢出甜甜的微笑。总在幻想，假若我当时在场，会是哪个角色。我问妈妈，我们能不能也办一个诗社？妈妈笑着说好，却不过仅仅是一个“好”字罢了。如果真能在这个喧嚣的世界中有一个诗社……唉，这个想法太幼稚了。我唯能在心中品嚼“海棠诗社”四字的神秘与幸福。

海棠诗社，原是探春心血来潮一时之偶兴。如此一个大家庭，谁不才华横溢，谁不空虚落寞，谁又不是孤芳自赏？于是，海棠诗社从娱乐慢慢演变成了心灵的寄托。那些被羁縻束缚的诗人啊，唯有在这里寻得快乐，放飞思绪。贾家家道兴盛时，诗社亦语笑喧阗、好不热闹。而盛极必衰，中秋之夜于凹晶馆，只剩下黛玉、湘云二人联诗悲寂寞。二人对酒当歌，醉写愁思。记得最后一句是黛玉的“冷月葬花魂”。再美的花终究也会凋零埋葬。花都凋零了，海棠诗社也少了魂，社员各奔东西、人是物非，人散曲亦终结了。

如此幸福的一个海棠诗社，仍旧“盛席华宴终散场”，最后还不是散的结局。

金陵十二钗

看过红楼，不得不感叹曹雪芹是一个伟大的作家。

在宝玉梦游了一番太幻虚境一回中，所有人物的命运都已被诠释。一位位才情女子，一个个如花似玉，但是，谁人幸福最终？一首首红楼词曲，悠扬婉转，但是，哪首不是哀歌？为何黛玉如此令人怜惜，却要令她含怨而逝；为何宝钗贤淑敦厚，却要令她无奈成婚；为何妙玉洁净脱俗，却要令她惨落污淖；为何探春精明志高，却要令她远嫁他乡；为何……我不清楚，冰晶玉雪的大家闺秀，假如有着平平淡淡、终老病死的结局，《红楼梦》还会不会如此凄美感人？

金陵十二钗，谁曾做过自己了，谁曾说过快乐了，谁曾决定过自己的命运了？黛玉算不算是唯一特别的一个，听说宝玉将与宝钗成婚，便不再茶饭，糟蹋身子，最后病体恹恹、力尽神危，提前去了极乐世界。

金陵十二钗，钗钗命运沉浮多舛。

枉凝眉

一个枉自嗟呀，一个空劳牵挂，一个是水中月，一个是镜中花。宝黛的爱情悲剧，是世人最常谈论，最常引用的话题。而实际在《红楼梦》中，对宝黛二人的爱情描绘得并不多。我一直不解，这就是所谓的宝黛爱情吗？只不过偶尔诗社聚会，谈谈诗词；偶尔饭宴节日，戏谑打闹；偶尔闲时相会，还要相互埋怨指责。后来，宝玉不过为了黛玉病疯过好几次；黛玉不过为了宝玉吐血过好几回。再后来，黛玉也不过为了宝玉香消玉殒；宝玉也不过为了黛玉削发为僧。

就这样了吗？就这样了。最平凡的、最简单的、最微不足道的情节，一切是那么的从容自然。没有好莱坞电影的惊天动地，没有韩剧的生离死别，却铸成了最伟大的、最感人肺腑的爱情，最惊天动地的传奇。

——这是我看过红楼后，哭过笑过、痴过呆过后，仅存的一点理智的思考。

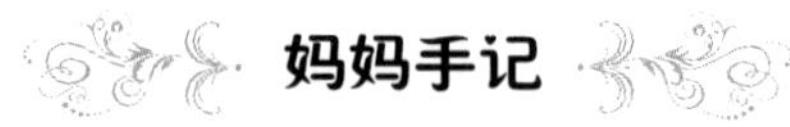

妈妈手记

我和你爸爸都很爱读书，深知阅读带来的快乐，也注重对你在这方面的培养。也许耳濡目染，你从小就是一个小“书虫”。小时候为了培养你的阅读能力，我常常和你一起读，从床头故事到整体识读，刚开始是我讲你听，到后来你有了一定的阅读能力，我就经常带你去书店挑书，从课内到课外，从十大名著到国外原著，你兴趣广泛，涉猎面广。渐渐地你把爱好读成了一种习惯。是的，读书是一种习惯，我认为这种习惯在人的一生中越早养成越好。从幼儿园时的第一本书到现在，你一直保持着阅读的好习惯。还常常写读书心得，十四岁时你读《红楼梦》，你写的心得信手拈来却能斐然成章，别有一番滋味在心头。

知识链接

推荐书籍

《父母和孩子一起读的心理学》廖康强著，浙江大学出版社。

《好妈妈的第一本漫画育儿书》（日）亲野智可等、（日）橡橡橡树果著，娄绍慧译，辽宁科学技术出版社。

第五章 家的味道

妈妈的生日

今天是妈妈的生日，我送给了妈妈许多自己做的手工。

突然，我问妈妈："爸爸送了你什么?"

"唉！要是他能说句'生日快乐'都不错了。"妈妈失望地说。

不用说，爸爸肯定忘了妈妈的生日，让我想个办法……嘿嘿，有了！

当爸爸工作完，回到家时，我悄悄让爸爸到我房间来，然后说："你是不是又把妈妈的生日忘了？快，快去对妈妈说'生日快乐'。"

爸爸恍然大悟地说："好的，好的！"

我连忙回到书房，假装若无其事。爸爸推开门，眼睛笑得眯成一条缝，说："今天去哪儿吃饭?"

"吃饭干吗?"妈妈说。

"今天是你过生日呀！"嘿，爸爸还挺聪明的嘛！

"你还记得我的生日?"妈妈的笑容顿时像花开一般，声音也变得温柔起来。

"……"等他们说完了，我连忙做手势，让爸爸回到我房间，我把一块精致、小巧玲珑的手帕给爸爸，让他送给妈妈，爸爸感激地冲我点点头。

我又回到书房，假装写作业。爸爸突然把手帕展开送给了妈妈。妈妈高兴极了，亲热地说了声："谢谢。"然后，还轻轻地吻了一下爸爸。爸爸在妈妈的背后，悄悄地向我竖起了大拇指。我的心里别提多么美滋滋的了！

妈妈还不知道，这是我的功劳呢！你可千万别告诉妈妈这个秘密哟！要不然爸爸就糟了！

嘻嘻……哈哈……

妈妈手记

家在每个孩子心中都是最明亮最温暖的地方，在温馨的家庭环境下长大的孩子会更懂得爱与被爱。在这里孩子是父母的骄傲，父母是他们心目中的榜样，家中的每个成员都有权利和义务维护家的和平和温馨。孩子也不例外，其实，伴随着他们的成长，他们也越来越渴望担当起这份责任。我感觉，适当让孩子履行这份责任能使他们变得更坚强、勇敢和自信。

在你成长的过程中，我和爸爸是与你一起长大的，跟你共同享受生活的美妙与幸福，与你一起经历开心与挫折，我们既是母女和父女又是彼此的老师，更是特殊的朋友。你常说妈妈给予你陪伴，爸爸赋予你力量。在你上初中之前，妈妈经常给你做加法。我信奉教育多多少少带有强制性，相信你有能力可以做得更好。那时，我是一个独裁型妈妈。初中以后，你为追求梦想而学习，对自己的要求比妈妈还高。我给你做减法，常常提醒你不要同自己较劲。我转变成了一个民主型妈妈。这种关系就像我俩走在路上，我从你前面走到你身旁，再从你身旁走到了你身后。

在生活中，你是一个善良敏感的孩子，很照顾别人的感受，在我们的细心呵护中长大的同时，你又何尝不是照顾了爸爸妈妈的感受。你能牢牢记住亲戚和朋友们的生日，并送上自己亲手做的礼物。在爸爸都忘记了妈妈生日的时候，是你提醒他，给他出谋划策，让妈妈度过了一个温馨有爱的生日。你有心事就会想到妈妈，让我分享你的秘密，无数个为什么都希望听到我的解答，无端的伤感和失落都希望我在你身边陪伴。这种亲密无间的母女情，令我的生活充满了甜蜜和阳光。我常常悄悄地想：你能长慢一点吗？让这样美好的时光长些再长些。

父女协议书

我有个能干的爸爸和一个贤惠的妈妈。每年暑假，爸爸妈妈都带我自驾车旅游。我们的车轮从珠江流域到腾格里沙漠、从天涯海角到九寨沟。每一天在爸爸妈妈的爱护下，日子过得好快乐、好幸福。

爸爸虽然每天都忙于工作，但一回家就会先亲一口我和妈妈。

妈妈每天睡得再晚也不会忘记半夜看看我有没有踢开被子。

我每天放学回家后，即使有再多作业也会在饭桌上边吃着香甜可口的水果边和妈妈聊几句学校里的趣事，我每天都会这样开始：妈妈，你是先听好消息呢？还是先听坏消息？……

但不可否认，我的确有点自私……时时刻刻都想着自己：我今天要怎么、我明天要怎么、我要怎么、我要怎么……很少想别人，甚至爸爸妈妈。

那天晚上，爸爸不在家。我和妈妈聊天时，妈妈眼里饱含着泪花对我说的一番话，让我很震惊，也让我突然惊醒，突然长大。

妈妈说她感到压力很大，爸爸希望再要个孩子，可是妈妈的年龄大了，而且再生一个也不符合计划生育政策。但是，当爸爸一再流露出希望再要一个小孩的神情时，妈妈总感到很难过。

妈妈说："可是，我除了是孩子的母亲、丈夫的妻子，还是我自己，我想做我想做的事。"

"那你想做什么呢？"我问妈妈。

"我不知道。"妈妈看上去很茫然，泪水涌出了眼眶。"我真的不知道离开这个家还能干什么。"

我的心再次微微一震。从我生下来，我就感受着母亲的温情、父亲的慈爱，沐浴着阳光雨露。我一直认为我有一个非常幸福的家庭，从没有想到过爸爸或妈妈会离开这个家！也许将来我会远走高飞，但是，这里是我永远的家，爸爸妈妈是我永远的温暖。

我开始思考，我有什么办法能让幸福永远存在，能让爱永远保留呢？

我分析：爸爸并不是没有以前关心妈妈了，而是工作太繁忙，没时间顾暇妈妈；爸爸也不是没有以前爱妈妈了，只是不善于表达。

于是我便从爸爸"下手"，拟了一份"父女协议书"。

父女协议书

母亲把一切献给了家庭，家是母亲的一切，一切家庭不能缺少母亲。母亲是伟大的，也是辛苦的，因此甲方（女儿）希望能和乙方（父亲）达成以下协议：

1. 希望爸爸至少能每天亲吻或拥抱妈妈一次。

2. 能够每天陪妈妈散步或跑步。

3. 能尽量在节日送妈妈一份礼物或鲜花（节日包括情人节、爸妈结婚纪念日和妈妈的生日等）。

4. 每次发生矛盾时爸爸能让一步，能虚心听妈妈的意见，不发生激烈的争吵。

5. 不强求妈妈，让妈妈做自己想做的事。

6. 多带一家人出去游玩。

7. 从心底真爱妈妈。

有效期：一生

甲方签字：女儿　　　　　　　　乙方签字：父亲

当我将“协议书”交给了爸爸时，又有些犹豫：爸爸看了我的“协议书”后会觉得好笑吗？我知道自己的“协议书”很幼稚，也可以说根本不能叫“协议书”；我知道这个“协议书”偏袒妈妈，但是，我太希望它能使这个家庭处处洋溢着爱和欢乐了。

爸爸接过“协议书”，看了又看，什么也没说，一脸的严肃，让我有些害怕和后悔：“嗯，爸爸，是这样……”

“宝贝，你提醒的对。爸爸是忽略了你妈妈的感受。”爸爸的眼圈也有些红？我仔细一看，哇噻！爸爸真的是爱妈妈的！我的判断是正确的！我们的家又和好如初了。

我马上撒娇地说：“老爸，只要你签字，妈妈就放心了。”

爸爸被我逗笑了。

我相信：爸爸对我的承诺一定是一生一世的。

我希望这份协议书的甲方和乙方不仅仅指我和我的父亲，也包括全天下的所有的孩子和父亲，也希望所有孩子能爱自己的母亲，所有丈夫能爱自己的妻子。

妈妈手记

如果说，细心教育培养你的人是妈妈的话，那么，用一幅宏伟壮丽的蓝图，改变你人生梦想的人，就非爸爸莫属了。你出生不久，爸爸为了改善家庭状况，给你提供更好的物质环境，赤手空拳地来到了珠江三角洲这片火热的土地。20 世纪 90 年代初，广州不缺机会，需要的是勇气和干劲。从黄土高坡上的贫困乡村里走出来的爸爸，天生骨子里就有一种不服输的劲头。无论做学问还是搞企业，你爸爸从不甘落后。而你的出生似乎带给了他好运气。经过一段时间的打拼后，他有了自己的公司，把我们接了过去，虽然爸爸工作一直很忙，但他对你的关心却从未减少。许多年以来，晚上你已经上床睡觉了，爸爸还没回来；早上你已经上学了，爸爸还没有起床。但是你不知道，不论爸爸多晚回家，他都会先到你房间看一下他的宝贝女儿，跟你道晚安。有时候我就是你们之间的传话筒："告诉女儿，爸爸给她修好了单车。""告诉爸爸，我爱他。"虽然一周难得在一起吃一顿晚饭，却不影响你对爸爸的崇拜和喜爱。这份爱除了语言更有行动。

爸爸事后对我说，你的这份协议书令他感动得想哭，他会珍藏一辈子，因为里面不仅是你对爸爸妈妈的期望，更多的是你这份沉甸甸的爱。他常常向别人炫耀你是他的"小棉袄"，你也常把他称为你的"super star"，熟人都打趣说你们在"互粉"，只有我明白你们相互称呼的背后是浓浓的父女温情，而温情的父女关系对于你和爸爸来说都是心灵的滋养。

戒烟的力量

说了也许你不信，我爸爸三十多岁，可烟龄已经二十多年了（爷爷告诉我的哟）。每天两三包烟的功劳，家里的空气被他污染得令我一进家门就打喷嚏。

凡是书上或报上看到有关"吸烟有害健康"这类的文章，我都会添上三分的注意，多望两眼。如果我觉得这篇文章说服力强，便会"不惜一切"地留下来送给那个为家里制造浓浓“香味”的人——我的老爸。

记得那是两年前的事了，刚跨进家门口的我又忍不住打了个喷嚏：“啊啾！”唉，老爸一定又吸烟了！可恶的烟!!老爸想再要个小 baby，但妈妈不同意，因为理由是——老爸烟抽得实在厉害，不仅影响自身健康，对妈妈腹中的小宝宝也会有影响，只是不知道妈妈的理由有没有科学道理（也许是她的借口）。不过，管它有没有科学道理，吸烟有害健康是一个不可否认的铁定事实。上了二楼，看见又黑又瘦的老爸，我问：“老爸，你什么时候开始抽烟的呀，每天抽这么多！“嗯……很早，好像初中吧，也许是小学，记不清了……”啊？怪不得每天至少抽掉两三包烟。在书上看到过，烟会慢慢地腐蚀人的肺腑，待到肺被完全熏黑时，人就一命呜呼了。好恐怖！我越想心里越是发麻，我最最亲爱的老爸可别那样。于是当着妈妈的面，我给老爸“下达”了一道无可抗拒的指令——戒烟!!!

老爸听了我的指令，想了想，居然点头答应了，也许还有其他原因（不得而知），决定“放下屠刀，立地成佛”，当真开始戒烟啦！说来老爸还蛮有毅力的，开始几天，看到烟都能做到视而不见，充耳不闻，每天照常上班，回家，吃饭。可是过了几天，可以看出，老爸每次见到烟盒，他就像看到救命稻草，双眼直直地陷了进去。可以谅解，吸了这么多年烟的人，一下子突然不吸了，怎么受得了？我说：“不，老爸，你一定要坚持！尽管内心十分地想抽一口，但是为了家人，忍一下吧，再忍一下吧！”我理解老爸的心情，于是我在他床头贴了一张小纸条：你的老婆和你的女儿希望你能戒烟成功！加油！前进前进前进进!!不知是老爸被感动了还是真的下定决心要戒烟，真的好久没抽烟了。我们都很高兴。过了一段时间，我渐渐把老爸戒烟一事给淡忘了。直到有一天——

“念念，你爸戒烟三个月了！危险期已经度过了！”妈妈兴奋地说。老爸？戒烟？真的啊，三个月了！那天晚上，我们都庆贺了一下。妈妈还告诉我，老爸比以前的体重增加了 5 斤！戒烟还可以让老爸变胖！我从心底感到高兴，但真不知道老爸这三个月是怎么熬过来的。除了忍，还是忍？不过听说有些人戒了一年还是戒不掉，因此我又提高了警惕，坚持每天提醒老爸，为他打气：“老爸，你如果可以把烟戒掉，那我做什么事也会像你一样有毅力！”

“你说话算数?”

“算数!”我们击掌为誓!

放学回家，总算能闻到一阵花儿的芬芳了，而不再是让人“感冒”的烟味。我学着诗人的样子，张开手臂，对着天空感慨道:“啊! 没有烟味的生活多么美好! 啊，花儿，你多么美丽! 啊，空气，你多么新鲜! 啊，老爸，你多么有毅力!”这真比《围城》里在孙小姐面前自以为是的曹先生做的“诗”好不到哪里去（随便提一下曹先生的诗句大意：啊，大海，原来你是充满水的啊! 啊，月亮，原来你像孕妇的肚子!）。当然! 我知道，没有烟的生活对老爸来说是多么痛苦的。我知道，我全知道……

一次公司开会，老爸也带我去了，好几个叔叔正在抽烟。老爸，万万不可接受那几个叔叔的烟啊! 否则功亏一篑了! 阿门，老天保佑! 但是，不希望发生的事还是发生了，一个叔叔递上一支烟，客客气气、一脸诚意地说:“您抽一支吧!”我心想：老爸怎么抵挡得住这个势头啊! 没想到他却摆摆手:“不用了，我戒了。”那个叔叔一惊。我也一惊：老爸面对“白天想，晚上梦”的烟竟然没丝毫感觉，轻轻地一挥手就将其拒之门外。这是毅力，一种可以抵抗任何进攻的力量。当这种力量得到了来自亲人的支持时，就越发地强壮，可以抵抗内心的软弱。

两年后的今天，看到健康阳光的老爸，谁会想到他曾经一支接一支地抽烟呢? 谁会认为我的老爸曾经是一个老烟鬼呢? 谁又会想到，我老爸说戒烟，从此再没抽过一支烟呢? 是的，是真的，为了妻子和孩子，他戒掉了，戒掉了那危及生命却陪伴了他二十多年的烟。

又在报纸上看到，网上有种帮助戒烟的虚拟教练。我只想大声而自豪地说:“我老爸是完全靠一种力量把烟戒掉的! 一种神秘的力量!”

从此以后，每当我战胜不了困难战胜不了自己时，我就会想到老爸，就会有一种力量油然而生，老爸连烟瘾都戒掉了，我还有什么理由不坚持呢?!

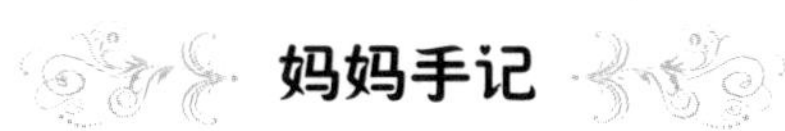

妈妈手记

爸爸跟我说能成为你的爸爸是他人生中最幸福的事。虽说也有过因为不懂得如何育儿而带来的紧张和压力，作为爸爸他在你成长的每个阶段都给你必要的引导和帮助。他在你身上没有摆过一点“父亲”的威风和架子，除了在一些严肃的问题上，他会以父亲的角色给你指导和帮助，其他更多的时候则像朋友。小时候他经常把你举到头顶，告诉你高度不同看到的风景也不同。为了让你亲近大自然，一有空闲他都会带你去“探险”，找新鲜的、你不知道的东西，农村的水塘、城市的胡同、野山、公园、游乐场……爸爸通过这种方式，掩藏起父亲厚重的爱，在与你一起玩乐的过程中让你学会了豁达、乐观，把你培养成了和他一样的爱冒险、积极进取和不服输的性格。2007 年暑假，你爸爸筹备组织了到他家乡的小学进行义务教学的活动。他从不用言语来告诉你该怎么做，而是身体力行，让你在不同的环境中学会爱与被爱。

我认为，在小智慧上母亲的作用大，大智慧上父亲的作用大，两者都不可缺，一个孩子完整的人生中，怎么能够缺少父亲那份厚重的爱？爸爸用尽所能，营造一个温馨的、和谐的家庭氛围，并在你的成长关键期给你潜移默化的引导。他用温暖的双手，带着力量和坚强，领着你一步一步地从稚气走向成熟，他的一举一动对你的品格形成和心理成长都是榜样。这么些年爸爸做了什么，怎样做的，你的一双小眼睛看得明明白白，在心里记得清清楚楚。同样，你对爸爸又何尝不是关心与敬爱啊。你帮爸爸戒烟、你为爸爸亲手制作生日礼物，你学会了爱与馈赠。我也常问你爸爸，为什么我让他戒了那么多次的烟都没有成功，而你一句话却让他戒了呢？他说因为你们击掌为誓，他要让你明白承诺的力量。

我的洗手台渐渐矮了

刚搬进新家时我还没上一年级。

开学前一天，我站在洗手台前。洗手台那时刚好在胸前，我觉得这个大理石台那么高大，洗手都要踮着脚尖。镜子里的我，头发乱乱的，满脸透出稚气和天真。我踮起脚，把手使劲往前伸，刚好能碰到水龙头。我边洗手边问妈妈：“妈妈，上学好玩吗？”妈妈微笑着说：“当然好玩。”说罢，望了望我的衣服，我们都笑了。噢，我的个子太矮了，水把衣服全弄湿了。“快快长哦，那样衣服就不会湿了。”

上学了，一眨眼，三年过去了，我的四年级马上开始了。

再次站在洗手台前。

镜子里的我已经长大了不少，头发整齐地梳着。这时的洗手台和我的腰平行。冰冰的洗手台仿佛失去了以前的威严与神气，对于我来说不再是曾经的百层高楼。我看着镜子不断地想啊想：班主任，还是原来的老师吗？班里的同学会转走哪些呢？会来新同学吗？……我打开龙头，洗完手后，便开始了四年级的第一天。到学校后，同学一见到我就指着我的衣服问：“念念，你的衣服怎么了？”我低头一看，啊！校服湿了一大块！好尴尬！唉，洗手台还是高了，又把我衣服弄湿了，讨厌！我得拼命地长，要不然衣服全糟糕了。

转眼间，两年又过去了。这两年，是我小学阶段最重要的两年。两年里我学到了许多，明白了许多，成熟了许多，也得到了许多……

两天后，我又要开始小学的最后一个学期了。

又一次站在洗手台前。

我不停地整理头发（女孩子长大了就是爱臭美），此时，我思绪万千。眨眼的工夫，镜子里的我一下子就从不懂事的小女孩长成了大姑娘。喏，不是吗，洗手台现在才在我的胯这儿呢！现在我洗手终于不会弄湿上衣了。

洗手台渐渐显得矮了，我渐渐长大了。在这个看似漫长实际却又像箭一般的光阴里，我逐渐地成长。每天都在洗手，我却感觉不到洗手台在变矮。不知不觉，我已经长大了，不知不觉，我学到了许多东西。洗手台记载着我的成长历程。我每时每刻都在进步，不仅仅是身高，还有知识、礼节、做人……

哪一天，等到我大了以后，我一定会“满载而归”，带着各种各样的喜悦，向你——洗手台道一声“谢谢”。

镜前的洗手台呀，是你记录下了我的点点滴滴，是你让我明白：要想不弄湿衣服，就必须一个劲儿往上长！

妈妈手记

小时候的你总是重复问我一个问题：“妈妈，我什么时候长大？”把我问的不胜其烦。有次你又问，我又应付道：“快了。”

“能长多大?”

“比那个洗手台还高。”我随手一指，没想到它竟成了你衡量长大的一个标尺。现在想起来我有点自责，在你对“成长”有着渴望和期盼的当时，我应该仔细的跟你讲解“成长”的定义，成长是一个“质”和“量”的结合，在你长大的过程中，收获的不但有身高，更有知识和做人的态度。所幸文章中的你都懂。

永远的小孩

那是段无知的快乐，
那是段快乐的无知。
那是段纯真的无忧无虑，
那是段无忧无虑的纯真。
那是颗洁白的心灵，
那颗心灵是洁白。
那是每个人眼中，
最幼稚却又最美妙的年代
——那就是童年。

在写满童年的纸上，外表五颜六色，里面却是白的、空的。

高兴时，画上红色的一笔；

接受关爱时，添上粉色的一笔；

感受大自然时，加上绿色的一笔；

玩耍的时候，便有了橙色；

有时也会哭哭啼啼，有时也会想妈妈，所以就有了些蓝色……

每个小孩子的内心深处，不管怎样，仍旧是无瑕的、洁白的，因此，纸的里面是白色的。

做个永远的小孩多好！

对着天空，小孩子可以肆无忌惮，发自内心哈哈大笑；

大庭广众下，小孩子可以没有缘由地哇哇大哭；

不管面对什么人，小孩子都可以直接地吐出真言，童言无忌；

把自己最心爱的玩具借给小朋友，因为没有私心杂念；

出自本能地帮助他人，人之初，性本善；

真的，只有最纯洁，最真实，最自然的，才是最永远的。

红得发紫的超女是有被 PK 时的泪水和胜利时的欢笑，还有灿烂的青春吸引观众的眼球。

我们一起欢乐，一起悲伤，想唱就唱，找回原来的自己。

我喜欢倩楠笔下五彩缤纷的童年纪事，也喜欢亦妍的散文《怀念幼儿园》。

怀念幼儿园，怀念幼儿时的自己，怀念那段天真和浪漫……

在蓝蓝的天空下，在美丽的校园里，一群本该天真活泼的学生，在烦琐的管教、沉重的功课和升学的压力下，早早地戴上了眼镜，埋下了头……

天真和简单仿佛是遥远的过去，渐行渐远，消失在海角天涯……成熟、老练、扮酷成了我们的代名词。

如果你开心地笑，大声地说出心里话倒成了另类：“你在扮可爱啊？”

可爱有什么错？为什么不能可爱？你没有可爱过？你不是从小孩长大的吗？

又想起童年无知的快乐、快乐的无知；

又想起童年纯真的无忧无虑、无忧无虑的纯真；

又想起童年那洁白的心灵、心灵的那份洁白……

我越来越怀念童年，越来越想回到从前……

真的不能回到从前，就做个永远的小孩子，永远保持那份天真和无邪。

真心希望……

妈妈手记

每个人心中都住着一个孩子，他是你童年的缩影，是童年的心情，是抵抗成人世界所有污浊的力量，更是一份记忆，一份怀念。很多人怀念童年，其实怀念的不是童年的岁月，而是童年的那颗纯真的心。这颗心天真，浪漫，好奇，生机勃勃，有初生牛犊不怕虎的拼劲儿，有太阳刚刚升起的美好和期待。但现实的喧嚣浮华、物欲横流常常令我们迷茫。可无论现实怎样，我们都应该保护好心中的那个小孩，保持乐观的心态，保有一颗永久的童心。

念念，无论人生有多么坎坷，生活有多么劳累，我都希望你能保有一颗童心，你如何对待生活，生活就如何对待你，只要你能保持童真的心，再平淡的生活，也能如童话般美丽。

特殊的朋友

我俩在一个屋檐下生活，我俩吃一个锅里的饭。她总是说："你是我最好的朋友。"可是，在我心里，她不仅是我的朋友，还是我的"敌人"。

到底是朋友还是敌人？

她总在监视我。我回家晚了，她刨根问底，等待着我交代清楚；

我去同学家玩，她跟踪我，打电话到同学家查我的行踪，令我脸面失尽；

她趁我睡着时看我的日记，我不得不放一个日记本是专门给她看的；

我不明白她为什么窥视我的隐私，她查我的电话和短信……

小时候，我认为她比白雪公主的后妈还厉害。

她好像真的像是我的敌人，可不得不承认，她爱我胜过爱她自己。

我生病了，她整夜陪伴在我身边；只要她在，我都能安下心来；有困难了，我首先想到的人是她；我碰到的任何难题，她都想办法替我解决。有一次，放学回家，我困得倒头就睡，让她凌晨四点钟叫醒我起来做作业。

还在做黄粱梦时，她温柔的声音就在耳边响起了："宝贝，起来了，四点钟了。"

"糟了、糟了，我还有一大堆作业要做。"我醒来大叫。

"还早，你有时间做作业。"她安慰道。

喝一口她早已经准备好的柠檬加蜜糖水，我就做起了作业。

数学做完了，语文做完了，我才感到饥肠辘辘，想到昨晚回来闻到的饭菜的香味："我饿了，想吃晚饭了。"

"来了。"一桌推迟了的丰盛晚餐在早上时刻重新摆上了餐桌。

"这么多，你们昨天没吃晚饭吗？"

"吃过了，这是她一早起来做的。"爸爸说。

她时而是我的朋友，时而是我的敌人，无论如何，她都是我最特殊的朋友。

你一定知道她是谁了。对！她，是我妈妈。

妈妈手记

人常说有其母必有其女，在你到来之前我一直在思考这些问题，为了你更优秀我应该让自己变成一个什么样的人？在手忙脚乱与你一起跌跌撞撞的成长过程中，我清晰地感觉到：如果一味地推孩子上培训班、考好成绩、上好大学，靠监督和督促的方法，孩子累家长也累，筋疲力尽的那种累，如果有一天推不动了，稍一放松，孩子的成绩就往下滑，甚至朝着父母期望的相反方向去发展。在你十二岁以后，我开始说的最多的是：你睡的好吗？今天你运动了多长时间？因为你已经如一枚装足了燃料的发射器，早已跃跃欲试了。

她

也许她曾经是国内名牌大学的高才生、呼风唤雨的女强人或是成日闲看庭前花开花落的女主人……到温哥华后，一切都回归自然，她，只保留了一个身份。

她远离故乡来到加国。虽然这是一片世外桃源，但是在她眼里只是一片陌生的土地。人生地不熟，耳边充斥着听不懂的语言。

也许她的丈夫还在国内工作，她独守孤灯，只是为了陪伴她的孩子。

也许"她"是我的妈妈，你的妈妈或者大街上任何一个中国孩子的妈妈。她们是温哥华不得不提的一道风景。

每年五月中，她六点多就起床，飞速奔到温哥华教育局门口排队，为了给孩子的暑期班报名。因为在望子成龙望女成凤的她的眼里，暑期班是孩子超前修完课程、取得学分的重要手段。于是，几百名亚裔为主的妈妈们，排起长龙队伍，每年都成为各大媒体争先报道的新闻。

也许她当初抱着美好愿望，为了孩子接受更好的教育，不远万里来到加拿大，在温哥华西区置业。而令她始料未及的是，孩子的英语不是母语，在十年级还未出 ESL（English as Second Language，英语作为第二语言），高中可能无法毕业，需要复读。明年，孩子是否又能毕业呢？这样的结果同她当初的设想大相径庭。这一群“她”，有时也后悔自己当初的选择，怀疑自己牺牲一切为了孩子是否值得，却仍如同飞蛾扑火，坚持不懈、奋不顾身地扑向那未知的世界——那个也许可以给孩子提供一个远大前程的世界。

初来乍到加拿大，面对西方复杂的积分制度一头雾水，对他们的升学游戏规则更觉高深莫测，于是，她开始学。同她交谈你会发现，她开口闭口三句话不离孩子的教育问题。平日在家，她仔细研究着报考大学的一切细则，了解着东西方教育的差异，总结着孩子身上的优点与不足，向成功的牛妈妈请教经验。这一群“她”，常常在温哥华的某个地方不期而遇，或许在 SAT 的培训班上，或许在某个音乐比赛上，也许在某个天才班的考点上……

她们来自五湖四海，为了一个共同的目标走到了一起。她们曾是那么的迷茫、忧虑、紧张，同时又充满了追求的热情。她们相互鼓励着、安慰着、搀扶着度过了无数个快乐的日子。不管将来孩子们就读哪所学校，她都会为今天所做的一切努力而津津乐道；都会欣慰着在不久的将来，她的孩子就会成为各行各业的中流砥柱。无数个她为加拿大源源不断地带来学生，向全世界源源不断地输出人才。

是的，她卸下了高跟鞋，卸下了美丽的晚装，卸下了曾经的各种光亮的头衔，却永远不会卸下那个亲切的称谓：“妈妈”。

也许皱纹在她的脸上生枝发芽开花，也许她的唠唠叨叨令你心烦意乱，但是，有一天你发现她正慢慢变老，你多么渴望自己赶快长大，大到可以去保护她，照顾她。

她，我的特殊朋友，我的妈妈

妈妈手记

关于母爱有很多的文章去赞美和评论，但却都没有你这篇文章让我感动，你对母亲、母爱并没有用华丽的词语来渲染，但朴实的语言里凝聚的是你对我对天下所有母亲甚至女人最真的感恩、理解和设身处地的思考。

在温哥华当妈基本上得符合时代的新标准：“下得了菜场，上得了课堂，做得了蛋糕，讲得了故事，教得了英语，改得了作文，懂得了琴棋，绘得了书画，跑得了长途，找得了景点，提得了行李，拍得了照片，想得出创意，搞得了活动。最重要的是，扛得住情绪崩溃，熬得过岁月沧桑！”大家笑称：温哥华的中国妈妈开启了拼妈时代。与你一起爬藤的日子，我没有拼得灰头土脸，没觉得是一份苦差事，能够见证你的成长，陪伴你度过那段日子，享受着你带给我的惊喜和幸福感，是我人生最快乐的一段时光。

妈妈的厨艺

三年前，我们刚来温哥华时，妈妈炒菜主打川味的麻辣，配合煲汤及粤菜的清淡，有时也让我们尝一尝北方的面片和大饼。

可是慢慢地，从妈妈学习英文开始，我们参加了教堂的聚会，也有西人朋友不时邀请我们去他们家聚餐。没想到，我们餐桌上的花样也发生了变化。

那天，妈妈第一次使用烤箱，端出了一盘烤鸡腿。为了表扬妈妈的勇于创新，我一副迫不及待的样子将鸡腿塞进了口中。味道十分独特：烤得又干又香，还带着我最爱的麻辣味。

“从哪里学到的这一手?”

见我一副贪吃的模样，妈妈高兴地说：“上英语课时，老师在课堂上大讲她烤的鸡腿有多么好吃。于是，我向她请教了这种烤鸡腿的西式做法，回来就做给你吃。”

“可是，烤鸡腿怎么会是……麻辣味?”

“祖传秘方，传儿不传女，哈哈。这可是根据你的口味量身打造的。”

“妈妈，你真了不起，烤的鸡腿比肯德基的还好吃。”

在我毫不吝啬的赞美下，妈妈中西结合的厨艺从此一发不可收拾。她的独家秘方五花八门、奇奇怪怪却又各具特色：黑胡椒烤牛扒、糖醋猪扒、孜然烤全鱼，后来又有了点心，什么蛋糕、饼干、蛋挞了……我通常都是第一个品尝者，同时，也是她的首席“评论家”：以严格的目光和严肃的态度指出每一个瑕疵和不足，总结优点及缺点。我发现，妈妈做同一种菜肴，味道和火候都会有差异，每次的时间、调料、温度等都在变化。我好奇地问：“西餐的制作，在分量和时间温度上都有非常准确的要求，为什么你每次都在调整呢?”

“根据菜谱做出来的就千篇一律了。老子说过，上善若水，水是‘事善能，动善时’。我做菜也视实际情况和‘感觉’而变化，所以你们才能尝到不一样的滋味。这是我中西结合厨艺的精髓啦。”妈妈说得振振有词。于是，我和爸爸每天就在妈妈的道教理念与西式做法中，体会着她心情的阴晴圆缺。虽然绝大多数时间里，妈妈的“感觉”都值得夸奖，火候刚刚合适，味道始终一流，但有时，妈妈创新的作品也会遭遇滑铁卢。面对妈妈的懊恼不已，我和爸爸都会安慰说“手艺也会有回潮的时候”，直到她重拾信心。

要不，我们怎么可以每天都享受着不同特色的美味佳肴呢?

妈妈手记

小时候一直觉得厨房是一个魔法库，那看似平常无奇的土豆白菜妈妈却能给我们变幻出一道道美味佳肴。长大后，远离家乡，每每勾起我回忆的却是妈妈厨房里的味道。这是妈妈的味道，是永远留在人们心中的童年幸福的味道。我一直想把这种味道学会，让妈妈传给我，我再传给女儿，传给女儿的女儿……就这么一代代继承下去。直到有一天，我有了家，有了自己的子女，在我为他们用心烹制食物的时候，我才明白这种味道里蕴涵不是只有爱，更多的却是关于食物关于生活的智慧。这才是我最好最值得传家的宝贝。

知识链接

推荐书籍

《好妈妈胜过好老师》尹建莉著，作家出版社。

《好孩子的成长99%靠妈妈》（韩）张炳慧著，李世鹏译，海天出版社。

推荐网址

http：//shuhua. gmw. cn/2012 -05/22/content_ 4195053. htm，国外母亲给孩子的爱心便当

生活的滋味

生活是什么，每个人都有自己的看法。在我眼里，生活就像各色各样的食品，有苦有甜，无比精彩。

没有品尝过黄连的苦，怎会知道蔗糖的甘甜?

从小在城里长大的我，的确不知道什么叫做“生活艰辛”，当我同母校的老师们来到爸爸的家乡——黄土高坡，在一个偏远的山村小学进行义务夏令

营活动时，才知道“辛”和“苦”的滋味。

我爸爸曾在这里上过小学。它离最近的城镇也要走三个多小时的山路，交通极其不便，信息闭塞，自然环境恶劣。放眼望去，满眼尘土风沙。自给自足的小农生活，一切都要靠天吃饭。最恼火的是：缺水！严重缺水！土地干涸了，庄稼没水荒在地里。有时，连连的旱情，仅有的泉水也干了。

因为我们的到来，村民们自发起来，推着推车到很远的泉里打水，宝贵的水呀！可是，每每望着一碗水，半碗泥，喝起来有些涩，我还是喝不下。我感受的乡亲们的生活就像他们厨房里腌的酸菜，又酸又涩，难以咽下。

义教活动现场

在山村小学，我们的义教活动安排上午上课，下午搞活动。我们组织的“才艺大比拼”活动，在小小的山村掀起了不小的轰动。

学生和村民们来到学校，眼里闪着渴望的目光，红扑扑的脸蛋掩饰不住跃跃欲试的兴奋。没有超女快男们华丽的舞台，没有华丽的舞台服，没有专业的乐队，在舞台上，没有人拘谨，大家争先恐后，热情可爱和才华横溢。在我看来：他们舞出了动人的身姿，他们亮出了天籁般的歌喉。

太阳早已下山，漫天的繁星闪烁在苍穹，多明亮的星星呀！我从来没见过这般繁星闪烁。

黄土地是我们的舞台，漫天星斗就是我们的霓虹灯，欢歌笑语荡漾在这个古老而偏远的村庄。我的嗓子喊哑了，我的额头挂满了汗水，背也湿透，可是，此情此景，让我感受到生活的美好。就像当地的水蜜桃，香甜可口，沁人心扉……生活的滋味就是这样，先苦后甜，付出了努力，才有丰收的喜悦。

义教活动现场

十五天的时间很快就过去了，离别终于到来。

学生们一次又一次同我们拥抱告别，拉钩相约明年再来；从山坡上摘来一朵又一朵野花插在我们的包上，包里塞满了他们的礼品：一张名片，一个小本子，几颗糖……一程又一程送我们上路，挥泪说再见！他们的真心实意令我泪流满面。我感到生活里充满了爱，就像妈妈亲手为我煲的汤一般，温暖醇香滋润着我的心田……

妈妈手记

孩子，这个社会是复杂多样的，也并不只是一种颜色，在你见惯的鲜艳色彩的背后，也有灰色与苍白的存在。我和你爸爸一直想让你知道这个道理，这次活动我们计划了很久，我们只想告诉你一个真实的社会，把信任、尊重、需要、感恩给你，而不是让你一直生活在“儿童环境”中。我想早早把外面世界的门打开，凡是有的都让你去经历；凡是经历的都要你去思考。离开老家的路上，你告诉我们：原来，给予比得到更加快乐。我知道，你体会到的这种快乐，将让你成为一个有用之才。

那明媚的笑容

“同学们，同学们，就送到这吧！”私立华联学院的矮个子老师再一次堵在了巴士前，劝慰那些送了我们一程又一程的藏族学生们：“川藏班的同学不要上车啦！”争着要送我们上车的几个男孩子停下了他们的脚步，却止不住他们的泪水。在他们的带领下，好些学生都哭了。

这是一个周末，校方组织了这次藏汉学生联谊会，由我们全班同学到华联学院川藏班同这群藏族学生联欢。

当巴士慢慢启动，模糊的视线里，藏族学生们的形象越来越小，可我依然清楚地看到：他们怀里紧紧地抱着我们送去的礼物；他们黝黑的脸庞上，挂着的泪珠；他们咧着嘴，憨厚的笑容——是那样的明媚，就仿佛青藏高原上明媚的太阳，纯真而美好。

我叫顿佛

我是第二次来华联了。上个周末，学校组织先行来过一次，了解到这里的学生都是来自四川阿坝州的藏族孩子，而且他们都是孤儿，曾被卖到寺庙当和尚。华联学院龙洞校区将他们接来上学，免费接受教育。来之前，学校就发了通知：“为了让学生关注祖国统一，感受藏族学生的异乡求学之路，感悟贫困学生的成长经历，组织初二（2）班学生到私立华联学院龙洞校区，与该学校川藏班学生进行联谊活动。”看到这张通知，我又想起了顿佛——上次去就交到的朋友——藏族男孩顿佛。我曾答应再去看他。这次，我们该为他们准备什么礼品？带去什么节目？怎样兑现我对他们的承诺呢？经过全班一个礼拜的周密安排，我相信再见到顿佛，一定会带给他惊喜的！

我终于又看到了这张熟悉的脸庞，黑里发亮，嘴角笑起来，就像月牙一般，特别是那一口晶莹剔透的牙齿，在阳光下散发着光芒。“顿佛——”我大声叫道。

“你好！我叫顿佛。”他一自我介绍时，总是这样开头，引来我们一群女生的笑声。

你说很开心

联谊活动开始了。我们先分组，每个组里既有藏族同学，又有汉族同学，每一组自行设计组徽、口号。展示完自己的组徽和口号后，表演开始了。

我们准备的一个又一个精彩的节目，引得满堂欢笑，终于到了“抢凳子”环节，令每个藏族学生争先恐后，欢乐此起彼伏。望着开心的场面，我悬挂了几天的心，终于安稳了；望着每个人脸上明媚的笑容，我感到，辛苦的组织准备工作，都得到了回报。

这时，音乐响起来，台上的藏族同学开始紧张的“抢凳子战斗”，台下的我们，高举着手中的组徽，喊着各自的口号，为自己的“战友”加油助威。音乐一结束，没抢到凳子的“士兵”就得下台。顿佛下台了，有些沮丧，又有些不甘心，但很遵守游戏规则，还是潇洒地挥挥手，下了台。我冲上去，给了他一个小白熊，大声说：“顿佛，你真棒！”顿佛又露出他的招牌笑容，刚才的沮丧烟消云散，抱着小熊屁颠屁颠地跑去为比赛加油了，只留下一股浓浓的乡土味和他明媚的笑容。

游戏结束了，我问那些藏族同学们开不开心。他们个个笑眯眯地说：“好开心啊！”接着，又给我一张张明媚的笑脸。

我们更快乐

游戏玩完了，礼品也颁完了，活动接近尾声。我们二班的同学们走上台，合唱一首歌《蜗牛》，献给川藏班的同学们。

我们手牵着手，挥舞着臂膀，台上台下，歌声一片。无数的手臂随着歌声舞动，花花绿绿的组徽在摇摆，一个个小小的身影跳上椅子，又跳下来，用尖叫声、欢笑声，表达着他们的快乐。

不知不觉，歌声越发嘹亮。我感到有什么东西撞击着我的心灵，我听到的每个声音都在诠释着快乐，因为在我模糊而又清晰的视线里，看到了一张又一张明媚的笑脸……

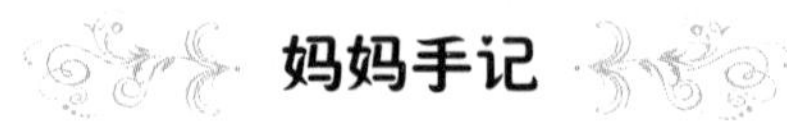

妈妈手记

虽然这不是你第一次组织策划活动了，但临行前你还是很担心，问我：“妈妈，你觉得我会成功吗?”我说：“先不考虑结果，你认为这件事值得做吗?”

你肯定地说：“值得。”

“那么，你努力去做就行了。”

回来后你抱着我说：“妈妈，你真棒!”

其实孩子，我只是想告诉你，在我们生活的这个社会，功利心愈演愈烈，很多人做事情都费尽心思地分成值得做和不值得做，这种衡量依据越来越偏重“实际价值”，而忽略了衡量它的真正标准：做这件事情时心怀的美好和仁慈。这次活动你除了收获成功的成就感外，我想带给你更多的应该是博爱和感恩。

知识链接

推荐书籍

《旅行，是最好的教养》沈佳慧著，广西科学技术出版社。

第六章　相看两不厌

可爱的芒果　热情的心

刚摘完芒果的念念

夏天时，芒果就成熟了，有谁想到，我们家的一棵芒果树在冬天也结果了。当黄澄澄、红彤彤的芒果像一个个迷人的“小胖妞”一般挂在枝头时，吸引了许多邻居的眼球：“冬天也结芒果呀！”“我们院子里唯一结果的芒果树！”散步的人们总会停下他们的脚步，观赏一下，感叹一番。这时，爸爸妈妈就会大声说：“芒果熟了，我们让念念给你们送过来。”邻居们高兴地走了。

这天，我刚放学，就看见邻居家的君君妹妹拉着她的奶奶，站在芒果树下：“奶奶，我说熟了，你还不信。你看！”君君高兴地说。

“没有熟，那是姐姐家的芒果。”君君奶奶劝说道。

“我要吃芒果!”君君哭了。

我赶紧跑过去，放下书包，找到梯子，迅速地爬上芒果树，摘了一个熟透了的芒果：“君君，还有哪个熟了?”

“这个，还有这个!”小君君破涕而笑，像个小指挥官，“念念姐姐，这个也快熟了。”

听着她银铃般的笑声荡漾在花园里，我比她还开心。

黄澄澄的芒果，一个个送了出去，我悄悄地留了两个最大最黄的在冰箱里。妈妈问：“你给谁留的呢?”我只笑不答：“你猜猜。”

要过春节了，爷爷要回老家了。我把珍藏的两个芒果洗了又洗，擦了又擦，用一个纸盒装起来，递给爷爷：“爷爷，这两个芒果带回老家去。一定要让太姥姥（我的奶奶的妈妈）尝尝。”

“念念，你留着自己吃吧!”爷爷说。

“我有的是机会吃芒果。让太姥姥也尝尝冬天芒果的滋味。”在那一瞬间，我仿佛看见在冬天寒冷的老家，太姥姥盘着三寸小脚，坐在热炕上，拨开半红半黄的芒果皮，露出黄通通的瓤，醇香的芒果味散发在房间的每个角落。她抿了一口，嘴角露出笑容。

爷爷回去了，带上了可爱的芒果，也带去了我们热情孝顺的心。

妈妈手记

“在那一瞬间，我仿佛看见在冬天寒冷的老家，太姥姥盘着三寸小脚，坐在热炕上，拨开半红半黄的芒果皮，露出黄通通的瓤，醇香的芒果味散发在房间的每个角落。她抿了一口，嘴角露出笑容。”你用文字勾勒出来的画面和情境，让每个读到的人都能看见太姥姥的笑容，也让每个人都能感受到你的那份孝心。

每一个孩子都是一张白纸，给她拥抱她就懂得付出，给她关心她就懂得爱。经常听到附近的人说，现在的孩子自私、霸道，为他们做事情都没有回报，他们不懂感恩，更不知道珍惜……我们在抱怨孩子的时候，有没有想过自己给了孩子什么？其实不要太在意孩子现在的表现，而应当思考自己的一言一行在潜意识中对孩子的影响。也不要用以前我们被教育的方式和效果来要求孩子，时代在变迁，我们当时所处的环境和现在他们所在的环境已经有天壤之别了。让独生子女自己去感受博爱、感恩是多么的困难，因为他们不像，我们那时虽然父母没有教导过我们，但是我们有兄弟姐妹，我们是在与他们嬉笑怒骂的过程中学会亲情与爱的。我认为在教育孩子的过程中，父母不但要给予启示和引导，也要注重方法和策略，更要多静下心来设身处地地为孩子考虑。

在孩子们的这一代，对亲情、对成长、对社会的感悟与我们有着很大的区别，在我们评论他们的同时，也应该摘掉有色眼镜，用心感受一下他们对亲情的领悟，对分享的快乐乃至对生命的思考。

不认输的外公

正在认真下棋的外公

今天，外公去参加小区“业主杯”象棋快棋比赛了。哎，终于要比赛了，练了那么久，是外公露一手的时候了。

每天一吃完晚饭，外公就开始下棋，被外婆批评道：“刚吃完饭就动脑筋，对胃不好！”爸爸一吃完饭，就立刻陪外公下棋，被妈妈批评道：“刚吃完饭，别下棋，散步去！”每次外公都会乖乖地上床睡觉去，爸爸都会乖乖地陪我和妈妈散步去。不知从哪一天开始，外婆让外公别下棋了，外公仍下；不知从哪一天开始，妈妈让爸爸陪我们散步，爸爸不去。为什么他们都变得不听话了呢？哦！要比赛了！外婆和妈妈都生气了，“啪”的一声，把棋推翻在地了！

“糟了！”外公沮丧地说，“好不容易赢一盘了，真是可惜……”

“唉！”爸爸悄悄地对我说，“最近外公总输，对比赛都快要失去信心了。今天我原本想让他赢一盘，可惜……”完了，完了，外公和爸爸都开始向我投诉外婆和妈妈了……

“哈哈，比赛去喽！”今天吃完早餐，外公就往会所走。

听表姐说，外公昨天一夜都没睡好，一直在想着如何下棋。准备充分，一定能大获全胜！

下午放学回家，我看到茶几上有一个十分精美的磁化杯，上面刻着什么“业主杯中国象棋赛”，心想：外公还真厉害，功夫没白费，总算得了个礼品嘛！没想到，把杯子一转，前面还写着“2003 年首届……”原来是去年的，真是白高兴一场。

我跑去问外公：“外公，今年的礼品在哪里？”

“哎呀，”外公说，“前面五局都赢了，”外公故意强调“五”字，“第六局，也就是决胜局的时候，我就是一步之差……”外公卖起了关子。

“怎么样了？输了吗？”我急切地问。

“没赢！”

外公还真聪明，不说“输了”，而说“没赢”。“本来我那一步该走‘车’，却走成了‘马’。如果我走‘马’，那肯定赢了。”原来是这样啊！外公继续说：“哈哈，第一局，我把对方的棋全吃光了（注意，这里的“吃”不是用嘴巴吃）。只剩下一个兵和一个炮，我还有一个马、一个车、一个炮、两个士……”妈呀，我都听得头晕了。外公还在说：“那个人说不下了，我就去上洗手间，一回来，那个人又说要继续下，结果我把他的兵和炮也吃了……”我听得不耐烦了：“外公，说了那么久，我的问题你还没回答呢！”

“对对对对对，”外公说，“我都说过了，决胜局没赢，所以……”

原来如此！外公拐弯抹角说了那么久，就是不说“输”字！我忙用毛笔在白纸上写了一个大大的“输”字：“外公，这是什么字？你认识吗？”

“不认，不认，就是不认输！”外公笑哈哈地说。

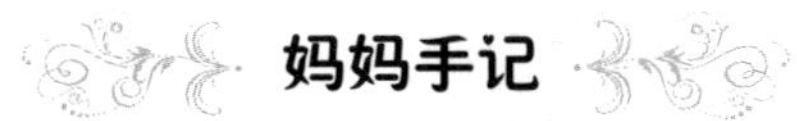

妈妈手记

对于陪伴你成长的外公，既是你的启蒙老师，又是你的“知己”。你不但依赖、敬爱他，还经常用“小大人”的语气与外公聊天谈心。在很多时候，你甚至代替我们尽了孝道，外公常说你是他的“忘年之交”，外公的诙谐幽默你懂，外公内心的凄凉悲伤你也懂。

相看两不厌，还有小念念

众鸟高飞尽，孤云独去闲。

相看两不厌，还有小念念。

我的外公今年七十五岁了。从小，我就在外公的文学熏陶下长大，最喜欢的事就是和外公谈诗论画了，最开心的事是同外公成语接龙、古诗词比赛。自从外婆去世后，外公就变得沉默了。我不知道怎样安慰外公，怎样告慰天堂上的外婆，谨以此文，献给外公，纪念外婆。

——序

我刚学琵琶时，爸爸说我像在弹棉花，妈妈说我像在磨刀，只有外公洋洋洒洒地用毛笔写下了一大页《琵琶行》，把我弹得一塌糊涂的琵琶表扬得一塌糊涂，形容那琵琶不仅像花一样“间关莺语花底滑，幽咽流泉冰下难”，还有“银瓶乍破水浆迸，铁骑突出刀枪鸣”的气势，简单点说是“嘈嘈切切错杂弹，大珠小珠落玉盘”，然后他又一句一字地教我《琵琶行》。有了外公的支持，我才对弹琵琶有了点自信。

外公就是这样熏陶我的：看园丁阿姨在花园里剪草，外公告诉我“野火

爸爸说我像在弹棉花，妈妈说我像在磨刀，外公却说像大珠小珠落玉盘

烧不尽，春风吹又生”；登山时，外公琅琅念道“远上寒山石径斜，白云生处有人家”；观月时，外公又顺口背起“人有悲欢离合，月有阴晴圆缺，此事古难全”。我记忆最深刻的，还是外公又要离开广州回成都时，含着泪花说的：“海内存知己，天涯若比邻”。

海内存知己，天涯若比邻。

外公回成都后不久，外婆便去世了。仿佛，晴天霹雳，我无法从悲伤中走出。爸爸提醒我说，现在最需要安慰的是外公了。

当我哽咽地对外公说：“外公，人有悲欢离合，月有阴晴圆缺，此事古难全。为了我们您要坚强些。”外公的眼圈红红地，搂住了我。“外公，您常说的‘天涯若比邻’，天堂和人间也只是比邻之间吗？那我们和外婆还不是仍在一起吗？”外公不知怎样回答。

外公和我们一起回到广州了。我发现外公没有了以前的诙谐幽默，甚至不再出门，只是默默地写着，用毛笔写着，一篇一篇的诗文，表达着他对外婆的思念之情。

虽然我不敢班门弄斧说读过许多诗，但还能理解外公的大致的意思。我偷偷地看着外公留下的笔迹，隐隐约约地觉得那些诗句太凄凉，都是“曾经沧海难为水，除却巫山不是云”“天长地久有时尽，此恨绵绵无绝期”，还有我不大懂的“深思此事人人有，贫贱夫妻百事哀。”

这天，我又看见外公在宣纸上潇洒地写着什么，忍不住走过去，慢慢地念道：“众鸟高飞尽，孤云独去闲。相看两不厌，只有敬亭山。”哦，原来是李白的《独坐敬亭山》。我突然有点不知所措：这首诗，在此情此景都太令人伤感，外公太可怜了。原本看似悠闲自在的外公，内心却多么孤独多么寂寞呀。外婆走了，再没了外婆和外公聊天，而舅舅、舅妈、妈妈、爸爸他们都只是在物质上给了外公很多，但精神上呢？或许有吧，但还不够。我对外公的爱也还不够，可是他现在最需要的是爱呀！于是我娇声地问外公：“外公，相看两不厌，只有敬亭山。那我呢?”我拿起毛笔，在纸上改了一下，把最后的那句诗改成了：“相看两不厌，只有小念念。”外公看着我，看着我，终于笑了，满面皱纹的脸上露出了难得的笑容，就像乌云中透出一线阳光。

过了几天，我送给了外公一张亲手制作的小贺卡。上面工整地写着：“相看两不厌，还有小念念”。我把以前的“只有”改成了“还有”，因为我觉得，相看两不厌的包括在天国的外婆，还有好多人。我不是唯一的。外公也送给了我一幅“海内存知己，天涯若比邻”的毛笔字。

那天，外公摸着我的头说：“知我者，念念也。”还一字一顿地念着：“相、看、两、不、厌，还、有、小、念、念。”

妈妈手记

外婆的离去带给我们无尽的伤感与欷歔，小小的你也尽是忧郁与悲伤。你曾问我：“妈妈，人为什么会死?”孩子，我该怎么回答你呢？给你讲生老病死是人之常情，还是和你说生命的意义不在于长度而在于宽度？我想这都不能化解你心中的疑惑与悲痛。这时候，爸爸拿来外公最喜欢喝的茶叶，问你：“念念，这片茶叶之前是长在哪里的?”

你眨着眼睛说：“茶树上。”

“是的，它之前是在茶树上的，那么把它从树上采下来，它的生命是不是就结束了?”

“应该是。”你忧郁地回答。

“这样对于之前来说，采下来就意味着它的死亡，但是在茶农手中，晒干、炒熟、发酵，却成了一枚茶叶。”

“我明白了，”你欢快地说：“对于它来说就是一种生命的延续。”

是的，外婆虽然去了，但是她对我们的爱将如茶香一般在我们生命中延续。

然后你泡了一壶茶，给外公端去。外公给你写下“相看两不厌，还有小念念。

你明白了我们的生命都曾是饱满的一叶茶，都曾享受阳光雨露的洗礼，在生命苦与乐的交替中，虽然枯萎凋零，但它仍能留给世人最初的一抹茶香。

外婆，您在哪里

外婆离开我们两年多了。

在最后的日子里，外婆时而昏迷时而清醒。有一次，她从昏迷中醒来，看见我和旺旺弟弟趴在床边哭泣，微笑着对我们说：“好孩子，别哭，我总会在你们身边的。”

2005 年 12 月 19 日深夜，外婆安静地离开了我们。那一年的冬天，阴雨连绵，特别的寒冷。外婆织的毛衣还穿在我身上，是那么温暖；外婆放在衣柜里的衣服，整整齐齐，还散发着淡淡的清香；外婆的照片，笑容依旧，是那么的和蔼可亲，可是，我们再也看不见外婆了，再也听不见外婆的声音了……外婆：您去哪里了？我们到哪里去找您呢?

那一年的冬天，仿佛没有阳光，悲伤的气氛一直弥漫在家中。外公和妈妈一直沉浸在失去外婆的痛苦之中。我感到好迷茫，常常在想：生命之火就这样熄灭了，生命的意义在哪里呢?

初春的一天，在上学的路上，太阳冉冉从东方升起，暖洋洋地照在我身上，就像外婆温暖的怀抱一样。我又想起了外婆。在外婆六十五年的岁月里，有一半的日子被病魔折磨着：她三十多岁就患上了严重的类风湿关节炎，手脚的关节都变形了，一直靠药物维持生命。可是外婆只要感到疼痛稍稍减轻就下床做事了，上班、做家务、带孩子。外婆用她坚忍的毅力和宽阔的胸怀，和外公一起，资助了外公的妹妹、外婆的弟弟上学，抚育三个孩子（我的妈妈和两个舅舅），孙儿和外孙女（旺旺弟弟和我），前后三代人。外婆常常省吃俭用，默默地将爱和生命奉献给了亲人们。

生命的意义不正是这样吗？有生有死，有灿烂辉煌的时刻，也有凋落衰败的瞬间，该来的会来，该去的也会去。如果帮助了他人同时快乐了自己，这样的生命线无论有多长或多短，都是有意义的，都能体现生命的价值。外婆走了，可是她的爱还在，也许化成了一缕阳光，沐浴着我们；也许化成了一场春雨，滋润着我们；也许就是夜空中最闪亮的星星，照亮着我们。

想到这里，我急忙跑回了家，推开了外公紧闭的房门，我也想推开外公紧闭的心门。外公正在用毛笔写着："相看两不厌，唯有敬亭山。"我能理解外公对外婆的思念之情，但是，外婆也一定不愿意看到外公伤心憔悴下去。我拿起毛笔，将"相看两不厌，唯有敬亭山"改成"相看两不厌，还有小念念"。我想告诉外公，有许多人关心他，他要好好活着，才是对外婆最好的纪念。外公看了很久很久，眼眶湿了。

欢歌笑语重新回到了我们家。冥冥之中，有一双慈祥的目光一直注视着我们，在我们身边，同我们一起欢笑，陪我们一起流泪。我们从没有孤独过，因为我们知道：外婆从未离开过我们，她一直在我们心里……

妈妈手记

孩子，这就是生命，这就是离别，每个人都会面对。这么沉重的课题，我是多么不想它这么早呈现给你啊！父母把我们带到人世，教育我们成长，等我们有了下一代，他们就老去。但他们的爱在我们身上延续下来。生命是短暂的，虽然我们没有权力选择生命的长短，但我们可以让有限的生命发挥出无限的价值！这就是生命的意义！

我希望你能明白，人生有三样东西是无法挽留的：生命、时间和爱。所以在有限的生命中，在拥有的时刻，勇敢去追求，放手去爱吧。

台湾，我终于见到了你

2008 年 4 月 27 日下午三点，飞机砰地一声骤然着陆，带着跳跃着的激动。飞机里的我们——分别来自广东省四所学校的 36 个学生，组成了广东省青少年访问团，充满好奇和期盼地踏上这片熟悉而又陌生、邻近而又最遥远的土地——台湾。哦！台湾，我终于见到了你。

初到台湾，第一感觉便是这里的街道甚是安静。虽车来车往，却井然有序。干净的街道没有垃圾熙熙攘攘。若有行人过马路，车辆就很绅士地停下来，等候行人过马路。坐在巴士上，明显地感觉到：司机叔叔踩刹车的动作都温柔轻巧。我在好些马路边发现了相似的按钮，这些马路通常车流量大而行人少。如果行人要过马路，就按一下按钮，不一会儿车辆交通指示灯便转为红色，行人即可安全地穿过马路了。城市是安静的，有序的。来到了 101 大楼，见识了现代化台北的雄伟美丽；到北海岸时，不由得感叹来自大自然的蔚蓝色彩；还有市林夜市的喧嚣、垦丁大街的热闹、日月潭的蓬莱仙境、阿里山的清香幽静、高雄港的壮观繁华、西子湾的赏心悦目……说不完，叹不尽，除了喜欢还是喜欢……

所到之处，记忆犹新。不仅仅因为这些地方的风景，更因为这里的人——我们的兄弟姐妹，不管在哪里，总能听见一句带有闽南口音的软软的好听的声音：“谢谢”或是“不好意思”——不论是服务员、司机，或是学生、陌生人，脸上总挂着友好和蔼的笑容。

组成我们这个访问团的四所学校中，其中有一所是东莞台商子弟学校，也是主办这次交流活动的单位。在台湾的八天，和这些台商子弟学校的哥哥姐姐在一起，时不时总听见一句“谢谢”，更有一些细节令我深深地震撼。每次一起吃饭前，他们总在你谈笑时帮你把茶杯里倒满水；下车取行李时，他们总帮司机搬出行李递给你；你不小心把茶水洒到地上时，他们总会弯下腰帮你把地面擦净。这些台湾的哥哥姐姐教会了我什么叫礼仪，什么是不给别人添麻烦，什么是为他人着想，什么是尊敬与令人尊重。潜移默化地，我们团里说“谢谢”和帮助他人的频率日益多了起来。

台湾的学生让我们明白了我们在礼节上的不足，台湾的学校又让我们体会到真正的书香气息。我们先后访问了台北市中山女高、台中市惠文高级中学、台南市第一高级中学、高雄市瑞祥中学，除了进行展示、交流，还参观了他们的校舍、听了他们的课堂，甚至还进行了辩论赛。先不说充满书香气息的校舍环境，绿树成荫、安静宽敞，最让我记忆深刻的，是每所学校的校长不约而同都提到的一点——关于学校的图书馆——那是他们的骄傲。这些学校都设有图书馆，图书也极其齐全、多样。记得中山女高的一个姐姐告诉我，她们的作业并不是很多，但她们要读各种书籍，要做笔记、写心得，之后还要进行考核、比赛。图书馆就是她们心灵的家。

回来后，无论是亲友还是同学，都会问我同一个问题：台湾人对大陆来的游客友好吗？他们怎样看待两岸关系？

去台湾的大陆游客还不多，我们一行人还像大熊猫一般，在普通台湾市民眼中，还有些好奇，更多的是喜爱。从我们的衣着和语言中，判断出我们是大陆来的，都会高兴地、热情地同我们打招呼，向我们打听许多内地的情况。一个卖茶叶的叔叔听说我们来自广东，把他很贵的茶叶很优惠地卖给我们。我能体会到他们的那份深深地眷恋，就像台湾诗人余光中的《乡愁》："小时候，乡愁是一枚小小的邮票，我在这头，母亲在那头。长大后，乡愁是一张窄窄的船票，我在这头，新娘在那头。后来啊，乡愁是一方矮矮的坟墓，我在外头，母亲在里头。而现在，乡愁是一湾浅浅的海峡，我在这头，大陆在那头。"

和每所学校的学生短短几个小时的交流，就已经让我们畅所欲言、滔滔不绝；短短的几个小时，也让两个素不相识的广东学生和台湾学生成为了好朋友。几小时就已足矣，更不要说八天了。这八天，团里的 36 个同学还有老师，一起欢笑、一起学习、一起游玩、一起生活，建立了深厚的友谊，分别的时候也一起洒下了泪水。

这段友谊溢满了快乐的回忆，这段经历也来之不易、充满意义。忘不了台湾的街道、台湾的风景、台湾的朋友、台湾的人民、台湾的记忆，忘不了在台湾听到的、了解到的、学到的、感动的、震撼的……更忘不了坐船游高雄港时，那个黑黑的船长伯伯阳光般的笑容还有他说的话："你们一定要多来台湾啊，多进行一些交流，两岸才能更和谐、更团结。以后台海两岸就靠你们这一代了。”是呀，什么时候，海峡两岸能你来我往，就像串门一般，而不要像现在这样，去自己的台湾比去大洋彼岸的美国更远？

当飞机再次起飞，我们准备飞回广东了，每个同学都满载而归。而隐隐约约间，我感觉到肩上，除了大包小包的行李外，仿佛又多了一份责任……

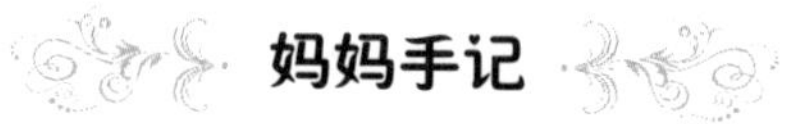

妈妈手记

每个生命都是独立的，越早推出，越早独立，越早成熟，就越能在这个大千世界中找到自己世界的精彩。你的人生道路始终需要自己走，爸爸妈妈能陪伴你的只有一小程。我们能给你什么？在你成长的十八年里，我们一直努力做的只有一件事情，那就是唤醒你的心理力量，给予你离开我们以后，继续独立地、一生也使用不完的前行动力。我们愿做琴师，拨动你的心弦；愿做歌者，唤起你的兴趣；愿做演讲人，激发你前进的动力。

知识链接

推荐电影

《阿甘正传》：弱智的阿甘突破智能的限制，以一贯的诚实以及天生的直觉行动，开辟了一片天地。

《放牛班的春天》：即使是被社会遗忘的孩子，也有可能绽放生命的光芒。

《黑暗中的舞者》：拉尔斯·冯·特里厄的歌舞经典作品，一部别出心裁且唯美感性的歌舞片，有一点浪漫，也有一点灰色，但是却充满力量。

第二篇

风雨兼程

我们从不敢奢望自己的孩子是天才，因为我们自己就不是天才。你从小没有美妙的歌喉、没有绘画的才能、没有柔软的舞姿，但你却有一颗好奇的心。趴在小学教室外的窗户上，你告诉了我你人生的第一个理想：做一名穿着校服戴着红领巾的小学生；还有一次，你将小小的手指头伸进墙上的插座里，吓得外婆大声惊呼。你却说："外婆，里面是什么？"

你身上流淌着黄土高坡人朴实倔犟的血液。如同祖祖辈辈生活在那片贫瘠的土地上的孩子，你有着与生俱来的坚忍和执着。就像你爷爷，在中风痊愈后，他用你爸爸给的钱买了一屋子各式各样的农具。作为一个农民，即便不能下地务农了，他仍然以收藏农具为乐趣，就像玩家们收藏古董。这种信念和坚持在你心里烙下了永恒的烙印。

从小到大你的乐趣在于不断地挑战自己，你的对手始终只有一个，那就是你自己，你爱同自己较劲。每一个新的起点总能激发起你更多的斗志，难能可贵的是每一次成功后，你都迅速将它清零，重新开始。

你说："有挑战的游戏才好玩。有挑战的人生才有意义。"

出国，对于我们全家来说都是一个重要的转折点。正当爸爸妈妈犹豫不决时，为了说服我们，你写了《去加拿大的N条理由》。

第七章　求学加拿大

去加拿大的 N 条理由

（1）众所周知，中国高中太注重分数，导致学生们死记硬背；中国大学严进宽出，导致学生们大多浪费光阴。既然如此，为何不将死记硬背的时间用于思考和创新，用浪费的光阴去参加实践和社会调查，为未来的生活工作做好铺垫呢？

（2）当中国高中生正埋头于题海时，也许我正在进行一项调查研究；也许我正在进行创作、发表着自己的言论；也许我已经适应了东西方两种生活环境、掌握了两种思维方式；也许我已经能够将英语这一重要的工具当作母语使用；也许我已经学到了许多人学不到的东西；也许我正在为步入世界一流的大学而准备……

（3）当中国大学生在经历了高考后休息放松或忙于谈情说爱的时候，也许我正在为以后的工作进行计划准备；也许我已经熟练了生存技巧；也许我已经朝现实我的梦想迈进了一步；也许我已经懂得如何更好地为社会服务；也许我正在使自己的人生更加充实……

（4）很多中国学生选择出国读本科或者研究生。中学便出去，就等于早走了一步。何乐而不为呢？

（5）国际性的人才，必将是中西合璧、精通东西文化。然而，我对西方文化还是知之甚少，自身也存在局限。因此，我希望去西方学习，开阔眼界、发挥优势、取长补短、完善自我。我想了解在太平洋的彼岸有什么不一样……

（6）从凤凰卫视，到中医，到百度，再到社会公益事业和太美科技，梁冬每次在事业如日中天之时，都会令人意想不到地选择跳槽。为什么呢？因为他想换一种环境，他想挑战自我，他想更上一个台阶，他想令自己的人生更加刺激、更有意义！

（7）爸爸妈妈一直在国内这样生活下去，会很舒适安逸，有自己的朋友圈。但你们难道不想改变一下生活方式吗？不想体验一下不同的生活吗？不想换种方式去真正地了解自己吗？不想学学梁冬吗？

（8）中国目前正处于快速的发展之中。若想祖国更加富强，就要借鉴发达国家的经验；要掌握发达国家的经验方法，就要深入它们的内部；若要深入内部，就要接受它的教育；若要接受教育，最好先去加拿大，而且事不宜迟！

（9）移民加拿大，是爸爸妈妈很早之前所作的决定，也是我的决定。既然决定了，就不要半途而废，就不要为这项决定后悔。

（10）加拿大福利好，环境好啊。空气是新鲜的，食品是安全的，风景是美丽的。你们如果想再生个健康的孩子，要想享受生活，要欣赏雪山冰川，要想安度晚年，加拿大是最适合的选择！

（11）西方国家，特别是美洲发达国家，社会具有多面性，有好的一面亦有邪恶的一面，分化明显。尽早了解西方社会的多面性，做好准备，明白应对措施，不至于以后措手不及。

（12）我想去加拿大，因为我想知道他们是如何看待中国的，因为我想尽我所能将中国的传统和历史发扬光大，因为我想让他们了解中国、了解我们中国人。

（13）不做井底之蛙，要将目光放远些，要让视野更开阔些。这不是你们常教导我的吗？

（14）为什么要去加拿大？因为我想去加拿大！“路漫漫其修远兮，吾将上下而求索”，我相信自己，相信爸爸妈妈！

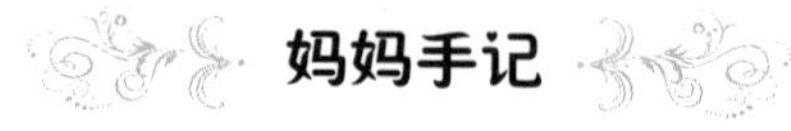

妈妈手记

你稚气的话音刚落，全家已经登上了一个完全陌生的土地，来到了加拿大西海岸一座休闲美丽城市——温哥华。这篇文章你说出了你的心声，也说服了爸爸妈妈，我们看到小小的你已经开始了对命运的主宰，学会了对未来的争取，我相信你的豪言壮语并不只是说说，因为你稚气的语言中透露了肩负的社会责任和对中西文化结合的向往，更表达了你的决心。

记得刚到温哥华时，一切都要从头来。爸爸妈妈语言不通，环境不熟悉，顿时变得无助起来，而你不得不在一夜间长成大人。我们的角色仿佛如同这个时差一样颠倒了，你变得懂事、谨慎、独立。而爸爸妈妈在遇到事情的时候习惯向你请教等你定夺了。我也曾经为此感到失落过，但看着小小的你脸上坚定的神色，我心中既内疚又自豪。我明白了在人生中，总有一些得失，它在一段时间内会让你放弃一些东西而去承载另一些东西。所以在这段时间我们是在“舍”，而你是在“得”，但看你的“得”时，我们的“舍”又未尝不是一种“得”啊！

在温哥华找学上

简简单单的“上学”二字，虽然并不复杂，背后却隐藏了多少令人感怀的词语；多少曲折，虽不绮靡深奥，却包含了多少未曾预料的曲折；多少曲折，虽不惊天动地，却记录着一个新移民学生初来加拿大时的困惑、迷茫和挣扎。

——题记

等待

等待是什么？它代表你迫切地期待着什么，却正经历着时间的煎熬。到温哥华，等待上学让我终于明白，究竟什么叫“等待”。

等待，是开学好几天了，自己却只能呆呆地望着背着书包、踩着阳光去上学的学生们时的羡慕；等待，是每天寸步不离手机，却接不到上学通知时的无奈；等待，是迫不及待地打开信箱，却盼不到学校通知信时的失望。我真正体会到等待的滋味。

来温哥华之前我们就了解到：加拿大公校入学方法是住此即学于此。爸爸妈妈租了这套房子，就为了我能上排名靠前的不列颠哥伦比亚大学附中或洛宾中学。我最喜欢面向大海背朝森林的洛宾中学了。

虽然我到学校局登记的时间已经晚了一些，虽然大学附中和洛宾中学已经没有学位了，但是，我就要这样无期地等待下去了吗？难道学校局不知道已经开学两周了……难道我只能看着别人上学吗？我已经天天看别人上学两周了！这时，我不禁想起在国内时快乐的小学和紧张充实的初中生活，想起国内的同学们、老师们……

好吧，等吧等吧，我就不信没学上了。

失落

已经第三周了。我想：是不是手机的铃声坏了，为什么它总是不响？刚拿起，它在手里出乎意料地振动了一下。我急忙按下通话键，是学校打来的吗？

不是。是妈妈。

不知道怎样按下的结束通话，我呆呆地坐在沙发上，好像坐了很久，直到妈妈回来了。

我跳起来问："你确定是麦吉中学吗？不是洛宾？是那所车程要一个小时的麦吉中学吗？"我们曾开玩笑说，要是被分到麦吉中学就惨了。

妈妈神色凝重，叹了口气："你打电话咨询一下学校局，看看能不能换。"

电话另一头的答案："不能。"原因是，我登记得太晚，家附近的学校，学位都满了。麦吉中学有学位给我已经很幸运了。

一天往返在路上的时间就要两个小时，可以接受吗？千里迢迢从中国到这里，却要将大量时间花在坐公共汽车上吗？我的运气怎么会这么差，就算没有大学附中，没有洛宾，还有威尔士王子中学吧，怎么就去了那么远的一所学校？我除了坐在沙发里发呆，脑子一片空白。

"不行，要去一趟学校局。"妈妈果断地说。

"有用吗？学位都满了……"我烦恼极了。

"试一试，试过了才不后悔。"这是妈妈的口头禅。

爸爸已经把车发动了。我带着一封英文的转学申请书，还有满满的失落，午饭也没吃，就和妈妈到了教育局。

“请问找谁?”接待的阿姨礼貌地用英语问。

“找招生负责人黄先生。”

“有预约吗?”

我们只能摇摇头，那时，我们一片茫然，也许我们连黄先生的面都见不到。

我连忙拿出之前已写好的给黄先生的信:“我有一封信给他，请你转交。”

阿姨疑惑地接过我的信，转身进去。几分钟后，她出来了，说:“黄先生请你们进去。”

就是他——黄先生，为所有报名入学的学生分配学校的负责人——一个不会说中文的华人，黑黝黝的脸上偶尔会挂着一丝的微笑，笑容后面有几分不耐烦。也许像我这样“不服从分配”的学生，他见多了。他拿着我的信，未等我开口就解释了学位是怎样的紧缺，然后在地图上指了指:“其实你家离麦吉中学不会很远。”

当然不远——在地图上。

“如果你有一个女儿，你会让她坐两个小时的车上下学吗?”我恨自己的英语不好，还不足以表达自己的不满。“难道我就没有任何其他的选择了吗?”

“没有任何选择!”他说得不快却很坚定。我的心怦怦地跳动。他继续说:“我记得你，你写过一封自荐信、你的ESL（English as Second Language，英语作为第二语言）测试是最高级四级，你还会琵琶和跳舞。麦吉的艺术队是很出名的……”他还说了些什么，我已听不清了。妈妈望望我，我也望望妈妈，我看见妈妈的眼眶红了。

难道偌大个洛宾中学就没有我的一个座位吗?

黄先生沉默了一下，又说:“如果，洛宾还有很多学位，如果麦吉又同意的话，试一试能不能调换。”为什么要很多学位呢，我只需要一个学位就行了呀!

临走时，黄先生意味深长地说:“去麦吉报到吧，你会喜欢的。它会令你改变看法的。”

我和妈妈缓缓走出学校局门口，一切都变得那么复杂，我不能理解。

上了车，我们马上奔向洛宾中学，疾驰的车里一片沉默。一只小松鼠毫无预兆地跳到马路中央，褐色的毛像波浪一样起伏。爸爸赶忙一个急刹车。我整个身子猛地一倾，手中自备的申请书滑到了地上。小松鼠的尾巴倏地收紧，两个眼珠左瞧瞧右瞧瞧，惊魂失措地跑到了对面草地。这样的国度，对一只小松鼠都如此爱护，为什么对一个九年级的女孩却如此无情？

疑惑

还去洛宾做什么？反正都是没有学位了。想着妈妈说的那句话：就算希望很小，尝试后也就不悔了。我做了个深呼吸，敲响了办公室的门，试一试吧。

半晌，没有回应。从门缝瞧去，灯都熄灭了。果真下班了。我叹口气，转过身望了望空荡荡的走廊，好像刚刚还晃动着洛宾学生们嬉笑的影子。正准备离开，突然，“吱”——门开了。

“请问找谁？”一位看起来很和蔼的女老师。我惊喜地回头，也不管她是谁，连忙告诉她我住在不列颠哥伦比亚大学校区，问她洛宾还有没有学位。她微笑：“没有学位了。你的 ESL 考几级？”

“四级！”

“有学位，如果你考四级。”她邀请我进了办公室。我解释了自己的情况，递上我的自荐信。她立即拨打了黄先生的电话。当她开始拨电话时，我感觉那只可爱的小松鼠，仿佛正在兴奋地跳跃着。电话通了，但我瞥见女老师的眉头皱了皱，起身把门轻轻合上。四周突然安静了，在门外的我幻想着她打开门后笑眯眯地说：“周一你来这里报到吧，不用去麦吉中学了。”

不知他们聊了多久，终于，门又开了。没有笑眯眯的脸，取而代之是女老师的苦笑。

“对不起，我们的学位满了，不能接受新的学生了。”她说。

心里那只跳跃的小松鼠霎时泄了气一般。我依稀记得它在汽车跟前吓得毛都耸起，就像现在的我——无数个愤怒的问号在我脑海竖起：为什么她两次的回答和态度截然相反？黄先生到底和那位女老师说了什么?!

临走时，她告诉我下礼拜内学校会给我打电话。如果没接到电话就说明没有学位了。

感激

这个周末，正好是中秋节，可我已不记得月亮是圆的，还是方的……不知道是怎样度过的。

周一，我们早早就到了麦吉——不是为了报名，而是来要求转学。可是麦吉会不会同意我转学呢？我还要用一个礼拜的时间来等洛宾中学的电话，可是麦吉中学会等我吗？或者到最后两所学校都错过了。

揣着忐忑的心，我一眼就见到了麦吉中学瘦瘦高高的校长——泰勒。“嗨！欢迎来到麦吉中学！”他握住我的手用力地甩了甩，洁白的牙齿在笑容中一闪一闪。他的开朗，让我的感觉一下子轻松下来。

他一手托着下巴，一手翻过我的信息资料和自荐信，嘴角微微笑着，不断点着头，好像在思索什么。也许是他的微笑给了我鼓励，我从未这么大胆过，英语也从未如此流畅过。我说：“很高兴来到麦吉中学，不过我有一个问题向你请教。”

“一个问题？”他饶有兴趣地抬头看我。

“我住在不列颠哥伦比亚大学校区内，到麦吉上学是不是很远？”

“不算近……”泰勒好像察觉到什么，机警地瞥着我，“但也不是很远！”

我喋喋不休地说了许多从家到麦吉上学有多远、有多不方便，会影响我的睡眠、玩耍和学习。

他爽朗地笑了笑：“所以……？你的问题是……”

“所以，我希望能转到洛宾中学。”话音刚落，泰勒故作惊讶状地伸长了脖子，然后失望地吐了吐舌头。

突然，他眼珠一抬：“你认为自己优秀吗？”我想了一下，说：“我是这样认为的。”只知道几个英文词的妈妈，却听懂了这句，在一旁插了一句：“不是优秀，而是非常优秀。”

泰勒听了哈哈大笑，然后滔滔不绝地同我谈起了琵琶。他好奇地问：“那是怎样的乐器呢？”我做出弹琵琶的样子。

聊了一会儿，他话锋一转，问：“洛宾已同意要你了吗？”

我摇摇头，说：“他们要我等……”

“虽然洛宾没有我们学校这么好，不过，的确离你家近些。”泰勒当时说的这句话，我永远都会记住：“如果你愿意等洛宾，那么我们也愿意等你。”我完全没有想到他会说这样的话，心里不禁涌出一种温暖。他的话令初到温哥华的我和妈妈感到一份知遇之情……

就这样我在麦吉中学报了名，也就是说：如果我没有等到洛宾的通知，就可以到麦吉上学了。相信这样的好事情，应该不是每天都会发生。

泰勒嘴角微笑的弧度很大。他把我送到办公室门口时，拍拍我的肩膀，说：“难怪黄先生夸奖你，他真没看错！”

黄先生？还夸奖我？原来，那个令我咬牙切齿的黄先生，向泰勒推荐了我，也许想让我去一个可以发挥音乐特长的学校……我却误解了他的好意……

惊喜

我像一只小松鼠一样，抱着我的信息资料从麦吉校门口跳到了洛宾校门口，匆匆推开了那个熟悉的办公室的门。

“请问找谁？”黑制服的保安问我。

我在找谁呢？上次见到的女老师是谁呢？极力描绘着她的容貌。黑制服回头望望，抱歉地说：“她不在。”怎么偏偏这时不在呢？我着急地张望四周。

“就是她，就是她！”我像找到宝藏一样指着一位刚进来的女老师。

“校长，你见过这个女孩吗？”哦，原来这位让我觉得变来变去的女老师是校长！她点点头，朝我微笑。“麦吉中学同意我转学了，这是我的资料。”我递上资料。她接过，一言不发地走进另一间办公室了。

周围到处嬉闹喧嚣，刚下课的学生在门外来来往往说说笑笑，而我还不知道自己能不能来这里上学。

女校长拿着我的资料出来了。她职业性地又向我笑了笑。

几秒钟的时间度日如年。她缓缓开口——“你明天来这里报到吧。”我没听错吧？“明天？这里？”

“没错，报到后就可以上学了。”

真的吗？真的没听错？我惊喜地跺了跺脚，跑出办公室。我要向爸爸妈妈大声地宣布这个喜讯；回家后，我要写一封邮件告诉黄先生，对他说对不起；我要打电话给泰勒，向他说谢谢；我也要写一篇很长很长的博客，名字叫作《我在温哥华找学上》！

办公室的窗外，一只小松鼠从树上轻巧地跃过。

妈妈手记

好不容易进了洛宾中学，你投入到崭新的学习生活中去，先找自己的柜子，再去找每节课的教室，了解选课的规矩，参加学校的俱乐部。那时，一台快译通成了你的随身必备品，无论生活还是学习，你都离不开它。妈妈能够想象你当时的困难，却从没有听见你抱怨过半句。只是，你对国内同学们的思念之情，总是溢于言表，怀念在国内省实验中学的快乐日子。

妈妈知道，虽然你做好了充足的心理准备，但是现实中的中西方文化冲突、教育理念的不同、生活观念的差别从四面八方而来冲击着你的思想、考验着你的毅力，这些烦恼与挫折你都是自己面对，孩子，很高兴你当时坚持了下来，我相信经历过这些你也学会了如何承担对自己人生的决策，明白了家庭和社会的责任，也更能深刻体会到用积极的心态来迎接和做每件事情。

想念，二班

大把大把的时光从指间溜走，留下许多叫知识和情感的东西被紧紧地握在手里。

——小四

溜走的，好像都只是昨天，而溜不走的，是我对出国前所在的二班的思念。

每次铃声响起，踏入在温哥华的新教室，我总有一种错觉——那就是二班：仿佛整个教室仍激动地沸腾着，讨论范围从四人小组迅速扩大，直到老师的身影从窗边晃过，便突然肃静。

每次新学校的俱乐部开晚会或出节目，我总想着二班——如果二班在，如果同你们一起，多好。每次为准备学校的表演或比赛，藏龙卧虎皆一呼即

二班同学集体合影

应，就连排练亦都洋溢着笑语。偶尔有的小矛盾，也都成了有趣的插曲。记得吗？无论排练期间会经历多少困难和阻碍，到最后我们的节目总是最精彩的一个。

每次旁边的同学拍拍我的肩膀，我转过头的瞬间总会有一种错觉——以为又是二班的你。记忆里，你听完了我对一道题的解释，张大嘴“噢”一声又朝我诡异地点点头；记忆里，我们正激烈地讨论着某个观点，接着爆发出哄堂大笑。

每次上数学课，在白人学生“You are so smart!”的惊叹声里，我只能笑笑。如果我非常聪明，那二班的你们个个都是天才或神童了。

每当我感到颓废、想要偷懒，妈妈总说：“想想二班的同学现在在做什么。”“二班”一词蓦地闯入脑海，就像鞭子一样激励我立刻振作。我盯着妈妈嘀咕：“你厉害!”

西方教育没有“班级”的概念，不同的课有不同的教室、不同的同学。然而，我庆幸，我曾经是二班的一员——不对，曾经是，现在是，以后依旧是。

回想昨天，当我在操场上筋疲力尽的时候，你们总会大声喊着为我加油；回想昨天，当我比赛失利的时候，总会有一个温暖的“避风港”令我感动；回想昨天，当我不知所措、无所适从的时候，您，亲爱的老师，总会替我出谋划策；回想昨天，当耳边响起了你们轻哼的、那样鼓励人心的班歌《蜗牛》，我幸福地微笑着哭了；就算是今天，就算我是一个半路逃走的“士兵”，依旧被你们惦记……二班和我，我们，依旧、永远牵扯着情感，牵连着关系。二班，我想念的二班——这两个字，就像一杯葡萄酒，越发酵，越浓烈。

忽然懂得，那些“昨天”并没有“溜走”，只是被珍藏在了心灵的某个角落，如同那坛陈酒。它们留下的不仅仅是“知识和情感”，更有一种莫大的鼓舞，一种令你义无反顾向前走的动力。

走在学校的走廊，无数白人、黑人或是亚裔的面孔晃过，而《蜗牛》里的那句歌词在我心里越发深刻：“我要一步一步往上爬……总有一天我有属于我的天。”因为我知道，是二班，给我们插上了去寻找属于自己那片天的翅膀；因为我知道，优秀的二班的同学，我们一起，一步一步地踏上旅途。

妈妈手记

在加拿大最初的那段时间，你很想念国内的校园和同学，在那所省重点中学的重点班里，你有着志同道合的朋友。你们嬉笑怒骂、你们共同成长，那两年，你懂得了什么叫“集体”，也懂得了什么是“友谊”。每当你跟我说你想他们的时候，虽然你不说，但我也能猜到在现实中你又感到不适应和受到小挫折了，因为，在这个陌生的国度里，我又何尝不是怀念那熟悉的乡音和昔日的朋友呢？可是孩子，漫长的人生中我们不但要能记起过去的美好，更要有能继续跌跌撞撞地向前走、朝下一个梦想前进的勇气。

你应该也懂这个道理，所以思念伴随着你，不但没有影响你前进的步伐，反而更激励着你大步流星往前走。进了洛宾中学三个多月，虽然洛宾在大温地区的公立学校中是数一数二的好学校，但是你并没有安于现状，你又申报了大温地区名列前茅的私立学校，也是最具声誉的男女混合私立学校——West Point Grey Academy。

加拿大普通公立学校实行十二年免费义务教育，无须考试就近上学，公立学校希望把学生培养成全面发展的学生，而私立学校更重视多样性。相比公立学校，私立学校学生人数少，教师配备优，学校设备好，课程选择范围大，难度高。所以这些年家长和孩子追逐名牌私立学校的热情有增无减，每年举办的私立学校展览会都爆满。但是，想要进入私立学校并不容易，除了要准备高昂的学费，还要通过一系列的笔试面试，准备申请文章和展示自己的特长及所参加过的社会活动。私立学校尤其在新移民面前蒙着神秘的面纱，他们的多数学生都是从幼儿园一直升上来，插班生的名额尤其少。这些所谓的贵族学校是真正了解西方文化的窗口。

2008 年的 12 月，你报了名。冬假一过，就在 West Point Grey Academy 参加了两次笔试和一次面试。记得面试还要带家长去，一句英语不敢说的妈妈，生怕在考官面前给你丢人了，紧张得不知如何是好。你鼓励道："不会说英语并不等于不行，放心，有我呢。"

孩子，你给了妈妈勇气，这份勇气也一定感染了学校的招生老师们。否则，他们为什么会从众多的申报者中，慧眼识珠，录取了还在 ESL（英语为第二语言的培训班）的你呢？在 West Point Grey Academy 三年中，你用行动证明了，当年录取你是学校一个多么明智的决定！学校也在你的十一和十二年级给了你奖学金，以此表彰你在学校的优异表现。

十年级，你是以等待者（waithist）的身份跌跌撞撞进了 West Point Grey Academy。离开洛宾中学时，妈妈还是不无遗憾地说："你在洛宾的三个学期，第一学期英语还是 B，第二学期总成绩获得了荣誉奖，第三学期已经拿到学校最高奖——校长奖了，英文已达 90 多分。如果我是你就留在洛宾，宁做鸡头不做凤尾。"

你头也不回地说："妈妈，我既不做鸡头，也不做凤尾。如果一定要在什么鸡和凤还有头和尾之间选，我就做凤头。"

但是，豪言壮语说起来容易做起来难。在 West Point Grey Academy 的第一堂英语课堂写作练习时，你好不容易写满一页纸，你的同桌已经洋洋洒洒三大篇了。令你备受打击的还不仅仅是英文，同年级70多名同学，各自有着自己的小团体。很长时间里，你在学校里找不到归属感。你也进入了成长中不可避免的“少年不识愁滋味”的时期。

成功不属于批评家，不属于那些指出强者如何跌倒的人，也不属于指出行善者怎样能做得更好的人。成功属于身体力行者。他知道，假如一切顺利，他最终将品尝胜利；然而，就算在最坏的情况下他失败了，至少也是经过一番冒险。因此，他的历练绝对不会像那些冷漠胆怯的心灵一样，不了解胜利，也不了解失败。

——西奥多·罗斯福

脆弱

年少的我们，并未真正尝过愁的滋味，却也曾脆弱和消沉，哪怕我们是多么坚强和乐观。

此刻的我，像做了一场梦，昏昏沉沉，懒散地请假在家，躺在后院的藤椅上，任凭午后的阳光洒在自己脸上，即便知道其他同学都在学校里勤恳认真地读书学习。

我生来不是林妹妹般体弱多病，近来却被断定患了病。至于什么病，却扑朔迷离，找不到症状。妈妈说也许是因为周期在作怪，爸爸则断言是由于昨天在烈日下跑步过度，中暑了。

在去看家庭医生的路上，我心烦意乱地关掉车上的广播，放出钢琴曲，心情稍稍得到平静。窗外各种街边小店不断后退，远方蓝天的一抹霞光好似离我越来越近。闭上眼睛，感觉自己像骑着一匹骏马奔驰在草原上，而所有悲伤都在茫茫原野间消散，最终到达闪烁着光芒的天堂。

王医生问我身体有没有不舒服。我说没什么大问题，不过是全身无力，头昏脑胀，泪腺分泌过多，神志偶尔不清，每天都像梦游一样罢了。

他又问，这样的情况从何时开始。我想了一下，准确地回答道：“暑假最后一个礼拜。”说完，我再次认真地想了一下，觉得应回答从出生开始。虽然在别人眼中，我是幸福的：得到了无数来自家庭的爱、朋友的关怀，自己各方面还算优秀，有些同学会在学生手册中“我崇拜的偶像”一栏写下我的名字……但是，记得我刚出生的照片——眉头紧皱、号啕大哭；还有一张是在两岁时，站在天桥上，身后车流不息，高楼林立，幼小的我手中紧紧地揪着一个布娃娃，眼神就像那个布娃娃一样不知所措，盈盈闪着泪花；在幼儿园时，咬着嘴唇、泪痕未干；到了小学，我依旧记得有次在学校厕所里悄悄地啜泣，却忘了为什么；再后来长大了的我，几度在被窝里泪如雨下，几度想离家出走。

我一直在痛苦中寻找活着的意义，一直在微不足道的个人生命及喧嚣繁杂的大千世界之间挣扎。人们总是以为我多么乐观坚强，看到这里一定会惊讶——原来脆弱得如此不堪一击。

“是不是遇到什么困难挫折？是不是有压力？”医生又问。我答：“没有。”还一本正经地告诉他，这些都很正常的。谁人不曾有过？皆是人生的必经之路。困难战胜就好，压力化为动力就好。仿佛我已成了医生，他是听众。

“那有没有人欺负你？”他边记录边询问。我又说没有，他的脸色就变严肃了。

他善解人意地支走了在一旁陪同我的爸爸，轻轻关上门并确定我爸走远后，压着声音问：“你，失恋了吗？”我瞪着眼睛望着他，忍住的笑声就要从鼻尖冒出了，还是回答道：“没——有。”他也瞪着我，一副怀疑的样子。我便老练地劝说他：“感情的事情唉，随缘吧，不好伤了身子和心灵的啊。”

他思忖了好一会儿，拿我没辙了，半晌道：“你去验一下血吧！周六再来找我。”

我握着医生开的单子，心想今天弄了那么久，结果只是被告知做个验血。自己反而还对医生进行了一番意味深长的讲义，真有些荒谬可笑。

离开诊所，独自推开大门，面前的景象排山倒海似的涌向瞳孔：来来往往的人流在行走，大大小小的商铺忙碌经营，楼上的餐厅发出乒乒乓乓的碗碟声，空气中回荡着唧唧喳喳的交谈声，像洪水一样。一幅幅花花绿绿的画面、一张张神情各异的脸孔、一个个五花八门的故事都沉甸甸地闯入我的脑海，泪水顷刻打湿了脸颊，猝不及防，毫无缘由。

人生可能是这样，有高潮有低谷，有成功的喜悦有青春的烦恼，其实一切都才开始，挥挥手告别无端的忧愁。明天又是新的一天，不是吗?

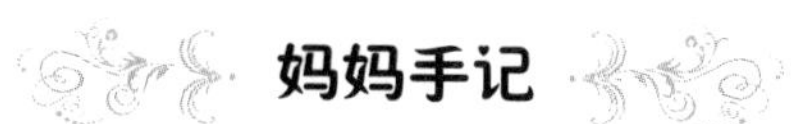

妈妈手记

每个人都会有脆弱的时候，那些能影响世人的伟人，往往是在与自身弱点做坚持不懈的斗争过程中才达到目标的，而不是凭借自己的优点成功的。还记得《圣经》里的那句话吗：“我的恩典够你用的，因为我的能力，是在人的软弱上显得完全。”所以我们不要避讳脆弱，而是在面对自己的弱点时，能够坦然待之，习惯自我调侃，并最终学会去欣赏和运用弱点，孩子，说了这么多，我就是想让你懂得“什么时候软弱，什么时候就刚强了”。

聆听上帝的声音

来加拿大之前，我认为上帝和耶稣都是神话故事中的人物。这天，带着好奇和疑惑的心情，我和爸爸妈妈来到温哥华的一个教堂。耶稣到底有怎样的神力，对世界产生了如此深远的影响？全世界为什么有那么多人信奉基督教?

一座红砖平房，简单朴素地隐藏在树荫之中。我手捧着《圣经》，小心翼翼地推开教堂的门。迎接我们的是空灵的圣歌，轻轻撞击着我的心灵，令我置身于从未体验过的气氛之中。轻轻地吐出一口气，我们找了位置安静地坐下。偌大的教堂里坐满了人，个个虔诚地唱着圣歌，摆动着身体。他们的脸上，带着喜悦平静的笑容，他们的嘴里发出的音符来自心灵，回荡在教堂上方。美妙的歌声、安宁的气氛令我的心情悄然平静了下来。我身边的一个老太太从座位上站了起来，如痴如醉地闭着双眼，身体一颤一颤。只见她双手平伸，然后慢慢举起，仿佛听从了什么召唤。周围许多的人都陆续站起来，伸出了手，像孩子一样在空气中触摸着、感受着。我盯着前方，可什么都没有，不过是空气罢了。

空气，只是空气吗？突然想起了昨天查经的时候，牧师斯特拉展示给我们的问题：她取出一个装有半杯水的玻璃杯，笑着问："你们看见了什么？"看见我们一副疑惑的样子，斯特拉说："其实这个玻璃杯里，除了半杯水，还有半杯空气。虽然我们看不见，却不代表它不存在。"斯特拉的话一直响在我耳边。也许人们此时正在感受上帝——我看不见他，可他就在我们身边，我还没有弄明白，他已经在每一个相信他的人的心里了。

我试着用虔诚的歌声和着节拍，试着伸出手来感受上帝，试着去了解他的神奇。这时，我看见在走廊的地上趴着一个可爱的小女孩——她美丽的大眼睛瞪得星星一般，耳朵紧紧地贴着地面。她是在聆听上帝的声音吗？

聆听上帝的声音？我也闭上眼睛，去倾听上帝的声音。台上，一个家庭介绍他们去非洲传教的经历。他们讲述如何传教，如何帮助别人，自己又有何收获。台下的听众不时报以赞美的掌声，为他们精彩的演讲，更为这个家庭的大爱和对耶稣的虔诚。这就是上帝的声音吗？

从教堂走出来，我终于明白：相信上帝是一种解脱方式，一种得到安慰与归于正途的方式。

谁不是有血有肉？谁没有痛苦悲伤？谁从来不犯错误？谁不曾有过罪恶之念，有过迷途之举？谁不曾在无助之时希望得到心灵的安慰与寄托？

我一直思考着这些问题。也许《圣经》会给我答案。回到家，《圣经》像个谜，吸引着我翻阅了再翻阅。人们相信上帝是因为人们需要它，人们需要信仰。

在《圣经》里，耶稣说："我就是生命的粮。"信仰是精神的粮食，没有它人也会饥馑也会茫然。耶稣说："我就是世界的光。"信仰是黑暗中的光，照亮真理照亮前方的路。耶稣也说过："我就是复活就是生命。"所有伟人都是在信仰的支撑之下取得成功。林肯相信《圣经》是上帝赐给人类最好的礼物；牛顿认为上帝的《圣经》是最崇高的哲学，从中找到的真理事实多过任何俗世的史书；拿破仑说《圣经》不是一本书，而是拥有行动和强大威力的一个生物；华盛顿说离开了上帝与《圣经》，人就无法公正的管理世界……其实，不论是上帝，还是佛、道，或是一个人、一段回忆，都可以是一种信仰。人有了信仰，才能像一个真正的人一样生存。信仰是复活和生命，令人又一次重生，令人从容面对死亡。

让我们一起聆听上帝的声音吧……

附：Listening to God's Voice（十一年级翻译）

Before I came to Canada, I had thought "church" was a place of mystery and Jesus was merely a fictional figure. I knew nothing about Jesus and had never been involved in any church activities. A few days after we settled in Vancouver, my parents brought me to a chapel for Sunday services and Bible studies. I was eager to explore this new world.

The chapel was simply an undecorated red bungalow, hidden in spring green bushes. Holding the Bible in my hands, I carefully stepped into in the chapel: a simple, sanctified song welcomed my presence and struck a chord somewhere deep in my heart, crafting an ambiance I had never before experienced. I exhaled and inhaled, and then found a seat in the quiet space of the chapel. People in this spacious auditorium faithfully hummed a sacred song while their bodies swayed. Their faces radiated with blissful smiles, and from their mouths came melodies that seemed to resonate from their souls and echoed from the top of the ceiling. My mind melted into a calm, clear pool of water. An older woman standing beside me closed her eyes, immersing herself into this peaceful realm. She raised arms, reaching into the air as if she had heard a summons from above. All the people around me subsequently raised their arms as well, seeking and sensing something that brought me back to the security of my childhood. I stared straight ahead but could not see anything, except for air.

Air, was it only air? I suddenly recalled my Bible study with Pastor Stella the day before. She showed us a glass half filled with water and asked, "What do you see in the glass?" With all of us looking puzzled, Stella smiled, "In fact, not only is there half glass of water, but also there is half glass of air. You cannot see the air, but it does not mean the air does not exist." Her words resounded in my mind. At that moment, I tried to visualize what people were attempting to see and what I could not see-the unreachable, the untouchable, and the unspeakable. Although I could not yet feel Jesus, I knew he was with us; although I did not fully comprehend the words in the Bible, I understood that they already existed in everyone's heart.

Recalling Pastor Stella's words, I tried to follow the rhythm of the sacred songs and reach my hands for this sense of holiness and a miracle. A toddler lay on the floor, resting her head on her folded arms; her radiant eyes shone like the stars and her ear was tightly pressed to the floor. Was she listening to Jesus? I closed my eyes, endeavouring to converse with him, or, at least, to hear his voice. On the stage, a family spoke about their missionary experiences in Africa. They talked about helping others and harvesting rewards for themselves, amazing everyone who applauded for their devotion. I wondered if this was the voice of God.

Who is not worldly with flesh – and – blood? Who has not suffered from agony and sorrow? Who has never made a mistake? Who has not had a blink of sinful thought? Who does not aspire to assistance and spiritual sustenance when feeling helpless and hopeless?

I contemplated on those questions and hoped to find answers from the Bible. When I got back home, the Bible was like an enigma, drawing me to open it again, drawing me to puzzle over it.

In the Bible, Jesus said, "I am the bread of life." Faith is food for the mind, and without it, we are hungry and lost. Jesus declared, "I am the light of the world." Faith is the light in the dark, emblazing the way of truth eternally. Jesus also said, "I am the resurrection and the life." Successful people believe in God or a higher power because they need faith to sustain them during challenging times. They have spoken about their faith, their belief in God, and sometimes, the Bible. Abraham Lincoln considered the Bible as "the best gift God has given to man"; Isaac Newton thought of the Bible as "the most sublime philosophy", and he found "more sure marks of authenticity in the Bible than in any profane history whatsoever"; Napoleon declared that "the gospel is not a book; it is a living being, with an action, a power, which invades everything that opposes its extension”; and George Washington exclaimed, “It is impossible to rightly govern the world without God and Bible.” It is only when we have faith that we live authentic lives. Faith is resurrection and life, leading us to relive, rendering us tranquil even in the face of death.

Let us listen to God’s voice…

在教堂的中国春节联合会上表演琵琶

妈妈手记

信仰是在我们成长过程中逐渐形成的对人生、对世界的看法中一个很重要的部分。信仰，既包括宗教，又不完全属于宗教，换言之，一个人可能没有宗教信仰，但决不等于他没有信仰。

信仰是一个广义的概念，你可能宣称“我什么都不信”，其实这也是一种“信仰”。就好比说，我什么都不选择，其实也是一种选择。除了宗教信仰，还有种种其他信仰。如有些人相信“因果”；有些人相信“命运”；有些人相信“一分耕耘，一分收获”；有些人相信“善恶到头终有报”；有些人相信

“机遇”；有些人相信缘分，等等。这些都是人生中的普遍信仰。

人是需要有信仰的，没有宗教信仰，也会有其他的信仰。不论什么信仰，它的本质就是信念的力量，这种信念是对未来的思考和对生命的虔敬。这种虔敬可以改善人们的处境，带给人豁达平和。

知识链接

推荐电影

《天堂遇见的五个人》寻找在我们生命里默默出现，不被看到，却影响了我们轨迹的人。

推荐网址

http：//www. iqiyi. com/edu/20130422/a06d53c0dee959f0. html

TED 演讲精选

心灵顿悟《脆弱的力量》。

名词解释

逆商：逆境商数简称“逆商”AQ（adversity quotient），是由美国职业培训师保罗·斯托茨提出的概念。它是指人们面对逆境时的反应方式，即面对挫折、摆脱困境和超越困难的能力，又叫挫折商。

第八章　天地任我行

读与行之间

手拿着一个三明治，我焦急地等待着这次野外露营——不是因为对它充满期待，而是因为希望它尽早结束。

这四天，是我暑假外出的唯一机会。按理说，在教室里、在家里闷了两个多月了，出来透透气是一件好事，可我高兴不起来。原因一，我痛惜这宝贵的四天时间，还有太多的事要做，马上要开学了，手上的这本《哲学的慰藉》没开始读，只好晚上钻在帐篷挑灯夜战了。原因二，这次郊游的目的性极强，那就是完成爱丁堡奖励计划的银章。爱丁堡计划是由英女王丈夫菲利浦亲王创立的，包括技能技巧、体育运动、社会服务及野外训练四部分的锻炼和考察。我已获得了铜章，银章也已经完成了大部分，就差一次野外露营了。能用四天的时间来做爱丁堡计划，已经是见缝插针了！好吧好吧，为了那块宝贵的银章，我就权当这四天三夜牺牲了。

我们一组十来个人——来自温哥华不同中学，加上两位指导员，计划沿着印第安海岸线开始划船，并在途中的三个露营点歇息住宿。

两人一条独木舟，我和法国女孩雅克利娜分在了同一条船上。她披着金色的长发卷，甜甜的笑容挂在脸颊。船一驶出，我就后悔了。唉，早知道不要让雅克利娜掌舵了，她不是方向感不好，简直完全迷失。雅克利娜用尽全身力气划呀划，可我们的船就在那转呀转。我看得心痛，为她的汗流浃背和炊沙作饭心痛，更为她手中饱受折磨的可怜的船桨感到心痛。我的嗓子喊累了，可爱的雅克利娜也终于划累了。别人的“轻舟”早已经过了万重山，我们的“老乌龟”仍在原地打圈。指导员无奈地说：“换一个有经验的同学。”

在一个岛上小憩

听了指导员的话，我俩迅速地相互看了一眼，心中居然有些不舍。无论雅克利娜驾驶这只“老乌龟”的技术有多不尽如人意，她总是那么坚忍和不服输。

游湖

在河中用力地划船

就这样换来了迈克，黑头发黄皮肤？哦！原来是个韩国人。他耳朵上一直挂着耳机，朝我打了个招呼，就开始划船了。一瞬间，“老乌龟”变成了“飞鸟”，早早就入林了，还一溜烟成为了划在最前面的几条船之一。坐在船尾的迈克一路上一语不发，完全专注于他的耳机，也许正沉醉于他的音乐世界里。我只好一边划船，一边欣赏两岸花草，石涧水鸟，还有水中的像小灯笼一般的水母。突然，迈克打断了我这份雅兴：“妈的，MP3 没电了。”我皱了皱眉，还是回应他：“你在听什么歌曲？”“化学！我把化学的概念和公式都录下了。”什么？在 MP3 里学习化学？我为自己的孤陋寡闻感到一丝惭愧。对了！若能将《哲学的慰藉》也录在 iPod 里听，多好呀！迈克不愿浪费时间，便就地取材，开始向我机关炮式地提问：“你最近在看什么书？书里讲的什么？你同意作者的观点吗……”这一路可真不放松，我和迈克之间展开了一连串的学术讨论，不过，我一直处在下方，常常被他问得无处可逃。消化了我的回答后，他又如连珠炮般发问。此刻我已紧张得手心渗出汗来，就像学生回答不出老师的提问一般。嗯……早知道读书的时候更仔细一点了，早知道阅读量更多一点了。书到用时方恨少，追悔莫及呀！

突然风骤起，吹得我们的船咯吱咯吱地摇摇晃晃。迈克在船尾，学习热情依旧高涨。我支支吾吾，无言以对，灵机一动：“你说什么？风太大了听不到。”后面仍传出几声嘀咕。我又道：“专心划船啊！不然我们的船就会翻啦！”这个威胁有效地阻止了后面的提问。我心中暗喜，感谢天公作美，逃过一劫。虽说用小计糊弄过了迈克一回，可我暗自感叹：真是天外有天，人外有人。他的好学精神和充分利用时间的劲头，令我折服，更令我在心中无端地生出一种斗志：汪洋大海中的轻舟，只有奋勇前行，才不会随波逐流。

除了不服输的雅克利娜和好学的迈克，我还相继认识了许多形形色色的新朋友：默默为组员洗碗的马修，毫无怨言地陪我去臭气熏天野厕所的露茜，喜欢仰望星空讲故事的诺埃尔，经验丰富的指导员亚历克斯……野外训练让人返璞归真，真情流露。在大自然里，在原生态下，人与人之间原本是互相爱护、互相依存、互相扶持的。他们彻底改变了我对这次露营的看法。

深夜，帐篷里，在读《哲学的慰藉》的我，看到古希腊哲学家伊壁鸠鲁的这句名言：“没有朋友的生活与野兽没有区别。”法国思想家蒙田也曾写到，友谊比水更甘甜，比火更重要。设想一下，你被遗弃到一片荒山野林，没有任何人类接触，没有朋友带来的关怀和欢笑，生活将会是如何寂寞和空虚？如同一只孤独的野狼一般。

躲在帐篷里，躺在睡袋里，我开始想家。

在家里，碗筷一定要经过净水、清洁剂和消毒碗柜的清洗；在野外，吃过饭后用附近的海水冲冲便算数。

在家里，每次吃饭前用洗手液来保证双手洁净；在野外，擦擦消毒液就好，泥土灰尘都无暇顾及。

在家里，餐餐都是精致丰盛；在野外，顺手抓起个面包抹些芝士填饱肚子就好。

在家里，洗手间一定要一尘不染一干二净；在野外，能有外屋（野外厕所）就是福气，能避免熏臭和成群的蚊虫就是运气。

在家里，睡床一定要大大宽宽的，被子暖暖的；在野外，夜宿点就是深山野林里一个单薄的帐篷，昆虫四处爬行。

可是，野外有什么不好？

我以为自己无法接受，我以为这次训练将是一个极限考验，而实际上，人是一个奇怪的动物，奇怪到什么都可以忍受、可以承受。时间久后，甚至觉得这是一种乐趣，只要有吃的有住的，就可以没有负担，没有约束，没有烦扰，甚至可以更深刻地思考问题，可以更安静地反思生活，可以更用心地观察周围。

在帐篷里，我快速翻动着《哲学的慰藉》，如饥似渴地继续阅读着。伊壁鸠鲁列出过影响幸福指数的因素，其中包括必需因素（比如朋友，自由，思想，食物，住宿）和非必需因素（比如大房子，干净厕所，名誉，权力）。他总结，快乐更决定于心理需求，而非物质追求。

在必需品已拥有的时候，快乐已经获得，那么那些非必需品又有何意义呢？记得老子有言："金玉满堂，莫之能守。"有些东西，我们即使拥有也无法守。我们心灵的承受度有限，容纳事物的能力亦有限，太多繁杂的世事、无益的信息和强烈的欲望反而使我们迷失自我。在野外生活，无须费尽心思去藏守满堂的金玉，没有庞大信息流和繁忙事物的打搅，仿佛一个人终于可以抽离肉体，以灵魂的高度审视自己、打量世界。

野外茅厕

夜更深了，满天星斗。帐篷外的一声乌鸦叫打破了我的沉思。睡在我旁边的雅克利娜翻了个身，打了个呵欠，说："怎么还在读书呢，快睡吧。"

我翻过《哲学的慰藉》的最后一页，关掉手电筒，拉起睡袋。

这次野外挑战生存极限的训练，令我在读与行之间，有着对心灵、对生活的重新认识。

看来书没白读，露营没白来。

今夜的家

晚餐

妈妈手记

培养你的独立性一直以来就是我和你爸爸的目标，特别是爸爸，他从农村到城市，从一无所有白手起家，到辗转国外。他在这个过程中更能感受一个独立坚强的性格带来的益处，但是要怎样实施，我们没有参考的对象，只有按照自己的想法来做。

从小我们就刻意培养你的独立自主能力，小时候，我从你的衣食住行上入手，吃饭时，如果你说不吃，我就放手让你去玩，等你饿了，就会自动向我要吃的；天气变换时我会让你自己感觉冷暖，冷了就去拿衣服，热了就自己脱，而不像别的父母，拿着饭碗和衣服在孩子后面追着跑。这样，你从小就有独立自主的意识，你五岁就开始自己洗头发洗澡。我的理念是：懒妈妈培养出独立娃。其实，教会孩子自理，要比自己做复杂多了。在这个过程中，我也常常萌发出自己搞定算了的想法，但还是坚持让你尽早学会了生活自理。我相信：一个人的温饱冷暖，必须由自己去感觉，如果这个也要父母来决定，那么这个人的生存能力一定很弱。

长大后爸爸和我有时间就带你去旅游，并让你制订旅游计划、整理必备物品，你制作的旅游攻略详细、贴切、实用性强，以至于后来朋友和同学要出去旅游都要向你讨教借阅。长大后，我们又放手让你自己组织、参加一些活动，这样你在活动中就积极主动地独立思考：什么是对？什么是错？什么应该做？什么不应该做？为什么要这样做？怎样才能避免不必要的损失？……这就锻炼了你独立思考的能力，我认为，一个人如果没有内在的独立思考，就没有外在的独立能力。非常庆幸我们一直以培养你自立为目的，所以，今天我们能享受你带着我们在加拿大和美国辽阔的土地上自驾游的乐趣。你规划路线，安排景点，预订宾馆游轮或者是家庭旅馆，向我们讲解这些城市和小镇的故事。如今，我们已经开始品尝当年种下的果实的甘甜了。

我见过很多家长，他们并没有给孩子独立思考的机会，往往代办，或者提前预示“应该怎样，不应该怎样”，这样孩子去行动，结果往往会变成要么没有思想基础和收获的无意义行动，要么会变成被家长幕后手牵着线的“木偶”。

到温哥华后，陌生的环境更激发了你的独立自主能力，每个假期你都为自己安排了满满的计划，那次露营过后，你意犹未尽。第二年的暑假，你和同伴竟然在荒野中住了五天四夜，挑战自己的野外生存能力。

沉默的选择——野外生存挑战

你是否也想过逃离繁杂的都市，归隐自然；你是否也蔑视过人类的脆弱、怀疑过生命价值存在的意义；然而，你是否也相信过诺贝尔化学奖得主克鲁岑傲慢的结论："如今已不再是人类是否在违背自然，而是人类决定自然是什么以及它将会成为什么?"我的狂妄自大和妄自菲薄，在去年暑假的一次野外生存挑战活动中，面对大自然显得幼稚可笑。我开始反省自己，开始改变视角，开始重新整理思绪。

这是一个野外划船露营活动。我和十几个年龄相仿的朋友，在老师及他的助手的带领下，兴致勃勃地划着各自的独木舟出发了。旅程从温哥华东部一个望不到边际的皮特湖（Pitt Lake）开始。坐在摇摇晃晃的独木舟上，周围堆满了大包小包的行李，我摇动着手中的浆，划过平静的湖水。偶尔一两只水鸟，孤傲地在空中翱翔，翅膀发出沙沙的响声，打断了我漫无目的的思绪。

下午时分，我们在湖中一个小岛上登陆，准备歇息一会儿。把独木舟从湖中拖上沙滩，踩过大片大片的贝壳，我们在岛中央找到一群横躺在地的树干。这些树干很快成为了我们的座椅。女孩子们追逐嬉闹着，好奇地发现一对老夫妇也正在小岛上乘凉。他们在一个树干上铺上一条长毛巾，优雅舒服地坐着。在他们脚边放着一个小冰箱，冷却着不同种类的美酒。老太太穿着比基尼，苗条的身材没有留下一丝岁月的痕迹，老头在一旁殷切地为她服务着。两个老人手中高脚杯里，深红色的葡萄酒与落日余晖相互掩映，构成一幅美妙的画卷。见我们一群野外露营的年轻人上岸了，他们热情地和我们打招呼、聊天。从对话中得知，这对老夫妇在对岸的山坡上有一栋乡村别墅，常常去那里度假。不过多时，气温渐渐降低，老夫妇俩收好东西，提起小冰箱，准备离开。他们一边祝福我们旅程愉快，一边坐上停靠在岸边的私人快艇，返回那座乡村别墅。一阵风吹过，那辆乘着两位老人和他们美酒的快艇，已经消失在山水之间。我们这群不谙世事的理想主义者，望着他们的背影，欷歔羡慕着这种悠闲自在的生活方式。

然而，这悠闲自在和湖光山色都只是理想主义者们最初的美好幻觉。等待我们的，是四天艰苦而凶险的野外生活。风越来越大，掀起一波又一波白色的浪花。我们一行十余个独木舟队伍迅速离开小岛，又出发了。狂肆的风仿佛随时要将我们掀入湖底。太阳即将落山，而我们还没有到达专为游人开放的指定露营地。急中生智，老师决定让我们在前方一个无名小岛停靠。他先上岸侦查了一番，告诉我们小岛上有寄居过人的迹象：一堆熏黑的石头和烧焦的木柴表明有人在此生过篝火，四周零星地散落着几把用树枝做成的椅子，几根被挪来当作椅子的树干，还有被清理过的、用来搭帐篷的沙地。于是，我们决定在此安营扎寨。

我们在这片荒岛上找到了一块平地，用四根长长的树干搭起一条防水的毯子作为厨房，下面摆放好厨具和食品，以做晚餐使用。老师将我们一行人分成小组，分别围绕厨房选择各自的区域，搭起帐篷。住宿和饮食安顿好了，接下来，就要解决洗手间的问题。因为这个小岛不是指定露营地，没有专为游人搭建解手用的外屋，我们只得自己想办法。树林里有个小山，面朝十几米外的厨房，背部正好凹进去，形成一个天然弓形。老师在小山凹处的前方挖了一个宽度不过八英寸、深度至少有半个小孩高的大坑。他说，我们小便可以自行处理，大便则是必须来这里，而且一定要用泥土掩埋，这样才能保证不污染环境。所谓的那个“靠背”，也就是小山的凹进处，布满了各种青苔、杂草、泥土。茅坑的地面周围，不时爬过一两条蜈蚣或者小虫，令人毛骨悚然，更别说我们还要用手捧起一摊泥土抛进坑里。

没过多时一股股酸臭味就从茅坑里散发出来。我已记不得先前遇见的那对自在悠闲的夫妇，他们馥郁芬芳的红酒，还有那山水如画的意境。记得整个晚上，我和朋友们都尽量忍受着，以减少上厕所的次数。

那天傍晚，所有的行李刚刚安排好，突然，从远处跑来一个露营的游人，对着老师耳语了几句，就乘着他的小船迅速离开了。老师的神色顿时变得凝重：“他说，在岛上听到一阵惨叫，他的狗就不见了。据说岛上很有可能有狼。”老师围着小岛巡视去了，回来时，面色更加沉重，带我们到离帐篷不远的森林前，指着一片坑坑洼洼的沙地，问："这些是什么?"我们凑近一看：一串硕大的脚印消失在森林里。这椭圆的厚实手掌，四块逐渐缩小微微分开的脚趾是谁的？野人？野狼？野熊？我们不约而同地惊叫起来。

"熊的脚印。"老师判断。顿时，鸦雀无声，我们紧张地相互看着，也许……现在离开这个是非之地还来得及？于是，目光齐刷刷地射向老师。他摇摇头，道："太晚了。指定的露营地太远了，黑夜里划船更危险。"这时，夜幕已经悄悄地拉开了它的帷帐。

老师安慰我们说，熊是怕人的，大部分时间，它只会在人们熟睡之际，跑到帐篷附近进行一番劫掠。所以为了避免招惹野熊，我们在晚饭后把所有食品、厨房用具，以及带有气味的物品，比如防晒霜、驱蚊剂之类，全部放置在了一条独木船上。独木船被移到一条小溪中央，船两头被我们用绳子拴上，两条绳子被分别系在小溪两岸的两棵大树上。这样，船正好被固定在小溪中央——野熊到不了的地方。

做好了防熊工作，每个人都带着复杂的心情，默默地从溪边走回帐篷。又一次，没有一个人吱一声。在参天的树木边、荒芜的小岛上、沉寂的黑夜里、野兽出没的狰狞痕迹前，如果野熊真的来袭，我们用什么方法保护自己？

十几个体验野营的九零后新新人类，在自然的威力下选择了沉默。有时，沉默是一种屈服。大家虽然惺惺相惜却无法付诸言表，沉默便成为了唯一的选择。

我们三个女孩的帐篷被安置在这个荒岛的沙滩上。帐篷不远处，就是那片湖。它在白日如同镶在崇山峻岭之间的蓝宝石，在夜里却变成了一个无底的深渊，湖底似乎住着虚幻小说里的怪兽。昨天晚上，在温暖安全的家里，我们在饭厅喝着咖啡，在书房上网冲浪，还在卧室听着 iPod，而今夜，身处一个荒芜的小岛上，在简陋的帐篷里，我在一半恐惧一半疲惫中，昏昏入睡了。

半夜，突然听到帐篷外面的潮水一波又一波，浩浩荡荡地向我们的帐篷奔来。温度骤然变低。我只感到潮水一时涌进帐篷，淹没了我们的睡袋和所有随身物品。那潮水又一时退下，好像要拉扯着帐篷一起坠入黑暗无底的湖水。"海啸!"我大叫着一骨碌坐起来，睡意全无，双手疯狂地拍打着睡袋、触摸着帐篷四周，不知道身处何地，不知道帐篷和睡袋是否还完好无损，不知道我和我的同伴是否还安然无恙。还好，还好，原来是噩梦一场。然而，真的涨潮了。我拿出手电筒，拼命地往帐篷外面照，想知道潮水离帐篷的距离，生怕它真会像我梦中一样，淹湿整个帐篷。随着风浪声越来越大、浪越来越急，我感觉那潮水不断冲向我们，仿佛就在我的耳边拍打。我的脑海里突然浮现出泰坦尼克号里，整条船逐渐被海水淹没的惨相。我无力地坐在帐篷里，意识到自己离危险居然可以那么近，那么近；生命可以如此这般脆弱，无力抵抗外界攻击，但不明白为何有时人们还会选择伤害自己。最后，我实在撑不住了，叫醒了身边的另外两个女孩，拉着和她们一起出去探查一番。一个女孩很安静地起身，一字一句地说："听到了，那潮水离我们很近，只是不敢吱声……"

不记得剩下的夜晚是怎样度过的。迷迷糊糊地，我们又睡着了。第二天早上起来，帐篷里依旧一片寂静。三人默默地绕着帐篷转了一圈，检查了漂在小溪里的食品。还好，昨夜潮水的印记离我们原来至少有一两米；还好，野熊和狼慈悲，没有光顾。我们望向湖天交际之处，一架快艇一闪而过。也许，坐在快艇上的是第一天遇见的那对品着红酒的老夫妇。也许，理想和现实可以同时进行。

这是我十一年级暑假的一段露营经历。五天四夜远离都市、远离舒适和安逸的野外生活，告诉我直面大自然，自己显得如此脆弱和渺小，在城市里的烦恼变得那么微不足道。能够唧唧喳喳、快快乐乐地活着，真好。

妈妈手记

在暑假里露营，你常和我们谈论其中的趣事和见闻，若说你经历的生存极限和心灵感悟，你说只能意会不可言传。你用理智和幽默来总结大自然的礼遇。你评价了最不受欢迎的伙伴是黑熊，最欢迎你们的是蚊子。回来时你和伙伴们都顶着蚊子咬的大大小小的包。私下里妈妈很是心疼，但我还是会为你竖起大拇指说"好样的!"你也会对我竖起大拇指说"狐狸妈妈"。

狐狸妈妈的故事相信很多家长都看过，它讲述的是野生狐狸的生活，狐狸妈妈精心呵护着一群小狐狸的成长，但过一段时间小狐狸长大后，狐狸妈妈却做出了令人费解的举动，曾经很护子的它开始疯一般的逼迫小狐狸离开家，它对小狐狸又咬又追，非要把小狐狸一个个从家里赶走。看着小狐狸们落荒而逃的背影，我相信每个妈妈都会被刺痛震撼，多么残酷的生存竞争，多么冷酷的心理“断奶”，却又是多么智慧、多么理智的生存教育！因为狐狸妈妈知道父母的庇护越多，孩子的独立性越差，生存内力就越弱。兽亦如此，人何以堪。同样，作为母亲，我们也应在适当之时，当一回“狐狸妈妈”。

何处偷得浮生半日闲

北美的中学生拥有许多假期：寒假、春假、暑假，以及大大小小各种节假日，比如感恩节、复活节等。在林林总总的假期里，北美中学生会做些什么？

寒假快结束前，我与四个好朋友终于挤出时间凑到一起聚会了。多日不见，大家兴奋地抱在一起，发现每个人都有些变化。

Annie 几周没见，晒黑了不少。原来她去非洲给贫困儿童建学校了。她说，在非洲，他们好几天才能洗一次澡，而且水是循环使用。看了她的照片，炽热的太阳下，娇小的她与一群黑人儿童一起搬运石头，看起来像是黑巧克力里夹着的一块白色果仁。

假期到国外去是很多学生的首选。不少同学像 Annie 一样去贫困国家，比如肯尼亚、乌干达等做义工；也有一些同学去英国剑桥大学、美国哈佛大学等著名学府体验大学生活，并且选修一些大学课程；有人出国学习外语，了解当地人的生活习俗；还有些人出国为了游山玩水，增长见识。

Julie 则一下子瘦了好多。我说：“你这个假期忙着减肥吗？”她笑道：“哪有时间啊！我每天都在恶补 SAT，连吃饭都像打仗，三两下塞到嘴里就往课室跑。一个假期下来，我的皮都掉了好几层了。”

Julie 说的正是所谓的 SAT 强化培训。SAT 成绩是世界各国高中生申请美国名校学习及奖学金的重要参考。我在上个暑假也经历过这种培训，那简直是魔鬼训练。从早上八点开始一直到下午五点结束，中间只有半个小时的午饭时间。参加完培训回家后，还要上学校局暑期学校的浓缩课程、自修网上课程、大学课程等。这样紧张的训练只能挤吃饭睡觉的时间了，再加上强大的精神压力，不瘦才怪。

一旁的 Angela 也忍不住要和大家分享她的假期经历。这个社会活动家整个假期都在打工、做义工、参加各种会议。我们问："你有空做功课吗?" Angela 犹豫了一下，神秘地说："这个秘密我只告诉你们哦。我都是半夜在酒店的厕所里悄悄做功课地。"哇！我想象着那情景，真是服了 Angela!

Maddie 则是个 party animal。她故作老成地说："别忘了在假期里参加朋友聚会哟。"对了，还没有放假，我们的邮箱已经爆满了——邀请逛街的、看电影的、吃饭的。总不能以学习来推掉密友们的诚心邀请吧！两耳不闻窗外事，一心只读圣贤书的书呆子，可不受欢迎。总还需要同学们的支持来组织学校的一些活动。知道吗? 参加 Party 既包含对朋友的心理需求，还是一种外交手段。

那一晚，躺在地铺上，女孩子们没有睡觉，唧唧喳喳了一夜。第二天一大早，Annie 和 Angela 就急急忙忙地回家了。原来她们假期活动太多，作业还没做完。Julie 也匆忙道别，说是要恶补义工时间。Maddie 正在悠闲地梳头发："你看你们，好不容易'偷'一天来聚会，还一副心不安理不得的样子，落荒而逃。唉！难得的聚会，就这样匆匆结束了。我呀，下午去和朋友看电影咯!"

"我看你是为下次学生会竞选拉人气吧。"我一边向 Maddie 开玩笑，一边飞快地收拾自己的行李，同时在心里埋怨自己：假期一晃就过去了，相比同学们，自己学习得不够、义工做得不多、活动参加得少。唉，赶紧回家抓紧时间了。

妈妈手记

时间对于每个人都是公平的，普通人只想到如何度过时间，聪明的人则设法利用时间。我以为时间承载的不仅仅是阅历的丰富，更多的是独自面对生活的智慧和善良。所以妈妈希望你能成为一个会优化时间的人。

在国内，学生的时间都被课程和辅导班占据，孩子们没有自主的时间，而是时间被过度安排，这样的结果就是培养出一代考试机器，他们知道试卷上的全部正确答案，但对生活对社会却很迷茫，他们拥有优秀的学习潜能，但对未来和现实却毫无自知，很是不幸和遗憾，曾经的你也是他们中的一员。相较国内的学习生活，现在的你有充足的时间可以自由支配，刚开始你好似鱼儿回到了水中，恣意自在。但很快你发现其实在国外并没有想象中的自在时间给你，因为，身边的朋友在利用这些时间做了很多有意义的事情，包括学习，当然这都是自己选择的，所以在短暂的调整之后，你明白了其实生活中不存在真正的“自由”，所谓的“自由”只是相对的，其实“自由”的本质就是“自主”。

于是你才真正开始享受“自由”，学会“自主”。你的兴趣广泛，进取心强，你总能明确自己的目标，明白自己的优缺点。你在对待时间上进步很大，但还是有欠缺，妈妈相信聪明的你一定能慢慢学会，妈妈也希望你早日学会充分利用、优化自己的时间，因为，这样才能在有限的生命时间里酝酿和实现“守得云开见明月”的那一刻。

话剧课的真经

话说这节话剧课，我们学的是莎士比亚戏剧。为了更好地让大家掌握莎翁的精髓，老师给每位同学一张传说中写着“真经”的纸条：火、土、水、空气。莎士比亚生活的中世纪，人们相信所有事物都由四种元素组成：火，土，水，空气。人的性格也各自被这四种元素主宰。

随后，老师将全班分为四人小组进行小组即兴表演。每人代表一种元素。我们小组的四个同学中，安代表着顾客“火”，冲动易怒；梦扮演服务生“土”，消极多虑；娜表演的是厨师“水”，冷静被动。而我，哼哼，怎料到老师把“空气”分配给了我？我眉头紧皱，始终丈二和尚摸不着头，绞尽脑汁也捉摸不透被空气主宰的人物会是怎样的性格。怎么办？从小到大，我最不擅长的事情就是表演了，更何况是临场发挥……

“五分钟的小组讨论时间。”老师话音未落，组内同学已经聚在了我的身边，将四个脑袋凑在一起，开始了七嘴八舌、唾沫飞扬地讨论。

“火和空气两个好朋友，去饭店吃饭……”

“没错。火发现服务员土端上的牛扒根本没熟，于是大发雷霆。”

“土是一个多虑的服务员，担心挨了顾客批评会被经理炒鱿鱼，不禁哭了起来。”

“娜就是那个好好先生的厨师水了，左右逢源。”

那么，空气是怎样的？我是空气，怎样表演？老师突然吆喝一声：“时间到了！小组表演开始，其他人坐到观众席去。”完了，子弹还没上膛就要开火了，怎么办？开学时，由于其他选修科目都满员了，我不得不选择了话剧课。唉！我的命真苦，怎么跳也跳不出话剧课的手心呀。如今只好硬着头皮上了。

绝望之中，我想，空气——轻飘飘的，自由自在的，无拘无束的。对了，老师说过空气代表乐观。乐观，韩剧里装疯卖傻的女生形象从脑海里闪过。是啦是啦，我糨糊一般的脑子一下子活跃起来，所有神经都运动起来，其实她们并不傻，只是以一种夸张的方式来表达大大咧咧乐观搞笑的特质吧。

“上台了。”有人推了推我。我深吸一口气，正准备呼出——不对，那些傻乎乎的女生会用深呼吸来减压吗？正想着，自己却被那口没吐出的气呛得不停咳嗽。唉，做深呼吸也会被噎着，我忍不住大声笑起来，结果咳嗽得更厉害了。人老了呀，喝白水也会被呛到。我自嘲道。

安像看一个无药可救的孩子，用一种绝望的目光凝视着我，挽起我的手就往台上走。在从台下到台上的几步路，我已经忘记了自己是谁，刹那间，变成了戏中不知忧愁为何物而且曼妙多姿的空气了，一切是那么的神奇。

“这家餐厅不错。它好有名气的！我们进去吃晚餐吧！”空气的兴奋劲儿几乎从天而降，吓得安呆呆地盯着我。

“哇噻！好漂亮的桌子，我超级喜欢！”空气非常夸张地张大嘴，跳到一张餐桌前。拿到菜单，空气笑眯眯地转头问安：“你要点什么菜？”

安和梦抿着嘴巴偷偷地笑。拜托，配合点，我们在演戏耶。我眨了眨一只眼。

此时，梦清醒过来，化成服务生的土托着牛扒上来。安也变成了火，挑剔地翻着牛扒，大呼小叫道：“不行不行！这份牛扒根本没熟，还是红色的！”

空气凑到牛扒前，用鼻子嗅了嗅，一把抓起叉子，将一块牛扒塞进口中，见火还在一旁火气冲天，慢吞吞地说："小心你的火气会将这盘没熟的牛扒烤糊了。其实它的味道蛮独特，我喜欢!"

台下哄堂大笑。

空气跳到火和委屈得在一旁流泪的服务生土中间，继续阐述着她乐天主义的理论："多高档的餐厅，多周到的服务员，多诱人的牛扒，还有多么晴朗的星期六，如果我们不开心，多么对不起这一切呀！牛扒没熟吗？你认为熟了不就熟了吗?"此话一出，土破涕而笑。

火还是一副义愤填膺的模样，空气则活泼而搞笑，津津有味地吃着牛扒。没熟的牛扒嘴里可以说熟了，可肚子却是糊弄不了的。不一会儿，空气锁紧眉头，弯着腰，装出一副痛苦状，一手压着腹部，蹒跚地四处找洗手间，脸上却依然带着笑容，另一只手向大家招招，安慰道："没事没事，只不过胃部肌肉在跳跳舞而已。我先去去洗手间……"踉踉跄跄地下了台。空气嘛，应该就是这样，对什么都无所谓，不就拉肚子嘛，没啥了不起。

也许是刚才太入戏了，这时我才发现台下的同学们早已笑翻了：有的捧着肚子，有的还笑出了眼泪……老师用手掌盖住眼睛，怕是再看一眼舞台就会笑得不行了。她悄悄对我说："哈哈，回去，哈哈，'上完洗手间'就回台上去，然后说'我感觉好极了'。"

啊？这完全打破了之前我们小组讨论的计划，原本是火指控餐馆造成她的好友空气胃痛呕吐，大闹餐馆。可是如果我再回去……这完全不在计划中啊。我难道要即兴发挥？

"哈哈，太有意思了，快回去快回去!"老师意犹未尽，执意要我继续上台演出。

好吧，今天就豁出去了。

空气挺直了腰，大步迈上舞台，手撑在腰间，仰着头大声宣布："我感觉极好!"其他演员不解地盯着我。怎么办怎么办？这样说不符合逻辑呀！我现在该怎样圆场呢？一个念头一闪而过。空气将头微微一侧，两秒后又面带笑容，重复道："我感觉好极了！这牛扒真是排毒的良方啊!"

哈哈……

老师径直走到台前，忍住笑，说："这是我教学生涯看到的，最精彩的一场即兴演出。”我还没有从角色中走出来，忍不住跳到老师面前说：“这是我学生生涯听到的最高的评价！”

同学们在咯咯笑着，有几个见我便伸出手掌：“棒极了，击掌一下！”我逐一地和他们击掌。以前不是很熟的同学，也走来拍拍我的肩膀：“你扮演的角色让我今天一天都心情好。”从话剧教室走回来的路上，三五成群的同学揉着肚子，摇头叹道：“太好笑了……”

我的好搭档安，冷不防地从身后跑来：“击掌！”我还没准备好和她击掌，她已来势凶猛地舞过一巴掌，结果拍到了我的小拇指上。旁观者大笑。我瞧了瞧自己的小拇指，还好，完好无损，没有被那个热情如火的安拍断，于是再次伸出手，大笑着问道：“再来一次？”她也咧嘴大笑，右手随着她满头的金发向我飘来——天，她的力气真大。两个手掌击出的掌声快要震动整个楼道了。

回家的路上，我嘴角带着笑意，依然沉浸在快乐中。忘却自我投入在自己的角色里，专心致志做好自己的事，即便语言还不够地道，即便表演还不够惟妙惟肖，只要放下包袱，做一个简单的人，快乐也就如影随形，不但传递给自己也感染他人，就如同莎士比亚剧中的空气一般。这就是“真经”吧。莎士比亚老先生也许想告诉我的是这条吧。

第二天，话剧老师又令我们分组表演。梦和安从一旁窜出，眨眨眼对我说：“嘿，这次我们再一起合作，好不好？”

妈妈手记

妈妈只看过话剧，没有上过话剧课，你就从话剧课的形式和目的很多方面给我解释了好久，最后我终于明白了，说：“我懂了，就像你小时候玩的过家家。”你思考了一会儿说：“妈妈，你真厉害，我刚开始上的时候也不知道是什么，该怎么表演，但后来我就是把它当成了小时候你陪我一起玩的过家家，才自由发挥，取得了很好的效果。”我刚开始觉得惊讶，怎么老外竟然把小时候玩的游戏搬到了学校？看了你的这篇文章，我明白了学校安排这堂课的意义。

因为它的出发点和当时的我是一样的。在你小时候，我对你并没有过多的限制，我想努力给你一个快乐自由的童年，所以你众多的兴趣爱好和难得的童心才一直保持到现在，我还会把你的小伙伴邀请到家里来，让你们选择自己的游戏，让你们自己去构思、安排情节、协调分配角色，你们奇妙的想象力和无拘无束的表达力常常令我感到惊叹。那时，我们家的客厅是你和小伙伴的舞台，你们的表演欲望在我们的客厅里展示得淋漓尽致。对比现在，只不过换了个游戏环境，客厅换成了课堂，妈妈换成了老师。但我相信，你的收获肯定比小时候更多。

舞会尴尬记

还在中国时，我就听说北美学校的舞会了。一个阿姨说到她儿子小学毕业舞会的情景——已经长得牛高马大的女学生，同还是小不点的男学生，在舞池里推来推去，逗得我们哈哈大笑。

来加拿大的第一年，学校举办舞会。我买了票后，却不小心扭伤了脚，只好坐在一旁看舞会。学校的体育馆里，昏暗的灯光下，嘈杂的人群中，刺耳的音乐和尖叫声弥漫了整个空间，没有我可以待下去的地方，不得不到外面呼吸新鲜空气，不知道舞会的乐趣在哪里。

模拟联合国是完整高中生活中不可缺少的、最有趣的一个章节。学生们扮演着各国的外交官，通过辩论国际热点话题，寻找解决方案，锻炼我们的口才、思维，体验政治家的生活。但是每次模拟联合国会议的舞会，却令我头痛。

在一次模联中，我代表英国。以前我代表小国时，总要依附大国来维护自己国家的利益。这次，“英国代表”有着举足轻重的地位，虽然还是需要和“美国”保持良好的盟友关系，但解决好这个关系后，就可以等着其他国家来找我们谈判了。我深深地体会到了大国的优势。

一连三天的模拟联合国会议就要结束了，晚上九点是舞会的环节。一吃完晚饭，朋友们就开始将他们的讲义稿抛上天花板，准备为舞会狂欢。女孩子们相互帮助穿上了五颜六色的晚礼裙，盘在脑后的长发也放了下来，披在了肩头，房间里充斥着各种香水的气息。

“啊？你们不能不去！”听说我和艾丽丝居然不想去参加舞会，朋友们的嗓门随即提高了好几个分贝，软硬兼施地推着拉着把我们带进了舞厅。其实那就是一间会议室，去掉了桌椅，加上了音响和灯光。一眨眼的工夫，摇滚声越来越大，震耳欲聋，人也越来越多。我和艾丽丝像僵尸一样被挤得一动不动。而我那群“死党”们一点都不善解人意，说：“干吗站着不动啊？”我灵机一动，回答：“好渴啊！我先去喝口水。”然后朝艾丽丝眨眨眼，她会意地点点头。于是，我们好像患难朋友一样，手牵着手，生怕在汹涌的人海之中弄丢了对方，穿过了荆天棘地的舞厅中央，踏破高跟鞋，终于到达了人烟稀少的饮水处。

吐了一口气，享受着突破重围的成功喜悦，我们不慌不忙地给自己倒上一杯水，望着舞厅中央蠕动的人群。时隐时现的灯光下，无数的手臂在空中不停地挥舞。“你确定他们没有吃兴奋剂？”艾丽丝问。“才不会呢。你开什么玩笑？”“可是今天白天开会的时候，个个都是外交官呢！”我们两个就“哈哈哈哈”地笑起来。

放眼望去，一个男生正在角落里忘情地跳着街舞。说实在的，以专业眼光评审，他跳得真不错，带劲！只是他的抽筋动作还是令我和艾丽丝忍不住笑起来。他仿佛听到了我们的笑声，转过头，竟然向我们招招手。我觑眼一看，天啊，那不正是我最亲密最重要的盟友——“美国”吗？那可得罪不得！我赶紧拉着艾丽丝逃之夭夭。

我们在外面转来转去，还是没有明白舞会为什么就像一块吸铁石，吸引了少男少女们。突然，学校的带队老师出现在我们面前：“咦？里面不好玩

我的毕业舞会（不过毕业舞会的形式与文中描绘的舞会有所不同，毕业舞会要正式很多）

吗?”她大惑不解。“呃，嗯……”其实，每个人的爱好不一样嘛!

怕再被老师逮到，我和艾丽丝只好悄悄地溜回到房间，等待着朋友们回来后的轮番拷问，等待着明天老师开玩笑称我们是逃兵，还盼望我的盟友——美国，不要从此同我断绝“友好关系”。唉，我一个堂堂的“大国代表”，却因舞会落成如此下场。

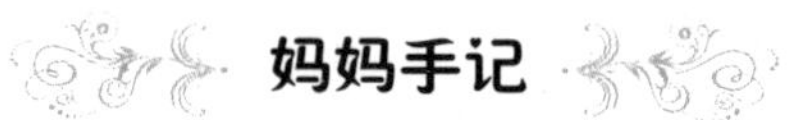

妈妈手记

舞会是展示自己的最佳地方，我想学校安排这个“舞会”就是为你们提供一个展现自我、相互交流、释放自我的平台。它不但能增进同学之间的感情，拓展同学们的交际范围，加强协会凝聚力，更能锻炼你们的社交能力和应变能力。我认为从小就学习舞蹈的你应该不畏惧舞台的，所以不论什么原因，妈妈还是希望你能认真对待人生的每一场舞会，在不同的舞台上展现出你最美的人生姿态。

知识链接

推荐网站

【留学日记】中国女孩的舞会法宝

http://www.stnn.cc/emigration/200812/t20081231_952910.html

名词解释

爱丁堡公爵奖（Duke of Edinburgh's Award）：爱丁堡公爵奖是英国爱丁堡公爵菲利普王子（Prince Philip）在1956年设立的，目的是鼓励青少年自我完善，为国家与社会献力，实现自我生命价值。该奖项鼓励学生设定合适难度的挑战目标，参加促进自我完善的活动。

第三篇

海念视角

你是一个喜欢想，喜欢讲，喜欢与人分享的女孩。不同的环境引发了你对东西方文化、教育和社会现象做出了深度思考和理性对比，全新的生活与你的思想不断擦出火花。你尝试着变换角度来看中国和加拿大。

你把这几年在加拿大求学和成长过程中的点滴感悟，在校园生活中的亲身经历、在日常生活中的所见所闻，包括你对东西方文化差异的思考和理解，用笔给它们注入了更深刻的感悟，更持久的生命，这些全都记录在加拿大《寰球华报》你的专栏《海念视角》中。你说文字比语言更能让人动心。在这些文字里可以看到你浅笑安然、认真走过的所有年华。

第九章　笑看成败

即便是一只小麻雀

在我转入新校的第一个月，学校举办了学生会换届选举。初来乍到的我，发现新学校真是人才济济，同学们才华横溢，感叹之余，不禁觉得幸运，同时还伴随着一丝压力。爸爸安慰说，不鸣则已，一鸣惊人。如果没有准备好，还不如等下次再说。于是，带着一些遗憾，我没有报名参加这次的学生会竞选活动，决定先观察、了解情况。

东西方学生会都通过换届选出新的学生领袖。不过选举的方式有些不一样。北美学生会的选举是全体同学参与投票。愿意报名参加的同学成为候选人。

竞选宣传是首要大事。候选人有的在脸书（Facebook）上创建组群来向大家介绍自己，也有人制作宣传短片发布到网上，还有人在学校贴满宣传单。由于每一个同学都拥有投票权，每张选票都可能决定着台上候选人的命运，因此，候选人们台上台下竭尽全力拉拢任何一张选票。

然后是竞职演讲。我发现，东西方的学生竞选，从形式、气氛到内容、风格都有不同之处。中国的同学喜欢玩深奥，简单的道理爱用华丽深邃的辞藻来渲染；而北美的同学喜欢幽默搞笑，复杂的问题多用通俗易懂的口语告诉大家。中国的同学注重介绍自己的能力，竞选现场气氛严肃认真；而北美的同学更侧重于向选民们做承诺秀幽默，不断与台下互动调节气氛。

虽然我有在中国竞选学生会的经验，但时过境迁，现在如何才能在西方学校的舞台上发出自己的声音呢？在观察和学习的过程中，我开始思考自己来年的竞选方案。

南方的土山上有一种鸟，三年不鸣不飞，此鸟不飞则已，一飞冲天；不鸣则已，一鸣惊人。失去一次机会不要紧，重要的是自己要养精蓄锐，把握机会，有备而战。英语说得不够地道？来这所学校的时间不够长？认识我的人还不多？没关系，我可以慢慢学习，可以付出更多的精力，找到更好的切入点。

这一年里，我参加和组织了不少活动，希望在积累经验的同时也积攒了人气。每次学校有活动，我都会积极参加，认真学习。当新学期学生会竞选活动到来时，站在竞选的舞台上，我另辟蹊径，对着自己的同学们实话实说，谈到自己的压力和不自信。这种自嘲的方式，赢得了台下的笑声和掌声。接着，我阐述压力大的原因：同学们，你们太厉害了！为了证明此话并非子虚乌有，证明我们学校的确藏龙卧虎，我向大家展示一些同学才艺表演的有趣照片。台下的同学们先是被我搜索到的照片吓了一跳，随即就被这一个个创意和搞笑的照片以及精辟的点评惹得哈哈大笑，翘首以待下张图片会是谁？我趁机引入正题，提出为了不浪费人才资源，我——有能力、有经验为大家举办各种才艺竞赛、慈善表演，而且，在这样的活动中，将会有更多的展示才艺的机会，等等。选民们对演讲者的掌声和肯定从来都不吝啬。每当我说到精彩之处，他们就尖叫甚至站起来叫好。整个场面人声鼎沸，像是炸开了锅。

即便不会一鸣惊人，即便是一只小麻雀，也可以叫出自己最响亮的声音。厚积薄发，方能一飞冲天。

这次学生会的成功当选，只是我成长过程中的一个小转折，它让我体会到东西方学生活动截然不同的感受，也令我懂得了中国的传统文化，即使在现代生活和西方社会中，仍是我所拥有的宝贵财富。

妈妈手记

人生不如意之事十有八九，对于人生来讲，不可知的事情太多了，许多事情用尽心思机关算尽最后却是一无所得。面对得失，再坚强的人也曾失落过。曾几何时，我也会彷徨无助，意念低沉，是你！念念！你对成败的认识比我还要深刻。你笑着对我说："妈妈，笑看成败。"你启示了我，同样我也看到了一个满怀青春梦想的女孩，在自己的人生道路上，用真诚的笑告诉了我：生活中的失败并不可怕，只要你心中有笑的滋润，你的生命就会在酝酿中升华，你的憧憬就会在努力中实现！所以我们要用笑来面对未来，用笑来面对失败和成功，毕竟，笑看成败也是一种精彩！

很开心，我失败了

站在西班牙语教室门外，我深呼吸，不想让失落的痕迹残留在自己脸上。迈进教室，同学们的目光齐刷刷地望过来。同桌异常友善，见我走来，特意帮忙把桌子搬好、椅子推开。"我感到很抱歉，你这次竞选落选了。"同桌说。我感觉自己仿佛是一个气球，所有的勇气就要从身体里漏出去，定定神，笑道："恭喜你，当选上了。"

"不过我觉得你应当入选。"同桌的眼神严肃而真诚。

昨天，我也觉得自己应当入选，就像参选前很多其他同学预测的一样。我不服气学校的决定。从入选名单看来，大多胜出者都是学校的"元老级"人物，也就是说，他们都在这所私校度过从幼儿园到十一年级全部的教育生涯，最少的也在这个学校待了五六年。而我在六年里，已经在两个国家辗转了五所学校。比起他们，我来这所学校的时间不够长，与同学和老师还不够熟悉；比起他们，我还不够"白"，不够西化，而且我也从没想要完全西化，所以不是他们传统眼光想要的形象代表；比起他们，我没有可以与校方亲密交流的父母，甚至每次给学校发邮件，都是我以妈妈的口气代笔。

可是我对自己的能力是比较有信心的。在这所学校的短暂两年里，我在学生会和多个学生社团担任了重要的领导职务，举办了学校第一届社团日，创办了博客专门介绍学校课外活动。校长时常在会议上对我的能力给以肯定，赞扬说没有多少人可以超越。我只是真心热衷于组织活动、服务同学。可是这次竞选不同于以前，取消了竞职演讲，让同学们直接网上投票。这样，竞选的结果很大程度上取决于竞选者与学校的"熟悉程度"。我也听说过校方存在的一些偏见，像我这样的亚裔新生，没有当选是正常，当选了才是奇迹。

结果出来，奇迹没有发生。尽管一次小小的选举不能代表什么，可我还是有些不服气、不理解、不开心。

那晚睡不着，我随手拿起一份报纸，关于“哈佛女博士走向精神病之路”的报道赫然映入眼帘。自小被视为天才的邓琳，复旦毕业后留学美国，在哈佛获得博士后学位。她遭遇了一些挫折，从此思想受到刺激，成了精神病医院的常客。我仔细留意了邓琳遇到的所谓的挫折，比如被学校拒绝应聘、没有拿到宽敞套房等，这些对于常人来说的家常事，对她却成了致命打击。我心里感到一阵酸楚，这是一个怎样孤傲而脆弱的女人？是个怎样被娇惯和呵护的女儿？我们的教育制度和理念太过于强调学生的智商发展，继而忽视了情商的培养。知识是可以通过读书积累的，可是心理素质像是一把刀，不在真正的战场上磨一磨，是锋利不了的。以前在国内，因为有爸爸妈妈的协助，我取得过一些小小的成就。这些不但不值得大肆渲染，还使我一不小心就踩上了“习惯成功害怕失败”的贼船。

想到这里，我从失望中冷静下来，开始感到自豪：没有爸爸妈妈的帮忙，我在国外也能照样成功组织各种活动、逐渐学会独立。我开始感到欢喜：没有踏入社会，我已经开始明白，这个世界存在着偏见，有时努力和能力并不与结果成正比。成功的失败，是失而不败；失败的成功，终究会是一场空。很开心，我失败了，因为我正学着成功的失败。

我想起了很多名人以及他们失败的结束。台湾作家三毛以丝袜绕颈窒息身亡。伦敦文学界的核心人物弗吉尼亚·伍尔芙投水溺亡。还有“20世纪最伟大的作家之一”、文学硬汉海明威，以一枪结束自己的生命。才华与脆弱，究竟有多少关联？记得海明威曾经说过：“如果是一位出色的作家，他就必须面对永恒，否则每天都会走下坡路。对于一个真正的作家来说，每写完一本书只是标志着他要写出更高水平的书的开始。”达不到海明威的境界，我只能用我自己的方式理解他的感触。这些伟大的作家，太过敏感，太多思想。他们一定都是自我要求极高，却难免有创作力干涸的时候。当无法超越以前的作品时，才体会到高处不胜寒的凄凉。这种真实自我和理想自我之间的悬殊加上脆弱的心理素质，很容易导致精神的崩溃，最终皆以悲剧形式陨落。

对于普通人，又何尝不是？我们每次往回看，总会担心现在的自己不如过去的自己，然后一番自责和悲痛。总要和历史较劲，总怕被回忆嘲笑，我们便陷入了无法自拔的泥潭。其实一次学校竞选的落选，的确没有什么大不了，只不过在我的潜意识里，曾经获得的各种荣誉和头衔成了自己的拦路虎，总认为跨不过就是自己的耻辱。年逾八十的外公，常常担心我的成长一路走得太顺。他常常提醒说，适当的失败才是人生的财富。想到这里，我感到豁然开朗：从小到大，我经历的挫折太少，而这次的失败，来得恰如其分。我感到欣慰：以史为鉴，我懂得从现在起给自己的心理上道防线。丢掉历史的人，可耻；抱紧历史的人，可悲；总试图超越历史而被历史侵蚀的人，可怜。很开心，我失败了，因为我正学着勇敢淡然地面对历史，不去重蹈那些可耻、可悲和可怜人的覆辙。

想着想着，西班牙语课结束了。我对同桌说："你的入选也是应当的，祝你好运！"失败是一种历练，成功也是。同桌笑了笑，那笑容令我温暖和感动。下次，如果还有人惋惜地说："我对你的失败感到很抱歉。"我一定会学着笑笑说："很开心，我失败了。"

妈妈手记

第一年学生会竞选的成功让你收获了责任和回报，第二年又一次竞选，你却意外落选了，有时人生就是这样，在很多的时候，不一定会有失败者和胜利者，但你用一个微笑来告诉大家：我还有梦！不仅仅是因为我今天的努力，更多的是我的未来还有我的追求。

笑看成败

去年十年级的时候，我跳级上了十二年级的数学。在卑诗省，数学十二年级的省考不是强制性的，而我想提高数学学年总分，所以决定参加省试。爸爸妈妈说："考美国的好大学，九年级到十二年级的分数极其重要，所以这次省试一定要考好。"没错，我对自己说，这次省考不能考砸，因为它至关重要。可是每次复习时，我就会产生一种对省考的排斥感，心里想着考砸的后果，甚至在考场上，也满脑杂念。它们像洪水一样彻底冲走了我的注意力，让我无法专注考试。结果可想而知，因为这次省考，我的年末总分不但没有提高，反而降低了好几个百分点。

注重成败究竟是好是坏？有时，我们目的性太强、过于专注成败，容易患得患失，反而影响了追求成功的过程。如果轻装上阵，情况也许会不同。

一天早上，学校举办一个全国的数学竞赛。比赛已经开始了，我才慢悠悠地找到座位，不慌不忙地拿出铅笔，反正也不在乎能否拿奖，就心无杂念地开始做题，权当一次数学游戏。这时，我发现自己手中的笔，突然间如同一把所向无敌的利剑，一道道题居然都被它轻松拿下，令我顿时产生一种自豪和喜悦，有了更多做下去的理由。密密麻麻的试题几乎没有悬念地一扫而光，我沉浸在数字的奇妙之中。这次，我居然拿了全校第一。是超常发挥？是纯粹的意外？几个月后的另一个全国数学竞赛，我再一次拿了全校第一。

记得一次代表学校参加省里的商业挑战赛，同省内外几十所学校代表队同场竞技。只是听说比赛方提供的午餐非常美味，只是想了解一下关于商业的知识，我便毫不犹豫地参加了。比赛结束后，爸爸来接我时问："好玩吧？午饭好吃吧？"我从背后拿出一个奖杯，说："我们还顺便拿了省赛的第二名。"其实，我的数学没有问题，由于父母一再强调，我考砸了。可是父母从未关注过的数学竞赛和商业挑战赛，我却出人意外地取得好成绩。我试图得出一个结论：太在乎结果，反倒束缚了手脚。

对结果的太过强调有时是一种阻力，有时也是动力。然而，如果我们将考大学作为学习的终极目标，一旦申报完，是否还有学习的动力？

第二学期结束时，我发现许多十二年级的同学成绩明显下降。以前拿校长奖的现在只是荣誉奖，以前分数超高的同学，这次居然不尽如人意。问其原因，都说，大学都申报完了，为什么还需要那么努力？

我不知道，明年的今天，我是否也会如此，完成了申请大学的目标，暂时没有了学习的压力，同时也失去了前进的动力。

头悬梁锥刺骨的十二年寒窗苦读，仿佛都为了金榜题名的一刻。"滚滚长江东逝水，浪花淘尽英雄。"成败不过是转眼就散去的烟云。"有意栽花花不活，无心插柳柳成荫"。什么时候，我们可以多一份顺其自然、享受过程的心态，将成败当作丰富人生的经历而非最终目的？在得失带给我们的阻力和动力之间寻找一个平衡点，用正确的心态看待是非成败，也许我们能让自己走得更远，也许生活也会在不远处绽放微笑。

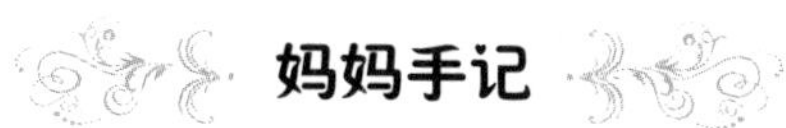

妈妈手记

微笑面对成败得失是一种勇气，更是生活中的一种态度。你并没有独自舔舐痛苦，而是反省自己，面对其他同学的优秀，发自内心由衷地赞美。失败并不可怕，可怕的是意志被摧垮，人生观被扭曲，其实很多的事情都是一个过程，成功与失败与否只是一个结果，关键是这个过程中为之所付出的努力与历经的艰辛才是真正的财富，才是若干年之后所回忆的无悔的画面。

蝴蝶是因为经历了生死挣扎才破茧飞舞，沙砾是经过层层的打磨才蜕变为璀璨的珍珠，人的成长也是如此，历史上所有成功人士都是克服了挫折和逆境，才最终实现了自己的理想。相反，在安逸的环境中长大的孩子往往很少经历失败，也发挥不出自己的潜能。成也罢，败也罢，漫长的人生中谁会在意和计较这些小小的得失成败。一个真正的成功者，往往是期待失败，并期待从失败中有所得，正如汤姆·彼得斯（著名美国当代管理学大师）的那句话："赶紧实验，赶紧失败，赶紧调整。"

梦里花落知多少

黑夜有种神奇的魔力：它温柔地将你包围，像雨水一般冲洗去你全身的疲倦和繁杂的思绪。只有在晚上，在梦里，在不需要理性、任潜意识神游时，你才能发现最真实、最原始的自己。

到加拿大这些年，我已经习惯这种生活方式了：打开电脑，全是英文程序和网页；翻开书本，全是英文字母；在学校里，全是英文交流；就连周末参加义工、活动，还是英文。仿佛，白天的自己像一勺被放在温水里的糖，无声无息地溶化在西方文化中。

上个月，我随学校去蒙特利尔参加北美享有盛名的模拟联合国（MUN）会议之一。在模拟联合国里，学生们扮演不同国家的外交官，围绕国际上的热点话题展开辩论和讨论。偌大的会议室里，代表们正激烈地进行唇枪舌剑。尽管我没有多少经验，但是我抓到机会就阐述自己的观点。经过几天的辩论，我起草的决议居然以绝对优势得到大家的支持通过。能够在英文辩论中征服其他辩手，真令我开心。

晚上，在酒店的房间里，我和一起参加模拟联合国的几个好友躺在被窝里唧唧喳喳地开始聊天。也许已经昏昏欲睡，也许很少用英语八卦，我所说的每一句英语，都没有经过大脑的处理，所以都不make sense。我们几个室友在房间里玩自拍，我原本想对我们的搞怪照片做出些“经典”的评论，可是我的评论要不就语法有误，要不就词不达意，要不就句子颠三倒四。那晚，类似的情况发生过不少次。室友们开始以为我在讲笑话，哈哈大笑。可是后来，她们脸上流露出一丝忧虑，还不时摸摸我的额头，以为我生病了，怎么连说话也迷糊了。到最后，她们终于明白，白天那个头脑清醒的、穿着正装的我是一个能言善辩的“外交官”，而晚上钻在被窝里的就像是才来加拿大的ESL（英语作为第二语言）学生。

一到晚上，我就像“白骨精”被打回原形了。室友们在晚上看到我的“真面目”，其实我一点也不尴尬，反而欣慰：我从未忘记自己是个中国人，无论在哪里成长，无论接受怎样的教育，无论用何种语言与人交流。每当夜深人静、睡梦香醇，那个最真实、最原始的我总能穿过千山万水，回到最亲爱的故土，数着故乡庭前的花开花落、看着天空云聚云散。那些只言片语的梦呓，那些脱口而出的词语，一定是中文——它已经深深扎根在我心中。能用母语抒发情感，是一件多么幸福的事。

一位在北美生活了三十年的阿姨，自己是美国名牌大学毕业，还将女儿培养成名校生。别人都以为她已经全盘西化了，但是她却感叹道：“年龄越大，就越想说中文、写中文、回中国了。”

古希腊哲学家赫拉克利特说过，人不可能两次涉足同一条水流。我想：他只说对了一半。河流的运动是绝对的，而人们内心里的河流却永远都不会改变。梦回故乡的游子，对故土的那份感情永远都不褪色。

妈妈手记

成也罢，败也罢，魂牵梦萦的还是乡情。故乡的花瓣不但飘到你的梦中也经常飘入我的梦中，思念的缕缕丝线，缠绕在我的心中。

在高中四年里，虽然你思念着故乡祖国，却没有回去过一次。你是觉得还没有达到自己设定的高度吗？在你的字里行间我感觉到了你又成熟了，你对祖国的爱已经化为了信念，你懂得了大爱无疆，你说双肩上的责任更重了。如陶行知先生说的："国家是大家的，爱国是每个人的本分。"

知识链接

推荐图书

《每天给心灵减点压》喻向东著，中国长安出版社。

《盖茨是这样培养的》（美）盖茨、（美）麦金著，徐臻真译，中信出版社。

第十章　我眼中的东方与西方

不做香蕉人

记得刚来温哥华，家里的电器坏了，公寓管理处派了一个修理工上门。打开房门一看，居然是一个黄皮肤黑头发的华人，我兴致勃勃地用普通话说：“早上好!”他愣了一下，然后用生硬的普通话说：“我不会说国语。”而我的英语还不好。于是接下来的对话只能用英语加肢体语言，夹杂着粤语，好不容易才将事情搞定。原来他小学就随父母从香港移民温哥华了。妈妈在一旁叹息：“唉，真正的香蕉人。”我不解，什么是香蕉人？再一想：“皮是黄的，掰开里面却是白的。”黄色的皮肤，却满口英文、满脑白人的思维。原来如此。香蕉人——比喻得惟妙惟肖。

一日，路过网球场，看见我们的同胞们正在打着网球，而使用的语言却是英语。我大惊小怪道：“妈妈，这里有一群香蕉人!”我也见过稍“黄”一点的“香蕉人”。他们的中文还算会说，因为在家和父母交流仍用中文，但是他们的中文夹杂着英语单词，比如：“妈妈，把我的 apple（苹果）放在 table（桌子）上。”仿佛不用英语单词，就不知该如何表达。他们和你交流时，只要发现你会英文，就会情不自禁地讲起英文。

在中国大陆的情况也是如此。我的同学们的中文水平并没好到哪里去，却已经遍地找老师提高英语水平了。的确，英语是世界通用的语言，不学好英语，如何学习西方先进科技文化？如何融入全球这个大集体？可是，随着中国经济的突飞猛进、日新月异，中文在世界上正发挥越来越重要的作用。而我，一方面希望不忘中文，另一方面又想了解学习西方文化，初中还没混毕业就匆忙跑到北美，也不知道自己最初的选择是否正确，矛盾之中呀!

但是，我在心里，始终认为：中国人首先要学好中国文化。那么，我又为什么在这么小的年龄，就跑到北美接受西方教育呢？虽然两种文化都很重要，但孰重孰轻呢？要怎样努力才能两者兼得？如何平衡才能两全其美？

会不会有一天，我也变成了一个“香蕉人”，白色的内心会不会觉得愧对外面那层黄色的皮？会不会感到遗憾？中西合璧，两者取长补短相互交融，固然是最好的途径，却也是最困难的途径，搞不好最终中不中，西不西，洋不洋，土不土，忘记了中文又没学好英文。就像邯郸学步，既忘了自己走路的方式，又没能学会邯郸人走路的样子，最后只好爬着回家了。

当我剥开香蕉皮的时候，脑海中先浮现出那些不懂中文的“香蕉人”，痛惜与遗憾油然而生。咬第一口香甜白嫩的果肉，发觉还是理解“香蕉人”，这是环境造成的；再咬一口，心生矛盾，到底该把天平倾向哪边？如何做到中西合璧？最后一口，毅然决然地想：不做“香蕉人”，不说“洋泾浜”，不能“邯郸学步”，不忘中国文化！想着想着，最后一口香蕉被一并吞下。

妈妈手记

没想到一个小小的香蕉竟让你悟出这么多道理。我开玩笑说较之出国之后，黄色的皮肤不变，但内心已经被外国同化，变成白色的“香蕉人”。你不就是黄色的皮肤不变，而内心还是中国人应有的，与皮肤一样颜色的“芒果人”吗？

其实不但是在加拿大，“香蕉人”这个称呼的范围已扩及整个海外，“香蕉人”的存在也是个很普遍的社会现象。他们的形成主要是由于他们父母的影响。现实中很多移民而来的人，例如我和你爸爸这一代，都有一段辛酸的奋斗史，所以我们就更希望你们这一代能适应国外的生活，长大后能顺顺当当融入西方的主流社会。这也是我和你爸爸比较从众的心理之一，但是较之身边的朋友我们还比较清醒，因为我们知道父母越早放手孩子越早独立，生命色彩是要你们自己描绘的。爸爸妈妈身边很多的华人朋友，他们为了扫除孩子的语言障碍在家里都是讲英语的，难为了父母的良苦用心，又有些家庭父母为了不让孩子忘记中国传统文化，会刻意给孩子教授东方文化，也就形成了这些“香蕉人”和“芒果人”。

但“香蕉人”也好，“芒果人”也罢，作为移民子女，你们都流淌着共同的血液，如同你最喜欢听的王力宏的《华人万岁》里高唱的“华人万岁全世界都听到，我的文化就是我的骄傲”，你们背负的责任和重担也许只有你们自己才能明白。你们的奋斗成长之路我们有目共睹。国外越来越重视移民子女的影响力，在海外一些重大的活动上，这两年都坚持让年轻的移民子女唱主角，担当表演游行的重头戏，从京剧、武术、龙狮，到高跷、腰鼓、秧歌，中国的传统文化正因其独特的魅力吸引并感染着下一代。

与此同时，每到暑假，由中国国内各机构发起主办的各种各样海外华裔青少年寻根夏令营纷纷登台亮相，说汉语、学京剧、游故宫、登长城，触摸传统文化，感受民族自豪。你以前最爱唱 S. H. E. 的一首歌：《中国话》。就像里面的歌词一样，全世界都在说中国话，中文越来越流行、越来越普及。就连 Facebook 的 CEO 马克·扎克伯格也在采访的时候秀出他流利的中文。

其实无论是“香蕉人”，还是“芒果人”，在中国经济高速发展的今天，在极具魅力的传统文化面前，都会由衷地说一句：“我是中国人。”

不一样的活法

在我近视的瞳孔里晃过一个又一个燕尾服、晚礼裙，虽然我看不清他们的面容，却能感受到他们衣冠楚楚、神情盎然，听到高跟鞋发出的啼嗒啼嗒声，嗅到裙子飘过后残留的香水味。这晚我在温哥华，为自由党各派领袖和党魁会面晚宴做义工，具体工作是为已订晚餐的到会者发放入场票。

在这样正规的场合，是不应该出现牛仔裤的，就连我旁边的几个义工人员皆是燕尾晚礼服配领结，只有我穿着运动上衣加发白的牛仔裤，还以为做义工都是体力活呢。我正皱着眉头苦苦地想着，该怎样将穿着牛仔裤的双腿藏在咨询台那张长长的桌布下时，到会者已经向我打招呼、聊家常了。嗨！那晚，我是“最年轻”的自由党员——“年轻人，前途无量呀！”听了这样的鼓励，有些沾沾自喜。

我再看看自己的服装，情不自禁地扑哧一笑：年轻真好！谁会在意“最年轻的自由党员”穿得并不符合场合？他们也许在想：十年、二十年……什么都有可能发生。

管它燕尾晚礼、西装革领呢，牛仔裤才最自在。

入场的人越来越多，我们的工作也忙起来了。

我们向到会的每位人员介绍如何取票、检票处的地点，礼貌而耐心地回答每一个问题。千篇一律的问答，我发现：这些西人极其礼貌，不亢不卑，风度翩翩，可是，笑容的背后是机械，就像一个模板刻出来似的。

发票的工作稍许复杂，需要将付款名单检查好，再将 250 加元的餐券写上编号递给入会者。这时候，我就看到了一个熟悉的名字，我凑近再看，吓了一跳，真是他！自由党党魁（党主席）——叶礼庭，下届加拿大总理候选人，现任总理最有力的竞争者！堂堂的加国自由党党魁，到温哥华吃一顿晚餐、同政要们见见面，还要自己掏腰包，太不近人情了吧？仔细一想，他不自己掏腰包，谁又替他掏腰包呢？不然又怎能参加这样一个高档而昂贵的晚宴呢？

当我回家时将这个细节告诉妈妈时，令妈妈欷歔叹了半天。

在加国，管它党魁不党魁，吃饭一样要自己花钱。

看着一盘又一盘精美的佳肴端上换下，耳边听着谈笑风生、寒暄问候，热闹喧哗，我的脑海却浮现出一个老太太的脸。

她是我的家教，一个漂亮优雅的老太太。据她自己说，她有着英国皇室的血统，而且有一个好听的名字——乔安娜（Joanna）。每次踏进她的家门，总能听见她弹出的悠扬的钢琴曲；每次见到她都化着淡妆；每次讲课时她都端着一杯咖啡，时不时轻轻地抿一口；每次都能见到她家阳台上的小松鼠、小飞鸟，她说在阳台上备有食品和水。她常常提醒我，周末不要打电话干扰她，那是她的私人时间；每到月底，她就会仔细地将学费算好，月初第一节课收费，否则绝不上课。

虽然有些不近人情，但也有理，我尽量恪守规矩，但最终还是因我上课时间的减少，而发生了矛盾。伴随在我身上的收入减少，乔安娜的笑容也在减少。直到有一天，我忘记了带支票。她把我堵在了门口，平时的优雅荡然无存，取而代之的是喋喋不休的抱怨。我解释说：就算我忘记带钱来，她因上次生病还差我一节课，也可以上完这节课再付钱。我这样的说法，似乎更激怒了她，好像我惦记着缺的那节课，故意不带支票。她全然没了美丽与优雅和对小动物的爱心，唾沫四射地滔滔不绝，长篇大段讲述她的理由，只是为了不补缺的课，更不愿退钱。我哑然一笑，说："其实你已经给我上了一节课，一节独特的课。"她愕然，张开口，又不知道该说什么，呆了呆，只好板着脸说："我要休息了，晚安！"砰的一声，将门关上。我敬佩地对着紧闭的门说道："真是优雅啊，还不忘说'晚安'。"

管它贵族还是草民，美女还是东施，西方人东方人还是火星人，有些优雅只是徒有其表。

思绪回到了晚宴，我看见我的同学查尔斯正和一个大学生，负责为到会人员检查和保管大衣。那个大学生是个金头发的男生，身穿整齐的燕尾服，绅士般地接过大衣，微笑着对客人说："祝您有个愉快的晚宴！"看来他在这种场合做义工是有经验的。只是，我发现他支起一张凳子，上面放了一个大的玻璃啤酒杯，正好放在每个客人都能看见的地方。当他绅士般的服务后，小费就进到那个杯子里。哦，原来收取"服务费"也属"义务工作"范畴之内。我惊讶地发现，那个玻璃杯很快就被纸币和硬币塞满了。我暗暗地想，挺有经济头脑，搞经济肯定是个高手。谁料，他却告诉我们，他在学校主修政治。

晚餐过后，他将玻璃杯里的小费拿出来，同查尔斯平分了。查尔斯又分给我一半，仿佛有一种"上山打虎，见者有份"的感觉，让我觉得既新鲜又好玩。

我们离开会场的时候已经不早了，而那个大学生还流连在高档香槟酒中。我回头一看：他正趁四周没人，抓了一杯香槟酒塞在大衣里。发现我在观察他，他不好意思地笑着眨眨眼，然后伸出手指做了个"嘘"的动作。尽管周围没有一个人，可刚才还气宇轩昂的笑容，现在突然变得有些刺眼。我一头雾水，无法想象那套高级燕尾服下还藏着一杯跳动不安的香槟酒。

一路上，我们仍然在谈论那个大学生。查尔斯说："他该学经济，不该学政治。"聊着聊着，口袋里的小费蠢蠢欲动起来，令我们感到有些不安。是呀，做义工就是做义工，赚钱就是赚钱，喝酒就是喝酒，何必利用做义工的机会，赚一点蝇头小利呢？

回到家，正想着，查尔斯的电话就来了。他说他爸爸知道这事后非常生气。

查尔斯的爸爸，瘦瘦高高，笔挺的鼻梁上架着一副眼镜，是一所国内名牌大学的博士毕业生，又在深圳取得事业上的成功。他们一家人，常常是义不容辞地默默帮助他人，而不留痕迹。每次开车送我回家，当我表示感谢时，他总是爽快地说："谢什么，这是应该的。"每次同他谈话，他都会说些人生道理、时政大事；他常常说孩子的事情让孩子自己去处理，并不怎么干涉和协助查尔斯的学习和生活。这次连他也"不高兴"，看来事情真的"很严重"了。

"那怎么办？"我急忙问。

"我们决定将这些钱交回自由党作党费。"查尔斯说出这样的决定后，有些如释重负。

听到这样的决定，我也轻松地吐了口气："好主意！"就像拔掉了身上的一根刺。

第二天，我们将钱凑齐，寄给了自由党。

多姿多彩的大千世界，不同的人有着不同的活法，对人生、对金钱、对幸福、对"优雅"……都有着不同的理解。有的人并没有贵族血统，却是精神上真正的贵族；有的人身居高官却没有忘记自己是谁。而生活正在用它独特的方式，一点一滴向我演绎着、启示着真与假、善与恶、美与丑……

妈妈手记

大千世界，芸芸众生，外表上人有高矮、胖瘦、黑白之分，内在气质上有高雅、俗气、大度、小气之分，但人心却不能轻易划分善恶，因为人性本善，一念天堂，一念地狱。每个生命都有它的可贵之处，也有它的存在理由，世界因为它们才会五彩缤纷，但是，不管天空的云朵是灰色还是深色，也要记得微笑地面对心中的那片海阔天空；不管未来的路途有多少的泥泞坎坷，也要记得用快乐迎接雨后的彩虹。生活是最好的老师，它用多姿的每一面教会我们真与假、善与恶、美与丑。面对它们，我们要拥有良好的心态，不断地在生活中丰盈自己的心智。如此，人生才会变得更加美丽。

念念，我希望你能懂得，虽然我们不能够改变世界，但是我们能够改变自己，无论身处什么样的环境，请用丰盈的心态面对人生，也许在生命的转角处就会邂逅极致美丽。

知识链接

名称解释

香蕉人： 又叫 ABC（American Born Chinese），最初意指出生在美国的华人。或者叫 CBC（Canadian Born Chinese），即在加拿大生活的华人。意思指外表黄肤色，内心认同白种人思想与文化的人。泛指在西方文化熏陶下出生与成长的中国华裔后代。他们虽然长着一副中国人的面孔，但从小跟随父母定居海外，受美国文化、美国教育的熏陶，其思维方式、价值观也是完全美国化的，而对于中国的文化、传统、历史背景乃至中文都是知之甚少，长得是一颗“白心”。就像香蕉一样。香蕉人现在在美国、澳大利亚、加拿大较为普遍。

芒果人： “芒果人”顾名思义，其外在黄，其内在亦黄，是近年对于那些在接受西方教育的同时也拥有中国传统文化的移民子女的称呼。与“香蕉人”不同的是，“芒果人”在出国之后，黄色的皮肤不变，而内心还是中国人应有的与皮肤一样的颜色。

认知力： 认知力（cognitive ability）是主观对非主观的事物的反应能力。实际上就是指一个人的认知能力。它是指人的大脑加工、储存和提取信息的能力。即人们对事物的构成、性能，以及与其他事情的关系、发展的动力、发展方向以及基本规律的把握能力。认知力越高，反映越接近事物的本质。

校园便当

菲利斯是一个来我们学校体验学习的德国交换学生，每天早上都会在 Tim Hortons 买一盒甜面包圈和一杯咖啡当早餐。一盒甜面包圈数量多还便宜，而且每个都五颜六色，令人垂涎欲滴。

苗条的菲利斯一般只吃一两个面包圈，其余的就与同学们共同分享。于是，每天去“抢”菲利斯的面包圈成为了大家的热门运动。我嘛，不去凑这个热闹。可那美丽可爱的圈圈们实在充满诱惑，只好自己买了一盒。结果，当我消灭完一盒面包圈之后，立刻后悔了：那些面包圈，不过是一个个华而不实的东西，不过就是一种在面粉上撒些白糖的味道，无论如何也无法与妈妈做的点心相提并论。我终于明白，为什么菲利斯每天都像派红包一样送出他的面包圈了。

周二的中午，我和我的华人朋友露茜一起参加一个俱乐部的会议。趁会议还没有开始，露茜拿出午饭，津津有味地吃起她的韭菜盒子。没办法，那韭菜盒子散发出来的味道香而独特，立即吸引了全会场所有的目光，启动了每个人的食欲。瞧那白嫩而油滑的面皮，微微散发着热气，里面的馅儿还透出诱人的绿意，好个喷香味。

我和朋友们见状大呼：“你妈妈好厉害啊，连韭菜盒子都会做!”西人同学汤姆最爱热闹，好奇地凑近说：“咦，这是什么东西?”露茜思索了一下，回答：“这是一种中国食物。”汤姆道：“可是里面包着的是什么?”“呃，呃……”露茜支支吾吾，说不出话，赶紧向我们求救：“韭菜用英文怎么说啊?”我们开始是哄堂大笑，露茜在加拿大长大，英语水平还有问题吗？还需要讨教别人吗？可当我们开始集体救援、集思广益时，却也被这个问题给难住了。韭菜的英文到底是什么？chives？可这是洋葱；leeks？好像也不是，不确定。露茜的问题令我们一筹莫展，只好胡乱解释道：“韭菜”是我们中国特有的产品。西人不吃韭菜，所以英语里也没有“韭菜”这个词。要知道汤姆早已望眼欲穿了，赶忙向露茜要去一半的韭菜盒子，边吃边说：“管它叫什么呢，这奇怪的味道就是香啊!”

再看看汤姆每天带的千篇一律的午餐，同其他西人同学的一样，一个孤独地躺在午餐盒里的饥瘦的三明治：两片干巴巴的面包之间，夹着一片无味的芝士和两片加工过的火腿。以前我也曾心血来潮，让妈妈给我带三明治当午饭。可吃到第二天，我就觉着那三明治味同嚼蜡，难以下咽。可汤姆却自豪地说：“今天三明治里夹着方火腿，不再是圆火腿!”可是方火腿和圆火腿，除了形状，貌似没有其他区别了……可怜的汤姆，天天都吃冰凉的三明治，也不反胃。

像露茜和我这样的华人孩子，有着贤惠勤劳的妈妈，午餐不是三牲五鼎却也花样繁多：炒面、云吞、饺子、肠粉、炒饭……就连午餐饭盒每天也根据饭菜温度的需求而变化多端。中午我们打开饭盒时，就像炫耀奖状的小学生，故意让饭菜里的热气飘得远一点，生怕别人闻不到。

短短半小时的午餐时间，学校变成了集市，洋溢着香味，充斥着笑语，四处可见各色佳肴，体现着各国的饮食文化。校园便当的集市上，各路豪杰大展身手：菲利斯如同雷锋争做好人分发食物；我和露茜等人好似王婆卖瓜，宣传自己的午餐；汤姆此类人士豪爽胜李白，没有长风万里送秋雁，也可以对着方火腿和圆火腿酣高楼，还顺便讨一些百家饭。

妈妈手记

我认为没有一个温暖的厨房的家就不能称其为家；一个没有烟火没有油盐酱醋的家也不能称其为家；没有妈妈或爸爸在厨房忙碌的家只是一个令人遗憾的家。现在人们太忙碌了，很多家里的厨房只是一个摆设，细想一下你们有多久没有一家人坐在餐桌上吃饭了，哪怕是在过年过节要全家团圆齐聚的日子，是不是也为了避免麻烦往往选择去饭店吃团圆饭。更有人常常带着孩子叫外卖，吃洋餐，也许你们的借口是给孩子增加营养，增长见识，可有没有考虑过孩子内心的感受，也许他们也是刚开始被汤姆那看似华丽的三明治所吸引，可却被默默无闻的韭菜盒子打动了心，我想，打动他们的其实不是韭菜盒子本身，而是它散发的妈妈的味道。

妈妈的味道是永远留在人们心中的童年幸福的味道，是世界上最美的味道。这种味道未必是珍贵食材或是山珍海味，但每一道菜都是用浓浓的爱意熬成的，就是那样简单朴实的美味，却驻留在记忆的最深处。这种味道的散发源就是厨房。妈妈在这里传达她对家人对子女的深爱。这种爱并不只是食物，也有对家的责任和参与的快乐。我在厨房忙碌的时候，会刻意的喊来女儿和老公“帮忙”，拍个姜，剥瓣蒜，讨论下学校的八卦趣事，交流下朋友的近况。女儿在这道菜里偶尔来个小创意，加点别的材料，老公一时兴起为我们露一手，一家子其乐融融，做出的饭菜怎能不香？

第十一章　没有传说中的天堂

最美丽最堕落

温哥华多次被评为“世界上最适合全球人类居住的城市”。无可厚非，她是美丽的、自然的、开放的……但是，最美丽的城市也有她最无奈的一面。比如吸毒、比如枪支。人人讲自由，自由携带枪支的结果是——又有在森林里跑步的妇女死于枪弹下；个个讲民主，令加拿大政府不得不容忍吸毒这样的恶瘤。在公众场合或有孩童在场不允许吸烟已经立法，但是，为什么吸毒却能在大庭广众之下那么肆无忌惮呢？

总记得在温哥华唐人街附近目睹的可怕一幕。那是吸毒者常常逗留的一条街道。我因去参加一场演出，不得不独自步行经过。一群放声大笑的青年迎面走来，一串串叮当作响的链子耷拉在宽松的牛仔裤上，穿着低胸短裙的金发女郎扭着腰，妖娆地抛着媚眼。

我一时无法断定这是一些怎样的人物，不由自主地朝马路的另一边碎步走去。突然发现两个衣冠不整、瘦骨伶仃、面貌狰狞的男子正快速地爬向路边的草坪，他们两人不知羞耻地公然脱下裤子，彼此相互熟练地将注射器插进大腿。看见他们麻木不仁的眼神中闪过一丝的快意，我被怔住了，无法动弹。

他们在做什么？刚从中国来到加拿大，我从未见过此情景。

我不敢继续往下想，撒腿便往反方向奔跑。

你可以想象吗？如果你也是一个十五岁的孩子，在繁华的闹市里穿梭，那些走火入魔的吸毒者猝不及防地出现在你眼前，你会怎样？

如果你当时五岁，你可能会嘻嘻地笑着，好奇地走向前想瞧瞧究竟。

如果你当时十岁，已经懂得一些道理，可能会躲在街道的一角害怕得悄悄哭泣。

可是现在你已经十五岁，你会感到可怕和难过，会奋不顾身地向另一个方向跑去，想着离他们越远越好。

可是能逃避到哪里呢？城市的另一头，还是一群目光涣散、古怪诡异的人，或靠着发出酸臭的古墙或躺倒在地上。

你已经跑得虚脱，可是一个个魔鬼，仍像无形的大网一样铺天盖地撒开在城市的每个角落里，如何逃出去？毒品，帮派，枪支……这些丑陋的词语在城市里幽灵一般地神出鬼没。

你抬起头，隔壁是犯罪少年收容所。

犯罪少年收容所，很可笑的名字，不是吗？那些和你一样年龄的天使，竟然被收容在这样不见天日的屋子里。是谁折断了他们的翅膀？是谁弄脏了他们的羽毛？是这些天使自己的选择，还是在充满堕落的社会里浸泡得太久？甚至他们以此为美？

你喜欢得快要疯掉的那位女歌手刚刚从戒毒所回来，你便更加觉得她有个性。还有英俊的男影星，在你心中，他最有魅力的照片就是被曝光的吸毒照。你是不是崇拜你的偶像抽烟吸毒时颓废而酷酷的样子？你是不是羡慕你的成年朋友每天逛夜店的生活？你是不是好想模仿他们，想像他们一样？

羽翼未丰的少男少女们迫不及待地盼望快点长大，却在终于长大的那一天，站在花花世界的中央傻了眼。憧憬和喜悦也在惊慌失措间被横行猖狂的魔鬼一击即碎，就连坠落到地狱的那瞬间也没有明白，这究竟是自己的错，还是社会的错？

难道这就是我们这一代，将要面对的悲哀吗？

阳光总是伴随着阴影，文明总是伴随着愚昧。美丽的温哥华，也有着无法回避的痛。有人生活在阳光下，也有人生活在黑暗中。唯有迎着阳光而去，影子才会被抛在身后。

妈妈手记

在你小时候，我和你爸爸会刻意地当着你的面讨论现实生活中的一些事情，因为我想为你尽早的把外面世界的门打开，让你看见好的，也看见坏的。让你明白童话世界有天使，现实社会却没有传说中的天堂。在一些场合，我和爸爸会刻意带上你一起参加，在现实社会中，凡是有的，我都会尽量让你经历；凡是经历的，我都要你自己思考。在耳濡目染中，你认识了真实的社会，明白了人世间有很多种生活方式，并在现实中形成了自己的标准和选择，懂得了什么样的人受人尊敬，什么样的事情是绝对不可为的，甚至对成人社会的“潜规则”都能发表自己的观点。

哪个孩子都不能生活在真空里，让他经历风雨远比待在温室里更对他的成长有利。但有的父母虽然也给了孩子一个真实的世界，但却不能把握随机教育的好时机，在孩子正在体验时却不能及时地进行引导，这样的结果会比把孩子装在真空世界里更糟糕。

初到温哥华，更加开放和自由的社会环境，不同的社会观念，时时冲击着我的大脑，相信对需要更快融入这里的你而言感触应该更大。但在国内环境中养成的客观与从容，使你尽快地适应和调整了自己的状态。刚来这里时，你也挺孤单的，语言不通，朋友少，但你能克服这些，潜心学习。有时候我看到你自己一个人坐在樱花树下看书，你用刻苦与坚忍代替了孤独和寂寞。在这个自由美丽的国家绽放了自己的色彩，也抒写了自己的感悟。

堕落的美丽，不是每个人都懂的，美丽与堕落是相辅相成的，就好像太阳与月亮，黑暗与光明，它们都是为彼此存在的。在童话世界中，不论你期待的世界有多么美丽，现实生活中，每个美丽的背后都会有黑暗和堕落。这是社会现象，也是我们的无奈。社会就是这样，渺小的我们还没有能力去改变它。这也是我一直都想让你懂得的。堕落了，并不是爬不起来，而是愿不愿意。有时候也该对堕落中的美丽给予肯定，因为它也是我们生活的一张考卷，虽然很讨厌，但看过了，清澈的心会更懂得清澈。

温哥华家中遇劫记

我常想：为什么我们降临到这个世界，原本是去学“爱”更多的人，最后却沦为“防”人？为什么我们辛苦耕耘、努力奋斗，最后却总要用同样的精力来守护家园？人应该是怎样的生物？应该拥有怎样的思想？应该经历怎样的事情？

在父母的保护下长大的我，小时候就以为世界上的人只分喜欢和我玩的和不喜欢和我玩的人。而我的人生经历，也被简单地划分为失败和成功。我以为只要自己可以淡然地面对成功，坦然地面对失败，人生便无大碍。可是我从没想过，有些事情，有些人，于合得来、合不来无关，亦与失败成功无关。他们——让你看清蛙井外的世界，让你体验人性的考验，让你懂得现实的残酷。而家，那个原本令你感受到温暖舒适的小窝，那个原本你可以毫无顾虑地在花园听着小鸟叫声、晒太阳的家，却在刹那间成为战场，让你在生与死之间选择，在恐惧与勇气之间选择，在舍弃与争取之间选择……

那大，我刚刚考完试，提早从学校回家。爸爸已经去上学了，而妈妈正准备和朋友去郊游，在家门口向刚进家门的我道别。“再见妈妈，玩得开心哦!”我朝妈妈离开的背影挥挥手，就锁上门准备做作业了。仅仅一盏茶的工夫，“咚咚咚，咚咚咚”，门铃毫无预兆地响了。不会是妈妈又回来了吧？我在监控器里一看，是一个陌生的白人男子在按门铃。肯定又是推销商品或者派发传单的吧。家里就我一人，妈妈又说过不要给陌生人开门，嗯！还是不开为妙！我小心翼翼地把窗帘拉上。也许他见家里没有人就会离开了。又过了一会儿，好像没了动静，我松了口气。正准备清理书包，后院传出一阵脚步声。难道是测水表什么的，我放轻脚步，悄悄地跑到主人房探听楼下的动静。可是声音好像越来越大，甚至大过了之前那个男子敲门的声音！紧接着，我听到金属撞击木头的砰砰声，越来越大，像是战争即将爆发的击鼓声，重重地敲打着我的心脏。天呀！有人在用工具撬开我们家“坚固”的门锁！在光天化日之下？惊吓的我像飞一般从书包里拿出手机，赶忙给妈妈打电话。“妈妈，有人在楼下敲门，不，现在是撬门！我听到他们在锤门锁，怎么办？怎么办……”突然，楼下“砰”的一声，门被撞击开了。“妈妈，妈妈，他们打开门了，他们打开门了，他们……他们进来了，妈妈!”此时，一个沉重的脚步声踩踏在我家的木地板了，那个击鼓声仿佛越来越激烈，仿佛大号、中号、小号还有长号都被一齐吹响了。我靠着墙，手紧紧握住手机，心脏像是失控的弹球在心房里拼命地跳着。

窃贼破门而入了！

一个黑色的身影在我眼前出现，我立刻压掉手机。“Where are your parents（你的父母在哪里）?”他用帽子和衣服遮住头，一只戴着手套的手直直地指向我，对着我咆哮。“I'm not sure（我不清楚）。”我举起双手，表示自己没有武器。那个白人男子看见我手上的手机，一把夺过去扔在床上：“你准备和什么人打电话吗?”我说：“没有。”在小说电视里，我看到过这样的镜头。那仿佛只会出现在镜头里，与我毫不相干！我从来不会遇到过，一辈子都不会遇到。但是，今天，两个白人男子，蒙面，于中午时分，破门而入。

我瑟瑟发抖，蜷缩在地上：他们要干什么？他们指向我的手里有武器吗？我感觉到自己的血液都在沸腾，尽力试着让自己冷静，可是我的上牙和下牙，还是不争气地打颤。其中一个见我高高举起的双手，并无反抗的举动，神态稍微平静，声音稍微缓和，说道：“我们不会伤害你，但你必须把钱都给我们!”我迅速打量了一下面前这个男子，白人，大概二十来岁，穿着牛仔裤的双腿也在明显地颤抖。还好，他指向我的手里没有武器。我一直举着双手，说：“好的，我会给你们所有的钱。”他一只手指着我，一只手到处翻看房间的抽屉。我取出我自己的钱包，里面有五十块钱。我转身要将现金给他，又一个年长的稍瘦一点的黑衣人——他的同伙出现了。“给你。”我把钱给他。“我们要更多的!”他声音低沉而充满不满。我担心他如果拿不到足够的钱，会做出更危险的事，便不停地安慰他们说：“我会给你钱，请稍等一下。我会给你更多的，但我要先找找……”我将爸爸平时放钱包的衣柜打开，却没有找到钱包，而一个黑衣人却从柜子里抓走了一沓爸爸收藏的纪念册和一个手表，另一个从衣柜里夺取了妈妈的名牌包。我说，楼上找不到了，说不定楼下会有。下了楼下才发现家里的液晶电视机已经被搬到门口，年长的黑衣人也带着我的手提电脑从楼上下来。

“你们不是想要钱吗?”我说，“如果你们留下电视和电脑，我会再找找有没有更多的钱。”那时，我渐渐平静下来，开始思考妈妈接到我的电话，应该在返回的路上了。我必须勇敢、必须镇静，争取能保护好自己的同时，将家里的损失降到最少，特别是我的手提电脑里有多少资料呀，一旦他们带走，会严重影响我的学习。十六岁的我，在自己的家中面对劫匪，突然明白，在生命中最关键的几分钟内，不能靠父母，不能靠警察，能靠的只有自己——勇敢、冷静，独立地思考和解决困难，保护自己和家园。

“我们会留下，只要你给我们更多的钱。”一个黑衣人说。我稍微松了口气，看样子，他们还比较文明，要的只是现金。可是，我到哪里能找到现金呢？我在各个抽屉里迅速地翻找，爸爸不会带走他的钱包了吧？另一个黑衣人在家里到处搜索，脚步声蹄噔蹄噔，我得尽快给他们一些钱，让他们尽快离开，否则……谢天谢地，我最终在最后一层抽屉找到钱包，把里面所有的现金抽出来，交给他。他捏着现金，掂了掂，又夺过钱包继续翻看。我害怕他拿走爸爸的银行卡，急忙说：“其他都是我和妈妈的照片了。”他听了，把钱包丢回抽屉。“钱我全都给你了，电脑请留下吧。”那个年长的黑衣人再次环视一楼，看看还有什么值钱的东西，又看见门比较狭小，对同伙说：“放下电视和电脑，我们走。”年轻的黑衣人犹豫了一刻，踢了一脚地上笨重的电视，就将我的电脑重重砸在饭桌上，接着把充电器一扔，丢进了厨房。两人拿着现金、手表、包和其他小物件，一眨眼之间就从后院的小木门处消失了。只剩下木门在风中咯吱咯吱的摇晃，只剩下凌乱不堪的家，只剩下门锁被撬断的门，一地的木屑，还有脑袋里一片空白的我。

没时间发呆，我立刻回过神把门全部锁上，窗帘全部拉上，用微微颤抖的双腿跑上楼，给警察打了电话……

警察来了一拨又一拨，有序地工作，一副见惯不怪的样子；保险公司的也开始登记我们家丢失和损坏的物品，开始赔偿和修复事宜，并且感叹道：他们的胆子也是越来越大了，大白天也敢……而窗外，遛狗的老人出来了，同邻居们相互问候，晚霞开始映红天空……一切依旧平静，好像什么也没发生过。

但是，我却不再平静。即便在父母千般呵护、万般宠爱下，在自己的家里，依然遭遇入室抢劫。是的，钱财和物品有保险公司赔偿，他们抢走了旧东西，过几天，保险公司送来新东西，但是，谁来赔偿像我这样的青少年心灵的创伤？也许，有的孩子从此不敢独自待在家里；也许，有的孩子被惊吓后，从此心灵上落下不可弥补的阴影；也许，有些孩子被窃贼伤害，从心灵到身体……

谁来保护我们的家园？谁来保护小孩子们？经历了这几分钟的时间，我觉得自己不得不长大了。是的，我要快快地长大，长到不仅能保卫自己、自己的家园，还能保卫更多的家园、更多的孩子……

妈妈手记

“终然浩劫入沧桑，纵有赤心天不谅。”孩子你遇到这些事情，我听到都觉得很后怕，我不断自责没有保护好你，又抱怨这形同虚设的社会治安，诅咒可恶的贼人，更怕你以后会遇到类似的事情。但是冷静下来细想，这个社会由不得你怕，所以只有教你学会自我保护，遇上这些问题时要冷静，及时寻得援助。你的机智和冷静淡化了这次事件的伤害力，也保护了自己。这件事情给你的心灵造成了很大的伤害，后来很长一段时间你都害怕一人在家。这种状态，我和爸爸看在眼里急在心里，我们担心你会因为这件事情而产生心理障碍，于是我们两个轮流陪伴安慰你，让你感受爸爸妈妈对你无私的关爱；鼓励、肯定你的处事方法，果断的舍弃物品保护自己的生命，因为失去的物质都可以再拥有，而珍贵的生命却只有一次，你永远是爸爸妈妈的无尽动力和生命最爱。所幸，在平时的教育中，我们比较重视你的安全教育，你有过这方面的理论基础，也有坚强的心理素质，很快你就从阴影中走了出来。但这件事情也让你成熟了很多。从你的文章中可以看出，你不但理智地分析了整件事情的经过，更客观评论了这类事件，我也看到了你发自内心的正义感和对社会的责任心。

这个破门入室抢劫案，温哥华警察局调查了近一年的时间，最终也没有破案。警察说：因为有孩子在家，所以他们特别重视。抢劫案后的第二天，你带着还未平息的心情参加了 BC 省的数学省考，终究因为这个事件严重影响了你的正常发挥，分数明显偏低。你还在《笑看成败》一文中提及此考试，认为是自己的压力造成考试失误。

后来我们才知道，这是一次可考可不考的试，你完全可以不用参加；即便考了，发现成绩过低，还可以向学校提出申请，说明事实。学校完全有可能不将此次考试计入你的成绩单。甚至在申报大学时，你还可以给招生官写一封信说明事由，解释这次成绩偏低的原因。可我们什么都没做，没有利用北美教育人性化中的任何一个环节。你只是在努力做好自己的事，其他的就顺其自然了。

生活中，我们常用“毫不示弱”来形容一个人的勇敢精神。在教育孩子尤其是男孩子时，我们也经常要教他遇到挫折不能示弱，要做到“男儿有泪不轻弹”。所谓“阳刚”几乎就成了勇敢与强大的代名词。然而家长在给孩子灌输勇敢的同时也应教会孩子学会示弱，示弱是维持生命生存的需要。适时、适度地示弱，是保护自己的一种方式。示弱是一种智慧，是在自己弱小、无力还击时保证自己免受“硬伤”的一种必不可少的保护手段。在自然界中有“适者生存”，而不是“强者生存”。时时处处的强大，能得一时之利，却并不能够保证最后的胜利。让孩子拥有一颗可伸缩的强大心灵，该勇敢时“阳刚”，该忍让时“示弱”，无论是顺境还是逆境，心境平和宽容，即使遇到打击，也不会万念俱灰，因为他们心态平和，所以能泰然处之。

突发事件后孩子的身体和心理可能会受到不同程度的创伤，外伤可以借助先进医疗水平恢复，可心理康复却需要一个长期复杂的过程，如果处理不当可能会影响孩子的终身。经历过突发事件的孩子无论在生理、心理或行为上，均会产生许多反应。包括：恐惧、担心、焦虑、回避、失眠、噩梦、年龄退行（出现尿床、吸吮手指、心智退化）、心理性身体不适。面对这种现象，身为父母我们应该怎么做呢?

首先，要冷静坚强面对。

在感觉无助的时候，孩子往往会希望从父母那里吸收对待伤害态度与寻求解决的力量，此时父母要展现出坚强与接纳，避免在孩子面前流露出悲观与失望。

其次，要加强亲子交流，多些陪伴和拥抱。

当孩子感觉无助或恐惧时，会更依赖父母，这时父母千万不要随便离开孩子，一定要多些陪伴，也可通过拥抱或抚摸给予孩子心灵支持与躯体抚慰。更不要把孩子同情绪失控的孩子放在一块，对孩子来说，这非常容易传染，当一个孩子哭泣时会带动其他孩子哭泣，造成心理消极情绪积压。应学会适当引导孩子诉说自己的苦恼与焦虑，通过倾诉将压抑的情绪诉说出来，将不适情绪宣泄出来。如发现孩子有自残自伤行为，要联系专业心理治疗人员进行干预。

最后，引导孩子主动谈论事件。

带给孩子心理伤害的，要学会面对，当孩子有足够的安全感时，可渐进地谈及事件，逐渐引导孩子面对恐惧，并积极冷静地传达给孩子防护措施。

知识链接

推荐书籍

《生命不曾放弃：灾后心理康复指导》，华中科技大学出版社。

本书可读性与实用性极强。所有章节的写作均以阅读人群的亲身经历作为切入点，以心理创伤康复与治疗的知识为支架，辅之以“知识链接”“小贴士”等生动活泼的形式，运用口语化的写作风格，在轻松、共情的背景下与读者进行心与心的交流。作者不仅关心外在的社会救助资源，而且关注读者自身的内在资源，字里行间充满积极向上的力量。

推荐电影

《美丽人生》，罗伯托·贝尼尼自编自演，讲述了意大利一对犹太父子被送进纳粹集中营，父亲不忍年仅五岁的儿子饱受惊恐，利用自己丰富的想象力为儿子营造了一幕美好的幻想，告诉儿子，所有的残酷只不过是一场游戏，必须接受集中营中种种规矩以换得分数赢取最后大奖。影片笑中有泪，将一个大时代小人物的故事，转化为一个扣人心弦的悲喜剧。影片荣获奥斯卡最佳外语片头衔及多个国际大奖。

第四篇

东张西望

过去有个说法："京城居，大不易。"其实，海外生活也不容易，在海外的华人，是一群寻梦者，他们带着自己上一代和下一代的梦来到这里，如同当时决定来加拿大的我们，无论过程是多么的艰苦，但是我从来没有后悔过自己的选择，因为这几年我们对得起自己最初的理想，也一步一步踏踏实实地走过。

我看到这几年国外的学习生活就像是催化剂一样加速了你的成长，让你更加的独立自信。虽然东西方的社会和文化差异很大，但你都能把这些逐一克服，并渐渐融入了这里，你也常常鼓励我走出去，还为我介绍当地适合我的社交圈。特别是看到大家都在努力奋斗的时候，我也有了很大的动力，想做到最好的自己。你常说国外的这些时间，你像一块海绵，不停的吸收、学习。从东到西，一路走来，东张西望，你且行且思考。

第十二章　且行且思考

咖啡与茶

我第一年来温哥华的时候，在一所公立学校读书。这所学校排名靠前，我的中国同学们都你追我赶，利用暑期班超前学习了好几门课程。不甘落后的我盘算着暑假班报名上课的事，想听取学生辅导员的意见。我在她的办公室门口徘徊了一个礼拜，终于有机会和她说几句话。

“嘿，有什么事吗?”辅导员是个开朗的年轻女子。

“暑期班怎么报名?”我有点焦急，因为报名的截止日期快到了。

“暑假班?”她眼睛瞪大了，“你哪门课程没有通过?”

“没有，我只是想提前修完一些课程。”

她听了大笑。“为什么？你看温哥华的夏天多么迷人，阳光多么温暖。为什么还要上暑期班？不如去沙滩上打打排球，晒晒太阳，才不要上什么鬼课程呢!”她边说边把我赶出了办公室。

我惊讶地口型成了“o”字。打排球？晒太阳？那都离我太遥远了吧？对于刚从中国来的我，还停留在中国式思维，认为学习才是学生的首要任务。辅导员的一席话着实让我一头雾水，始料未及。难道这就是加拿大的教育方式?

感谢这位辅导员的“建议”，令我下决心报考私立学校。据说私立学校对学生的要求严格很多。

进了这所全省数一数二的私立学校，我以为能看到志同道合的同学和老师，以为不再被“暑假享受阳光”的理论所困惑了。

第二个暑假过后，当我把暑期班的成绩单拿给私立学校的辅导员时，他的眉头开始上扬了，形成了一个八字形。是我给错了资料吗？这时，他两只眼睛从我的成绩单“嗖”地一下转移到我的脸上。

“你疯了？”

我紧张起来，反问：“你没事吧？”

风趣的辅导员哈哈笑了，摇摇头说：“暑假上三门课的疯女孩。”

他给我的昵称令我觉得好玩，也有些尴尬：作为学生，学习有错吗？再说，我只不过在自己的能力和兴趣范围内多学了一些。在中式教育的熏陶下，我坚信学习大过享受，高分更不代表低能。

不久后，学校里的另外一个辅导员在走廊上拦住我，质问：“你到底想做什么？你的动机是什么？”

“你的化学十一年级是在暑期班上的？化学十二年级是在网上学的？现在又在学校上化学 AP！我要求你立刻从化学 AP 转回到化学十二年级去。”她表情严肃。

没错，老师都是为学生好，不希望学生有太多负担。可是我还是忍不住与她争论。我是有理由的。

我这样做有不妥吗？我所做的并没超出我的能力范围：我的学习应付自如，社会活动开展得如火如荼；我兴趣广泛，而且乐在其中。不同性格的人有不同的特质，不同的环境下成长的人们拥有不同的追求。这不正是加拿大多姿多彩的教育模式、宽松包容的社会环境所鼓励的吗？

享受还是学习？咖啡好还是茶好？在这个多元社会里，每个人对此都有独特的解读。当全球化的意识开始崛起，当东西方文化理念发生冲突，当咖啡碰上茶，我们需要相互理解和尊重，相互取长和补短。

咖啡与茶并不矛盾。如果可以，我会早上饮咖啡，下午品杯茶。

妈妈手记

国内的学校，学习目的非常明确：高考拼个好成绩，上个好大学。为此，学校公开学生们的成绩和排名，制造竞争气氛。加拿大高中的毕业积分很容易取得，学生的学习成绩只有学生知道，学校不得擅自泄露给任何人，包括学生父母（如果学生不同意的话）。学校没有升学率做考核指标。这些都充分体现了西方自由民主的作风。

国内的高中刚取消了文理分科，但全面放开的选课制度还需时日。加拿大除了英文、数学、社会和科学等必修课，其他课程是由学生按照自己的兴趣爱好选择，不但可以选择学校课程，还可以在网上修教育局课程；可以上暑期班修课，也可以去附近的大学上课，一切根据学生的爱好和兴趣来定。所以看加拿大高中生的成绩单，可谓五花八门花样百出。

加拿大学生在课堂里的时间比国内学生少了很多，每天下午三点半后，学生们都去参加各种活动了。国内的老师家长更鼓励学生勤奋好学，我们在温哥华遇到的老师却不是这样的态度，他们常常苦口婆心地劝说学生们出去游玩，到运动场上锻炼，担心沉重的考试和太多的选课，会令学生丧失了追求学问的兴趣和热情。这是加拿大老师的用心良苦。

丢出国际水平，丢掉独立能力

放学一个小时了，我还在学校徘徊。

老师见到了，问："你在这里来回走过七次了，到底在干什么啊?"

我有些不好意思，说："我，我又丢东西了。"

老师扑哧一声笑道："又丢什么了？你昨天才丢了硬盘，上礼拜还看见你在找水壶。"

我连忙补充道："您忘了，开学第一天，我还丢了笔盒呢！今天，我的笔记本又不见了。"

说实话，从小到大，我因马虎而遗失的东西，比如手机、手表、手套、手链、手提包不计其数。爸爸妈妈早已接受了教训，不再送我贵重礼物。妈妈有句极其经典的概括："从中国丢到加拿大，真是丢出了国际水平。"唉！丢东西少见，总是丢东西更少见，像我这样几乎每天丢东西则是少之又少了。

一位路过的西人同学听到我和老师的对话，意味深长地拍拍我的肩膀，说："以后可别把你自己给丢了啊!"

见他一副老气横秋的模样，我好不服气，于是转移话题，将矛头指向他：“今天你不是也迟到了吗？”

同学说：“早上铲了雪出门，本来就晚了，再加路滑，巴士就像乌龟一样慢慢爬，所以就迟到了。”

“那为什么不让你父母开车送你上学？”

“他们出去旅游好几个月了。”

“你都上十一年级了，父母还去旅游？”

“他们旅游同我上十一年级有关系吗？”同学甚是不解。

听了这番话，原本“意气昂扬”的我，此刻不免相形见绌。这位同学偶尔迟到，没错；学习成绩略为欠缺，没错；可是他不仅生活自理，还帮助家人。而我呢？唉……

十一年级了，功课重了，考试多了，一直是我逃避家务的借口，也是妈妈照顾我更周到细致的理由。一回家，我就习惯性地将书包随手一放，再不理会，因为妈妈会帮我收拾安排。爸爸对我更是溺爱有加：无论我丢失什么东西，他都二话不说马上替我补新的。也许我从心里并不觉得丢东西有何不妥，甚至想，旧的不去，新的不来。他俩倒是无怨无悔为女儿服务了，结果呢，我的东西却越丢越多了。如果有一天，我丢掉了护照、信用卡等能够证明自己的所有证件，会不会真的把自己也丢了？想到这里，我不禁打了个寒战。记得小时候，我不仅把自己的东西整理好，还清楚地知道家里物品放在什么地方。冰冻三尺非一日之寒，我的生活自理能力何时衰退成这样？

在学校上心理课时，老师说过家庭教育对孩子的影响至关重要。我经常丢东西，是我自身的疏忽大意，也是被爸爸妈妈潜移默化娇惯出来的。望子成龙、望女成凤是中国家长在文化熏陶下本性的追求。这种追求，促使他们对孩子学业上的严格要求，却也令他们忽略了培养孩子的生活自理能力。

如果失去独立生活、独立思考这一基本生存能力，即便一个人的学习成绩再好，才艺表演再出色，在今后的人生道路上，又能走多远呢？我需要自己好好想想，也需要和妈妈好好谈谈。

妈妈手记

你的这篇文章让我和你爸爸深思了很久，抛去东西方教育区别的大道理，你的这种自理能力的退化，确实是我和你爸爸一手造成的。回顾你的成长历程，我觉得生活跟我们开了一个很大的玩笑，在中国时，我们清楚地知道要克服中国式的高分低能教育缺陷，提高你的独立自理能力，而在加拿大，我们反而只顾追求分数而忽略了你的能力。还好你清醒地认识到了这一点，也提醒了身为家长的我们：知识是可以死记硬背的，而能力则是灵活变通的。

在国内，很多家长还是比较重视孩子的成绩分数，就造成了很多所谓的“高分低能”的情况。作为家长，我当然也曾毫无例外地看重分数，但出国后我渐渐发现了其实分数与能力是不对立的，它们完全可以并存，更可以相互转化，高分高能的学生大有人在，殊不知“高分”也是一种能力。世界上没有哪一个国家的学生能够免于考试，而且不仅在学校，在今后的工作中考试也是换了一种形式的考核，它甚至成为一种适应某种标准的考核办法，所以会考试也是一种能力。

对比之前的关注孩子的成绩，家长更应该关注孩子学习的过程，而不是考试的结果，注重在这个过程中培养孩子的学习能力，更重要的是孩子的应试心态。

所以，只为分数而教，是应试教育；只为分数而学，有可能以有损孩子综合素质的提升为代价。我希望在考试这一特殊的过程里，能在孩子身上沉淀下一种心理品质——面对压力，应对自如，在无法改变的客观条件下，努力把事情做好。

学生应该看重分数吗

在寒假来临前，我和几个同学开始感到纠结：一学期下来，成绩到底怎样？进步了还是退步了？一个亚洲同学下课向老师询问成绩，老师说：“我很喜欢你，唯独不喜欢你看重分数的这个特点。”另一个老师算错了我的分数，当我向他提出来后，他却说：“就算少算了几分，又有什么关系？何必这么在乎分数呢?”

学生看重分数到底对不对?

作为一个中学生，我觉得“看重分数”并非一种只“计较分数”和“钻牛角尖”的表现，它代表了一种对于知识和教育的态度。从某种程度上来说，分数可以衡量学生对知识的掌握程度和学习能力。中国教育体制对于分数的注重让学生更牢固地掌握了基础知识和运用，也令我在加拿大的学习过程中受益匪浅。经济合作与发展组织2010年12月7日公布的2009年实施的第四次国际学生评估项目的调查结果显示，上海中学生在参加评估的65个国家中名列第一。我认为：这说明了他们在社会、家庭以及学生本身对于学习的投入方面远远超过其他国家。

我在中国学校读到初二。也许那时的我在合作、探索、创新方面的能力没有像在加拿大一样得到充分的培养和发挥，但我能感觉到，周围的同学都更专注于学习、都拼命朝着自己的目标努力。在他们身上，我可以读到一种拼搏精神。

作为一个加拿大中学生，我也体会到加拿大教育体制的全面和优越。它给予学生充分的尊重和自由，注重引导式学习、自主式学习。老师从不死板地按照课本讲课，也不填鸭式地灌输知识。每个学生都是一个闪亮的星星，每个问题都可以有各自独特的答案。可是，我总觉得，在这种优越的体制和宽松的环境下，学校和学生却少了什么。

哈佛大学法学院的高级研究员维韦克·瓦德瓦在接受美国《新闻周刊》采访时提到，美国学生“能将大把时间用于玩游戏、网上社交和组织聚会”，令他们“在参加工作时具备了更多优势，包括创新能力”。对此，我持有保留意见。如果我们将更多的时间花在网络上，就真能更多地拥有创新能力和社交能力了吗？在一些人眼中，一说到中国学生的高分，就伴随着低能，一谈到考试，就是只知道追求分数。至少高分低能比低分低能好，至少说明这个学生做了他该做的事情，至少表明他对学习的一种态度。如果没有一种吃苦耐劳的精神、没有一种对学习和工作认真投入的态度，如何可以“具备更多优势”呢？而一些老师和专家用一种简单的方法批评指责高分，反而令学生们无所适从，甚至失去了学习的方向和动力。

我认为，学生应该注重分数，这一点中国学生做到了。分数影响着我们对教育的态度，也使得我们培养了学习能力、及时调整了学习方法。虽然不可一味追求高分而忽略了能力的培养，但是简单地批高分更培养不出高能。学习应该是学生的首要任务。不想当将军的士兵不是好士兵，不想拿好成绩的学生也不一定是好学生。

当然，学生所要在意的这个“分数”应该是对学生全面、长期、客观、综合的评估，而不仅仅是一份考卷的成绩。这一点北美教育体制是基本具备的。

妈妈手记

读你在十一年级写的《学生应该看重分数吗》，我明显体会到你当时的焦虑。记得你在结尾加了一段：“当然，学生所要在意的这个‘分数’应该是对学生全面、长期、客观、综合的评估，而不仅仅是一份考卷的成绩，这一点北美教育体制是基本具备的。”这一句才是分数背后的重要所在。和你一起经历了申报美国大学的整个过程后，我明白了，美国大学招生官看成绩单，看的是什么。不是中国高考那样看一次成绩，那只是点的考查，而是看你九年级到十二年级整个过程，这是线的考查；不是只看你的学校成绩，还看你的统一考试成绩，如：AP、SAT 等，这是面的考查；不是只看你成绩单上的分数，还看你挑战的难度，看你在这份成绩单上花费了多少时间，进步有多大，是否具有潜力，这是立体考查。如果你今天重新再写《学生应该看重分数吗》，可能是完全不一样的文章了。

女性形象

“你们认为媒体宣传中女性和男性形象是怎样的?”心理课上，老师问我们。同样的问题，我回到家问爸爸妈妈。他们的答案与课堂上同学的回答还有老师展示的图片如出一辙。西部牛仔是男性的经典形象——戴着牛仔帽，坐在吉普车上，身后是广袤的原野。它强调男性的英雄本色，塑造出强悍霸气和唯我独尊的样子。老师又拿出另一张图片，是一个性感女人——画着浓妆、穿着三点式，背景是香烟和红酒。同学一阵欷歔。老师的教材选择很大胆，可更开放的图片随处可以见到。

我想起了学校毕业班的一对情侣，男的常常不修边幅，可是女的每天都化着精致的妆，不知道那妆的背后花费了她多长时间。这样的现象随处可见，通常都是女性会更注重自己的外貌。这是出于女性爱美的天性还是社会观念的影响？

看看国际化妆品市场，女性化妆品一向是主流，男性化妆品则通常是一个小分支。的确，女人的钱最好赚。然而，香奈儿、欧莱雅、兰蔻这些著名品牌公司的设计人和董事，大多数都是男性。社会对女性外表的要求，难道是为了填满男性的荷包？

香港女星梁洛施在为富豪李泽楷诞下三子之后宣布两人分手，媒体称梁洛施为“最贵代孕妈妈”“生男孩得重赏的豪门女星”。娱乐报道娱乐大众，没错，但它传达了一个扭曲而充满诱惑的观念：漂亮女人嫁个有钱的老公，生个男孩，就能大富大贵。社会对女性形象的宣传，难道是为了培养更多传宗接代的生育工具？

从古至今，对女性形象的宣传，侧重于外貌、身材、性格及生儿育女的家庭生活，但是，随着劳动由体力主导进入智力主导，女生的体力劣势已不是升学、就业等方面的障碍，而且女性细致、耐心等特质，可以发挥出更大作用。据我了解，小学排名靠前的大多是女生；在中国，初中时我们学生会主席团五个人中有四个是女生；在加拿大，我们高中学生社会服务委员会的全校十个学生代表中八位是女生。一份来自美国的调查报告显示：从小学四年级起，女生每天比男生多做一个小时功课，少看一个半小时电视；到了初中，校报总编、奖状获得者、社区志愿者，都是女生占多。初高中阶段，绝大多数女生表现得越来越有主见，更乐意参加各种社会活动，以提高自己的领导、组织、沟通能力，而这时候的男生，大多还充满童真，流连于游戏机房、咖啡馆。虽然当今社会无论在政坛还是科技研究领域中，男性依然占绝对主导地位，但因女生更优秀的成绩、更强的生活自理能力和社会活动能力，使得美国常青藤盟校更愿意招收女生。调查报告还指出，美国大学里女学生的比例正在超过男学生的比例，而且成绩及表现优异的女生与日俱增。

放眼全球，越来越多的女性成为国家元首或者有重大影响的人，这说明，当今社会女性形象正在悄然改变。

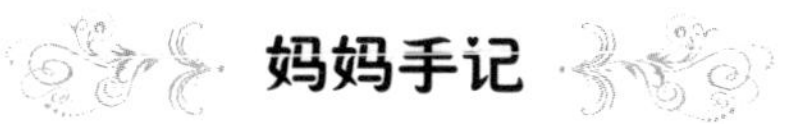

妈妈手记

也许课本中，一些题目老师会告诉你们正确的标准答案，但生活中，有许多问题，都只有相对的答案。因为正确的答案并不代表着唯一。也许，问题只有一个，可答案却有上千个。所谓的正确答案只不过是更专业的罢了。

等到了社会中，你们要面对的是一个新的世界，一个没有唯一答案的世界。所以，孩子你要学会对任何的事情都要保持发散性思维。所有事情从每一个角度都是一个唯一的答案，只不过是角度多了，发散的是角度，不是答案。所以，正确答案或许只有一个，可那并不代表唯一。相反，只要觉得你的答案正确，又合乎常理，那么自己都肯定了，谁还敢说你错呢?

这也要求我们在日常的教育中注意发展孩子的发散性思维，培养孩子解决问题的发散性思维能力。从学前教育开始，理性看待所谓标准答案的试题，让孩子自由成长，鼓励孩子的独立思考、想象力、创新精神，不要去追求唯一的正确答案，而是享受学习的过程。这样对促进孩子的进一步学习和心理发展，均有不可估量的意义和作用。

语言的暗示

作为一名加拿大私立高中的中文助教，在中文课堂上，我俨然一个小老师。和同学们平时都用英文交流，此时突然换成了熟悉的普通话，整个课堂都令我倍感亲切自豪。我常常暗自观察：在使用中文或英文两种截然不同的语言时，我们的言行举止思维方式是不是有差异？语言是否有一种暗示功能呢？

语言学家沃尔夫的“语言决定论”认为，语言决定了思维。他的理论从哲学和科学的角度上看，都有争议性。可是，在学校的中文课上，我发现，同一个人说不同的语言时，不同的发声部位和言行举止所折射出来的思维方式也不一样。就像钱钟书所说的：“当你使用语言时，语言也在使用或者说影响着你。”

用英文说话的时候，同学们的声音都偏低沉，发音的部位处于喉咙下方。而当他们读起中文，音色顿时轻柔了起来，音调高几分贝，真让我惊诧。就发音而言，中文更像一位柔情似水的女子，英文则好比一个成熟稳重的男士。

我们的思想和性格也可能随着使用语言的转换而改变。在中文课上，一个骄傲自大的同学用中文做起自我介绍时，变得谦虚起来，不再一味地强调自己的长处。同样的，当我用英文演讲时，就会觉得过于张扬，同中国文化“谦虚内敛”的风格大相径庭，却又不知该如何改变表达方式。

中文课堂上，老师带来一张电影演员的肖像图片，让同学们用中文形容她的容貌。一个同学说：“好看。”另一个说：“美，漂亮。”老师对大家的回答并不满意：“再想想……”同学们挖空心思找词。到最后，没办法，大家索性用起了英文：stunning，gorgeous，beautiful，sexy，hot，adorable……都是形容一个女子好看的单词。

英语词汇量里，描绘人的形容词繁多，更能彰显个性。而中文常用口语中的形容词相对简单，不过人们的思维因此更为单纯。但是用中文形容一个女性的品质和内涵，在我们脑海里显现的形容词就明显比英语更多，这能否说明，中国文化更注重女性的性格和品行？同样，中文句子结构精简，没有时态的区分，使用者对时间的概念容易模糊、缺少严谨。英文时态分得一清二楚，用起来时显得精准些、富有逻辑些。在网上和中国朋友聊天，我们经常使用“呵呵”“嗯嗯”或“哦哦”这样的听起不冷不热的拟声词，验证了中国人“君子之交淡如水”的交友原则。英文里的网络聊天，朋友之间常用的则是爽朗的“hahahahah”（哈哈）或者“lol”（laugh out loud：表示笑得开心），情绪令对方一览无遗。坐在电脑前，聊天软件里的中文使用者让我感觉若即若离、忽冷忽热，而英文使用者从语言表达上就能让我更清楚对方的心情，体现他们的直截了当。

中文课室里，我的同学们唧唧喳喳，人声鼎沸，在中文和英文之间跳来跳去，捕捉着语言的艺术。我的思绪也在不停跳跃：我们在使用中文和英文中时，有着不同的音调和状态，能否说明语言潜移默化地暗示着我们？或者，语言和思维都相互影响着？

查理五世（神圣罗马帝国，1500—1558）说过这样的话：“I speak Spanish to God，Italian to women，French to men，and German to my horse.（对上帝我用西班牙语，对淑女我用意大利语，对君臣我用法语，对我的马我用德语。）”学习不同的语言，让我们跳出原有的思维框架，站在不同的角度发现自我和观察世界。

妈妈手记

语言是智商以外的另一种素质体现，常常有人问：英文重要还是中文重要？我答非所问：美国并不缺一个美国人，中国也不缺一个中国人，但是，这个世界缺少既懂中国又懂美国的人。中国的崛起，使得美国政商名流对中国的重视程度，已经超出国人的想象。无论在世界哪个地方工作，人们都会吃惊地发现：中英文双语熟练地运用，能够带来更多的机会。

两种语言在你的脑海里，从水火不容，相互打架，到相互接纳，和睦相处，正是你写这篇《语言的暗示》的时候。两年的时间，你不但会用两种语言说、写，也开始用不同的语言和思维方式与不同的人打交道了。悄悄地告诉你：那段时间里你常常说梦话，一会儿中文一会儿英文，不知道你的梦里有多少人说中文，有多少人讲英文。

校园鸭子综合征

鸭子缓缓地浮在水面，仿佛一动不动，看上去很平静，其实它的双脚在水面下拼命地划水。这种看似轻松自在，私底下努力工作学习并伴随着或轻或重焦虑的症状，我们暂且称之为鸭子综合征。

就拿我和我的同伴们来说，生活在这样一座上山滑雪、下海冲浪、去公园烧烤的海滨城市温哥华，休闲娱乐、享受生活是温哥华人引以为荣的生活方式。可是，我们的父母——勤劳勇敢的中国人，在我们这一代身上寄予了很高的期望，希望我们成绩好、考名校或找到一份好工作，并鼓励我们为此付出刻苦和努力。这恰恰与快乐学习享受生活的“休闲说”背道而驰。生活在夹缝之间，作为第二代移民的我们，不由自主地患上了鸭子综合征。与其说它是一种保护自己、制造假象、迷惑对手的战略，不如说它是一种无奈之举，且深藏不露、言不由衷。

在我的学校里，主流观念对追求考试高分嗤之以鼻。同学们因此观念分为不同的群体，有俊男美女的聚会体；有拥有各种活动的领袖人物和积极分子的活动体；还有勤奋好学的学术体、运动体和文艺体。另有一些人自成一体，同时与每个群体有着千丝万缕的紧密关系。他们最有患“鸭子综合征”的嫌疑，一方面与好玩的人混在一起，看似过着轻松愉快的享乐生活，另一方面却与好学的同学交往以达到考试拿高分的目的。

一天上英语课，我的同桌小 A 破天荒地没有迟到。我知道，她的亚裔父母对她的学业及未来抱有很高的期望值，而她本人又不愿意被活跃的聚会体边缘化。

“我感觉自己像神一样，”她用布满血丝的眼睛盯着我，悄悄地说，“昨晚聚会结束后，已经深更半夜了，我去了咖啡厅做作业，一直做到今天早上，然后直接来上课。你看，我不但上学没有迟到，还连一点困意都没有。厉害吧?”可惜没过多久，小 A 就趴在课桌上酣然入睡了。随后的一周里，她请病假没有来上学。

小 A 的聚会体朋友说，每次聚会她都迟到，好不容易露脸三分钟又匆匆离去。她的学术体朋友说，她不能独自完成作业，但为了满足父母的高标准严要求，就经常采用一种极其不光彩的行为——考试作弊。其实，这样刻意追求“我并没在学习上花功夫，却能拿高分”的表象后面，是给自己在水下拼命划水的双脚上增添了更多的负担，甚至为达到目的不惜触及道德底线。

另一堂课，我的好友 M 有着不同的故事。这位“仁兄”上课从不听老师讲，或见她戴着耳机听歌曲，或拿着 iPhone 玩手机游戏，或手持小说沉醉在侦探故事扑朔迷离的情节之中。可是，每次考试发卷下来，她都以满分或者接近满分的成绩，在我们羡慕的目光中扬扬得意。每每向她请教，她都会说：“不用听课，回家看书就行了。”她的好成绩仿佛真是从天而降不费吹灰之力。难道她有什么神机妙算，抑或在家里悄悄地拼命学习？在我们眼中 M 是一只真正的天才“鸭子”，佩服得五体投地。

而我，又是另一种症状。面对我们学校的“考试成绩不重要，全面发展是人道”的宗旨，我有什么绝招？在一年一度的 AP 考试前，学校非常“照顾”即将赶考的同学们，专门组织艺术周，取消正常上课和复习时间，要求每位学生必须参与一系列的艺术课程、表演和讲座，明摆着就是故意同 AP 考试唱对台戏。这可苦了我们这些面临考试的莘莘学子。我面临四种选择：或者放弃中国式的价值观，在北美国家轻松生活，这需要调整思维方式；或者不屑温哥华式的享乐哲学，全身心地投入学习，甘心做一个被人瞧不起的书呆子，这需要勇气；或者做一个像 M 一样的天才鸭子，享受生活也快乐学习，但这得有天赋；或者沦为小 A 一样，做只挣扎着不被水淹没的鸭子，仿佛又心不甘情不愿。

如何不违反校规，又能复习即将面临的四门考试，是我苦思冥想的问题。如果在众目睽睽之下看化学公式就太悲催丢人了吧。愚人自有妙计，我终于找到一条具有个人特色的方法。于是乎出现了这一幕：开幕仪式刚刚开始，同学们难耐台上领导的絮絮叨叨，纷纷地拿出手机传送短信或者玩游戏。我也不甘落后，悄悄地掏出手机，全神贯注于我的手机屏幕，每天如此直到文艺周结束。有同学好奇地问：你手机里有什么游戏，令你如此心无旁骛。我乐了。原来，我事先将自己需要的复习笔记都用手机一一拍摄下来。没有短信，没有游戏，在手机里只有一页一页的学习资料。

校园里的鸭子可以有无数只，病症可以有无数种；生活在两种文化、两种理念之间的我们，不得不寻找一种被西方社会和东方家庭同时接纳的方式，努力在夹缝里生存下去，还盼望着能活得有滋有味有梦想。

必须在学习和享乐之间寻找平衡，我们不由自主地患上了鸭子综合征

妈妈手记

我知道十二年级的你们都处于紧张状态中，无论表面上装得多么若无其事。距离大学申报结束的时间已经越来越近了，你却依然坚持写《寰球华报》每周一篇的《海念视角》专栏文章。三年的时间，你从未放弃过，我能想象你有多么喜欢。在这块自留地上，笔耕不辍，敞开心扉，表达着你的喜怒哀乐，同时还创造了“校园鸭子综合征”这样的新词。你用调侃的方式面对压力，力争在东西文化的夹缝中寻求生存的幽默，不禁令我们对你刮目相看。

在东西方教育之间，我变糊涂了

我喜欢把中国和西方的教育比喻成苹果和橘子。苹果是一个整体，圆而光滑，果肉均匀。橘子皮易剥，里面的果实独立成形。一方面，受儒家思想的深刻影响，中国式教育就像苹果一样，既强调统一性也注重国家与社会的集体需要。另一方面，欧洲到文艺复兴时期，人文主义兴起，西方社会逐渐挣脱封建思想的束缚开始强调人的个性，令西方教育如同橘子，推崇个体的独立性和独特性。

把苹果与橘子放在一起对比，总会挑起我浓厚的兴致。在一次参与西门飞沙大学与加拿大政府合作制作华人移民史的项目时，我选择了对中西教育的差异性调查。我先对两种教育的历史做了一些研究。今天中国采用的高考仍有持续了近一千三百年的科举制度的痕迹，依然传承着“万般皆下品，唯唯读书高”的理论。而在20世纪初的美国，J. Dewey发起了进步主义教育，提倡学校要适应儿童的特征、培养创新精神和联系社会的综合实践。西方教育深受此影响。相比中国教育规定的教学大纲课程，加拿大的高中学生享受更多选择课程的自由。

中国学生和西方学生的课余生活也是截然不同。根据2009年加拿大政府的统计数据，加国学生平均每天在功课上需要2.5小时。记得我在中国上学的时候，如果我每天只需花2.5小时在学业上，我一定会好好地感谢上帝。那么，中西方高中学生生活究竟有什么差异？除了网上调查外我还选择采访了我的四位朋友——四位不同学校的优秀高中生：来自中国的晔和睿，还有来自加拿大的Nathan和Riley。晔在电话里面说：“我的生活枯燥，就是三点一线：教室，饭堂和宿舍。”睿也透露出一种无奈：“我们唯一的休息就是吃饭和睡觉。”中国的高中同学几乎每天学习到凌晨，早上五点起床，连吃饭都是很短的时间。

而加拿大的同学Nathan和Riley一定觉得这一切是天方夜谭。我采访Riley的时候，她在镜头前轻松地笑着：“我嘛，放学前要参加合唱排练，放学后要彩排话剧表演还有编剧学校的新闻报纸。周末？哈，当然是和朋友出去玩啦。”Nathan的校园生活同样丰富多彩，被各种体育竞赛和学生会活动填满。面对中国学生雄厚的竞争力，我的西人同学也有纠结。一方面，他们沾沾自喜，批判着中国缺少人文关怀的填鸭式教育。另一方面，他们心有余悸、自愧不如，害怕自己在考场上“斗”不过已经身经百战、手持高分且雄心勃勃的中国学生。

可是，雄心有错吗？

早在两年以前，《时代周刊》上刊登了一篇反响强烈的文章：《美国应该向中国学习的五件事》。其中第一条就是：要有雄心（be ambitious）。要有雄心壮志，有志者事竟成，这是我们中国人的观念。如果长辈老师赞扬你“有志气”，那便是莫大的荣誉。如果朋友同学互称“志同道合”，那这个“志”，也是相互之间莫大的鼓舞。可是，ambitious（雄心勃勃的）这个词在西方社会好像并不是个褒义词。一次，主持人 Oprah 在她的脱口秀里采访美国著名地产大王 Donald Trump 时，夸奖 Trump 一家都很 ambitious。这位地产大王急忙尴尬推掉了这个褒奖，称 ambitious 带有负面意思。在学校，如果老师指出你太过 ambitious，那你可得收敛一下，检查自己的行为够不够内敛、是不是太过“霸气外露”。可我在中国，也常常看见朋友们用这个词语形容优秀的同学，不过文化背景一换，这单词就像是卸下装扮的明星——明明是同一个人，却在不同的国度从被人追捧到被人唾骂。

镜头前的 Nathan 和 Riley 依然在接受我的采访；他们的眼神中完全充满了幸福感和对现状的满足感。Riley 直截了当、毫不掩饰地表示：“加拿大的教育体制给予了我们无限的自由。我觉得自己很幸运。”

仿佛从表面上来看，西方教育体制是成功的，它给顾客（也就是学生）提供了令其满意的服务，很好地对上了顾客们的胃口；仿佛中国教育是失败的，它的顾客不断拨打投诉电话、要求退货换厂家（比如，去西方国家留学）。没错，西方教育体制给学生自由，让他们能够有时间、能力和资源追求自己的兴趣爱好。这是我们中国教育体制需要改进的。然而，我来到加拿大之后，发现西方教育体制也有严重的缺陷。因为在这里，生活太过于安逸而容易令人丧失斗志，未来的职业市场也就会缺少一些可以“抛头颅洒热血”的有志之者。我的很多加拿大同学的父母都是英美顶尖大学毕业，可他们的孩子们却陶醉于天天的聚会之中。这样说来，中国的教育体制有其成功的一面。在这样一个人口众多的国家里，强烈的竞争意识令人们坚定着信念，烧着屁股也要努力奋斗（to work one’s ass off）。无论在广州还是上海，无论在城市还是乡村，在中国的任何一个教室里，我们看见的都是埋头于题海之间的莘莘学子。

说实话，采访完了这四位拥有不同教育背景的同学，我变得更加糊涂了。东西方教育如同苹果和橘子，怎么去比较？怎么能够简单地说哪一个更好呢？但有一点我还是能肯定的：迷糊中的我不知不觉地变成一个苹果和橘子的结合体……苹果橘，您听说过吗？

附：An Investigation of the Chinese and North American School Systems（十二年级翻译）

Comparing the Canadian and Chinese education systems is like comparing apples and oranges. An apple is a fleshy fruit, a closed system, uniform and consistent from outside to inside. An orange, however, is comprised of juicy sections fruit surrounded by a thick peel. The Chinese education system, like the apple, strives to produce uniformity within the student body that eventually produces uniformity in the workforce and society. The Canadian education system, however, attempts to cultivate individuality and creativity while teaching the skills necessary to become a citizen who contributes to a diverse society. Essentially, the differences between Canadian and Chinese education systems become evident when examining the history of public education, discretionary time available and student satisfaction with their school experiences. In China, and many other Asian countries, people see themselves as a part of the community rather than individuals. In the West, and many other capitalist countries, the expression of individualism is paramount. Each respective education system reflects its corresponding social values.

A brief survey of background information gives us a better understanding of both discretionary time and individual choice in each education system. In twentieth century China, strict imperial examinations, which determined who would be permitted to enter the state bureaucracy, had just been abolished after its establishment 1300 years ago. At the same time, in the United States, the Progressive School Movement took place during the first half of the 20th century. American philosopher John Dewey broke from the industrial model and the original concept of high school in North America. He urged the abandonment of traditional bookishness and argued for a curriculum applicable to the real world. His ideas have also had a great influence on education in Canada. Today Chinese education continues the history established in the Han Dynasty and resembles the uniformity of the early North American regimented program. While its prevailing method of university recruitment solely depends on the national examination known as Gaokao, some reforms are changing this system. In Canada, although high school students also need to complete specified courses and writing standard exams for their post-secondaryoptions, they have more flexibility in how they meet the admission requirements to enter university.

To investigate the different student lifestyles, I conducted interviews with my friends in both countries. My interviews with Chinese and Canadian high school students reveal that Canadian students have more colorful lifestyles and more available time to develop well-rounded personalities, while Chinese students are confined to solely academics. According to Statistics Canada 2009, Canadian students spend 2.5 hours a day on their homework, but Chinese students spend 4 to 6 hours on school work. During these interviews, my former Chinese classmate Ye yawned on the phone, "My life is a line connecting three points: classroom, dorm, and dining hall. The only time for rest is when we are sleeping and eating, which I desperately want." Another former Chinese classmate of mine, Rui, also added that some of her friends "study until midnight, get up at 5, and finish up their meals in 5 minutes to continue studying." As a result of their heavy work load, Chinese students have little discretionary time to pursue their interests. At the same time, some argue that through intensive training and a comprehensive foundation in early years of schooling, Chinese students are taught to be systematic in their acquisition of facts and details, which carries over to their future learning and career. Unlike Rui and Ye, my current Canadian classmate Riley chuckled lightheartedly in front of the camera, "I go to drama rehearsals after school and take Yearbook as one of my elective courses." My Canadian friend Nathan indicated similar experience as he participated in the Student Council and various sports teams. Canadian students such as Riley and Nathan are provided with a great amount of time and freedom for extracurricular activities which will help them define their potential career paths. However, with such freedom and time on hand, Canadian students must acquire the skills necessary to participate in a competitive and demanding work environment, while at the same time maintain their specialty and creative thinking.

Moreover, interviews with students about their levels of satisfaction with the education systems reveal less contentment among Chinese students, whereas Canadian students praise the choices and opportunities available to them. Ye remarked, "Grades are the most important things for us. We don't have enough opportunities to do some actual research and surveys." She aspires to pursue post-secondary education in Hong Kong where a western education system has been adopted because it is "more suitable for future development." Her opinions confirm the conclusions of a survey conducted by the China Youth Daily, which indicates that 80% of Chinese students want to study abroad. On the other hand, Riley suggested, "Canadian education gives students so much freedom" and felt that she was really lucky. Riley appreciated the opportunity to widely explore her talents and interests before committing to an educational career path, whereas Rui expressed dissatisfaction about the lack of spare time in her high school years and the lack of opportunity to pursue her interests at school. Rui also implied that the Chinese education system is based on repetition and memorization of seemingly irrelevant facts, causing students to wonder how their education leads to achieving their professional and personal goals. Riley, however, also displays her worries about not being able to compete with Chinese students in school and the global market place because Chinese students are more diligent and better prepared for work that requires specific knowledge.

Education is fundamental to a productive economy and functioning society. Building a more innovative yet effective global education system requires further research and political will. Architects of this future education system will need to pick the best practices of both Chinese and North American systems in order to provide the next generation with the tools, skills, and work habits needed to be successful and happy. Despite the fact that both Chinese and Canadian education systems aim to produce a productive new generation, the differences between the two are apparent in their histories, discretionary time available and student satisfaction with their school lives. These two systems can be compared to apples and oranges which their distinctive characteristics and respective strengths and weaknesses.

Having learned in two education systems, I found myself gradually transforming into a genetically mutated apple-orange. An apple-orange...have you ever heard of it?

妈妈手记

在你一岁半的时候，有一次我带你去买鞋，到了商店我挑了一款颜色和样式都喜欢的鞋子给你穿，可你怎么也不配合，嘴巴里一直说：“不，不。”旁边也有很多的小朋友都乖乖地让妈妈试鞋子，无论我怎么哄你就是不穿，弄得我很尴尬。这时候外婆问你：“念念是不是不喜欢这双鞋子啊?”你点了点头，外婆说：“念念喜欢哪双鞋子，自己去拿好吗?”于是你跑过去抱着一双粉鞋子不放手。这双鞋子我一直珍藏着，这双鞋子不但是你第一次为自己选择的东西，也教会了我应该给孩子独立的自由和选择的权利。长大后，每次买玩具和衣服时我都会带上你，让你自己选择。比如去买玩具，我会有意识地告诉你：“念念，今天你可以买两件玩具，价格加起来在50元之内。”然后我就看你在那里为这个条件认真地挑选和计算。

一个孩子由感性走向理性，由幼稚走向成熟，重要的一步就是要学会选择。尊重他的选择，就尊重了他的思维和判断，也就尊重了他的未来。人生将会遇到有很多种选择的十字路口，父母不能陪伴孩子一生，每一个孩子都要独立的面对以后的人生，学会选择，才能独自承担好与不好的结果，因为选择就意味着责任。而我们家长需要做的就是：放手，千万不要以爱的名义剥夺了孩子选择的权利。

社会发展的今天，东西方两种异质的文化不可避免地发生碰撞。东西方教育方式的差异也在冲击着家长们的观念，在这两种差异化的文化中应采用最聪明最有利的态度，使它们更好地为我们所用，使我们的孩子享受到最优质的教育。我认为，我们对待西方文化最好的办法应该是：“君子和而不同”。这句话是东西文化交融的最好概括，也是双方对待对方文化的一种最聪明最有利的态度，更是我们对待西方文化最好的办法。

在经济条件允许的情况下，让孩子有机会去感受跨文化的学习体验。当孩子接触不同的教育理念，当东方文化遇到西方文化，碰撞出来火花，激发起来的不仅是孩子们浓厚的学习兴趣，更重要的是孩子们对固有思维的一种反思。

反思，是一种难能可贵的能力，它推翻你固有的模式，打破你的习以为常，让你站在另外一个角度或者相反的位置重新思考你认为的常识和真理，会有一种破茧成蝶的全新感受。而这样的感受是我接触到不同的文化后，才体会到的。

知识链接

推荐书籍

《批判性思维：带你走出思维的误区》（美）布鲁克·诺埃尔·摩尔著，机械工业出版社。

推荐电影

《推手》导演李安。电影围绕一个移民美国家庭发生的一系列故事，表现了传统的中国文化与美国的风土人情之间的冲突、碰撞与交融。

名词解释

发散性思维：所谓发散性思维又称求异思维，是指对同一个问题，沿着不同的方向去思考，不同角度地、不同侧面地对所给信息或条件加以重新组合，横向拓展思路、纵向深入探索研究、逆向反复比较，从而找出多种合乎条件的可能的答案、结论或假说的思维过程和方法。发散式思维具有灵活性、独特性和流畅性的特点。它突破习惯思维的限制，使人产生新的构想，提出新的方法，并使人在较短的时间内产生较多的联想。在语言教学过程中，对学生进行发散性思维训练，教师可以为学生提供展示其创造性思维能力的机会，帮助他们开阔思路，丰富想象，变被动学习为主动学习，改善学习策略，从而提高学习质量。

第十三章　如果没有选择

辩论中的双面娇娃

我有两个可爱的同学，小 B——祖籍香港，支持社会主义，还有小 N——祖籍美国，支持民主自由。他们是绝密死党，不过在社会课堂上却成了势不两立的对手。这节课，两人又开始激烈的争论了：是一党制好，还是多党制好？是让政府对信息过滤得好，还是对言论给予最大限度的自由好？社会老师也来劲儿了，课也不上了，饶有兴致地带领全班同学，加入到他们的讨论中。

他俩的辩论让我们津津乐道，也让我开始思考。总觉得自己是幸运的，在能够了解西方媒体报道的同时，可以关注国内的新闻和观点。于是我有这个机会比较东西方媒体因立场不同而产生的截然不同的观点。受中国式家庭教育的我，从小就扎下了以中国人的角度思考问题的习惯。然而接受西方教育的我，也了解到不同立场所带来的观念差异。我发现，同时阅读两边的新闻报道非常有趣，同样的人物事件在不同的观念下都变成了“双面娇娃”。是非曲直，还不是现在的我所能分辨，真是有些“公说公有理，婆说婆有理”的味道。

祖国大陆政府对于言论自由管制比较严，这是众所周知的。然而，西方媒体也未必就是公正客观。我在阅读大陆与西方新闻的同时，发现令国人引以为自豪的事件，会被西方一些媒体断章取义，大作批判文章。而西方的直言不讳，到大陆容易变成闭口不提或者拐弯抹角。

一次，学校社团采访加国一位颇有盛名的社会活动家时，我们问他：“你最崇拜的人是谁?”他想也没想，毫不犹豫地道出一位我们在中国鲜少提起的名字。民族分裂分子摇身一变，成为西方成功人士的偶像、诺贝尔和平奖获得者、美国《时代》杂志评出的2007影响世界人物之一。

我曾经尝试用谷歌搜索一些国内敏感话题，能够查找到维基词典对此事件详尽的叙述与分析。而我再用国内的百度搜索时，页面显示“根据部分法律法规和政策，部分搜索结果未予显示”。

从中国的角度思考，屏蔽某些信息是为了保护国家利益，人民才得以一心、政府才得以有效率地运作、国力才得以迅速发展，安定胜于一切。但是，对于享受言论自由已久的西方国家，这是不可理喻的行为。西方社会认为，这种政府干涉网络言论自由的行为，也是谷歌退出中国事件的导火线之一。当然，从我们国人的角度，谷歌的退出也可以归咎于“市场竞争过于激烈”。就此事件，西方许多媒体及美国国务卿希拉里都对中国的网络自由提出了指责。《时代》周刊美洲版评论道：“谷歌在中国年收入与它的总收入相比如同小巫见大巫，而它的退出却会严重影响到中国网民自身。”这些媒体在他们的立场上看，的确言之有理，大陆对于言论并未给予完全的开放。但是从中国的角度，“中国社会已经相当开放”，网络自由还需循序渐进，不是一天就可以实现的。同时，《经济学人》对这个事件的评论相对客观一些，指出“所向披靡的谷歌集团在中国也遇到了挫折，说明了不同的政治环境和文化会带来极大的差异”。对于一件事情看法的是与非，取决于看者的立场，辩论中的“双面娇娃”，又朝我们展示了截然相反的面容。

对中国提出指责的希拉里，也不能说因此就成为我们的敌视对象。她是我所敬佩的女性，她在性格上的强硬及对外交政策的强硬也许不受大陆的欢迎，但是她现在的职务是“美国国务卿”，代表的是美国的利益。她有权利为自己的职务负责、发表评论。

最近我在阅读希拉里的自传《亲历历史》，书中有提及了一些她自己、他人和媒体对政治事件的看法。就算是西方社会言论自由、各种观点公开透明，媒体和政治人士也不过都是从自身角度出发来评价甚至攻击别人，很难说可以做到公正公平，民众只能通过自己的辨识能力来寻找真相。这更是难于上青天的难题，因为真相可能被扭曲，成为各个利益集团博弈的工具。如希拉里在书中所说，克林顿在任时，反对党制造出一个事实根本不存在的贪污丑闻，来使克林顿丑化、名誉降低。还有托“言论自由”之福，令政绩斐然的克林顿，因与莱温斯基性丑闻险遭弹劾。尽管我们也不可以完全相信希拉里的一家之言，但这件事说明观点太多也有弊端，有人就会利用这个“言论自由”的借口制造假新闻、隐瞒真相、夺取个人利益、引起社会动荡。

某些国人崇尚的西方自由主义的确存在许多不足，但至少这些不足可以被正当合法地提出。纸包不住火，明摆着的事实就不该被刻意隐瞒。在明处争论总好过在暗处扼杀争论机会。每个人生活在这个世上，都会被喜欢，同时也会被憎恶。这是常理。就算是千古美男潘安也会有人反感。为什么一定要规定什么该被喜欢什么不该呢？还原一个人物或者一件事的真实面貌，不仅让民众有了解事实的权利，也让他们减少了对政府的怀疑，如果政府做的一切确实公正正确、符合民心。

总而言之，让老百姓听听多方意见，会好过只能够盲目地接受单方理念。我认为祖国大陆现在正在朝这个方向不断进步。我们如果要尝试改善一些问题，应该从令民众听见不同声音开始，从关乎民生问题，先让民众进行听证会开始，从媒体监督开始……从现在开始，一点一滴地向前推进。

“是驴子是马，拉出来遛遛。”是非曲直，正方反方，让我们辩辩，也许真理就是这样辩出来的。就像我的同学小 B 和小 N，到现在也没分出胜负输赢。老师也没标准答案，只是在关键时候，将过火的行为引回游戏的规则中，将双方的观点延伸到更广阔的空间，为论点论据找到更有理的证明……

妈妈手记

你常常和妈妈们讨论，是让孩子在国内读书接受体制教育好，还是把孩子送到国外感受“更优良”的教育。因为我们每个父母都面临的现实是：我们所接受的是几十年前的教育，而我们培养的是要在今后的国际化社会中立足的孩子。作为父母的我们是否已经明确我们应该帮助孩子具备什么样的品格和能力？我们该怎样和孩子一起选择最适合的教育方式？孩子成功的关键并不是接受更好的教育，也不是选择更先进的文化环境，不要将问题两极化为东方和西方，我相信不管一个孩子是在哪种教育系统中长大的，他都是可以成功的。如果非要选择的话，那么最好的学习和教育方式应当是由父母和孩子一起选择的。

关于社会制度的差异化问题，我并没有你那么多的感悟与深思，作为在国外生活的中国人，我更清楚两种制度下的区别。两种制度下，单就人权、自由、文化、教育等方面相比就存在着明显的差异。中国由于具体国情、历史文化等各种因素，比起国外确实也存在着一些问题，但中国正在以惊人的速度发展。一个国家的竞争力是立足于未来的技术和科技的创新的。因此，我们既不应该否定传统，也不应该毫无选择地捡起西方已经淘汰的一些不合时宜的教育哲学，来教育我们的下一代。相反，我们应该审视自身的文化和传统，结合东西方最好的教育理念，将下一代培养成为最好的他们。展望未来，我们的目光不应该局限在如何赶上西方，而是应该学着如何承担起相应的责任。中国在当下面临的问题规模远超先辈的预期，我们需要培养最优秀的下一代人才来解决这些问题。

他们　我们

(1)

一天，对面的邻居邀请我们一家在她家里吃饭。

“我们这个小区很和谐的，”邻居自豪地说，“以前住在隔壁的是省长金保尔。虽然嘛，有时一些反对金保尔的人会去他家门前抗议，可是平时我们邻里之间，一直和睦相处。他的妻子常和我们聊天。大家生活在同一个社区里，就是邻居。”

回到家后的我，坐在窗台，托着腮，眺望斜对面的那栋普通的房子，满脑遐想。

(2)

经常参加本地政治人物的聚会和拉票活动，我都能看见一个慈祥的印度裔长者，颇受人尊敬。他有着黝黑的皮肤，微白的头发和学者般平和的眼神。常常见他受邀到台上讲话，一字一句有板有眼，看起来很和善，我偶尔上前跟他打招呼，有时也聊两句。他开玩笑地说："有空也要来给我做义工啊！"我也开玩笑地说："我也希望，可惜没那么多时间呀！"心想：他到底是谁？

一天去卑诗省省府维多利亚市旅游，在省政府大楼的展示橱窗里，我看到一排肖像照片，介绍历届的卑诗省省府高级官员。放眼望去，竟有一些眼熟的面孔是我参加活动的时候常能见到的，而那位印度裔长者赫然位于其中。凑近一看，他的照片下写着：卑诗省前任省长，杜新志。我一惊，怪自己真是孤陋寡闻。

(3)

2008 年，加拿大自由党两年一度的党代会在温哥华举行。全国各地的党员都汇集在温哥华会议中心，会见党内领导、参加各类培训。

洁敏和我——两个最小的党代表，在偌大的会议中心晃来晃去，哪里热闹就往哪里凑。

会议议程上说，十点半加拿大前总理马田会到达会场进行演讲。

十点还没到，我与洁敏就在电梯附近假装晃悠，实际埋伏着等待马田的来临。

电梯灯一闪，四周刹那间人海涌动，摄像机、照相机、录音笔全部整整齐齐地排开，打着领带穿着西装的记者和旁观者屏息凝视。

电梯门一开，我"嗖"地冲到电梯里走出的那个身影前面。挤呀挤，我很快就冲到了战线的最前端。马田马不停蹄地回答着记者的问题，一窝蜂没有抢到好位置的记者伸长了手想让话筒离他进一些。我则站在马田正前方，不慌不忙地将我的迷你数码相机递到他嘴前，偶尔貌似职业性地点点头、做做笔记。

马田回答完一些问题后，眼神瞟过他面前的我。我赶紧抬高我手里的超小相机，整理了一下胸前挂的代表牌，心想：我有采访设备（我的迷你相机），有身份证明（我的代表牌），也有正规服饰（我的衬衣，虽然是学生穿的那种），他不会认为我是混进来的吧？不会认为我是不法分子吧？我的神情有些紧张。还好还好，他朝我笑了一下又继续回答其他问题了。

当拥挤的人群逐渐散去一些后，马田像个慈祥的爷爷一样，搂着我的肩膀，同我合影留念。和加拿大前总理——马田合影，机会难得。我们得寸进尺，并将早已准备好的笔记本递了上去：“签个名好吗?”

马田认真地写下一句鼓励的话，签上他的名字，并落下日期。

（4）

没过多久，时任自由党党主席叶礼庭也要来了。记者们马上又涌了过来。

叶礼庭终于出现了。我三步并作两步，挤过众人与他近距离接触。他却一副日理万机的模样，和我们闪电式地合影之后，就在助理的协助下消失了。之后，我们又在他演讲完后正和观众握手时，冲到了前面，与他照了一张合影。

可是两张模糊的照片怎么可以满足我和洁敏的好奇心呢？多希望可以和他面对面地交谈，哪怕就两三句。于是我们等呀等，看着台上闪光灯下的叶礼庭滔滔不绝、头头是道。半个小时、一个小时过去了，果真，我们终于等到其他人慢慢散去，会场只剩下叶礼庭正在接受采访。

也许叶礼庭注意到我们这两个小女生了。采访一结束，他就径直向我们走来，道：“不好意思，让你们久等了。”他与夫人竟然主动前来同我们合影，而且没带保镖。

他一边与我们照相，一边若有所思地说：“今天我们好像见过好几次面了。”

我们忍不住哈哈大笑：“我们是你的忠实粉丝！”

他和夫人也不禁笑了。

（5）

加拿大有一个颇负盛名的慈善机构叫“我们的时代”（We Day），每年都会举办为期一天的大型会议和庆典组织，鼓励年轻一代积极为社会做服务。

去年，美国前副总统、诺贝尔和平奖获得者艾伯特·戈尔来了。

戈尔第一个出场。全场欢呼，站起来为他鼓掌。记得十年前，竞选美国总统的时候，电视里的戈尔真是一表人才、精神百倍。可那天的他发福了，也憔悴了不少，坐在离我不远的台上，更像一个亲戚家的长辈，谆谆教导着我们年轻一代，娓娓讲述着他成长的经历。听说他不久前离婚了，难怪衰老了许多。他的衰老却拉近了我们之间的距离。

其实，他们真没有什么特别的，只不过一群普通的人做了一些不普通的事。

他们的名字不再是令人敬畏的名词，他们的身影也不是可望而不可即的，他们的形象没有装扮得神秘而威严。无论他们的权力有多大，还得人民赋予。水能载舟亦能覆舟，他们能否当选，是靠我们一张张选票来说话的。一想到这里，我有了一种当家做主的自豪感。

妈妈手记

我一直对政治不敏感，更不感兴趣。但你却对这些东西天生好奇，在国内，你关注每一届的政协和选举会议，你常常坐在电视旁一听就是一上午，出国后更不得了，你有自己喜欢的党派，经常参与选举和党派的聚会，还会为此设计海报、做演讲、挨个家访拉选票，你说这是你的义务，你还经常为我补政治课，告诉我政治与我们的生活息息相关，我们有权利和义务来争取我们的利益，无论在国内还是在国外你说参与了政治，我们才有当家做主的自豪感。看到你写的文章，我仿佛身临其境，这种自豪感又何尝不是呢？

我的白日梦

当黑人领袖马丁·路德·金遇刺身亡时，“我有一个梦想”传遍全世界。

从小到大，我也有过一大堆梦想。有的成了过去时，有的在现实面前只是白日梦。

幼儿园，我的梦想是做个小学生。幼儿园对面是一所小学，每天我一有空就趴在幼儿园教室的窗台上，悄悄望出去：成群结队的哥哥姐姐戴着红领巾、背着大书包是那么的意气风发。我羡慕极了。

学前班，我的梦想是做肯德基的服务员。和童年好伙伴希易一起，爱吃肯德基又香又脆的烤鸡腿，我俩暗暗立下大志，一定要在肯德基上班，因为听说在肯德基工作可以免费享用那里的食品。可是后来，苏丹红事件发生了，肯德基的烤鸡翅和烤鸡腿被查出含有致癌化学染色剂。我和希易的远大理想被击得溃不成军。

刚开始学习琵琶的时候，我热情高涨，梦想做个音乐人。音乐需要艺术的灵感、丰富的情感和生活的磨炼，可面对名利和金钱，艺术的纯粹受到世俗的挑战。传奇歌手刀郎出了几张脍炙人口的专辑后，仿佛就销声匿迹，“刀郎才尽”了。我和我妈都爱的天后王菲的天籁之音最近却好像变成了曾轶可的绵羊音，都怪那可恶的“大姨妈”污染了天后的音质。还有我的偶像周杰伦，出道后专辑出了不少，绯闻女友似乎更多。他的最新专辑《惊叹号》也已失去了先前的味道。远离生活磨炼的音乐只会越来越枯燥，不再打动人心。艺术，是昙花一现还是岁月不饶人？算了，我还是别做白日梦了，音乐的梦想离我实在太遥远了。

随着资讯时代的进步，传媒成为人们生活的一部分。我有段时间沉迷于凤凰卫视，梦想是做个媒体人。凤凰台的每个主持人和记者对我来说都耳熟能详，被我视为偶像。我尤其关注才貌双全的凤凰台当家花旦曾子墨。她能说会道，却不想祸从口出，她的“二奶无错论”遭来网友的连番炮轰，完美形象瞬间破损。杨澜，知性、具影响力且对慈善事业有着极高的热情，却也曾身陷私吞捐款门，被指代言含毒洗衣液，又因为与日本女优同台遭受攻击。还有央视的主持人们，向来被指责太过严肃，今年春晚要来点创新增添轻松感，可怜的主持人们又因“太过贫嘴”惹来争议。媒体人要准确地把握分寸、精确地对上观众挑剔的胃口，看来真是难于上青天。

我做过成为一名政治家的白日梦。这是一个充满了压力、争议与血腥的白日梦。最有压力的政治家应是去年当选的泰国首位女总理英拉。毫无经验的她接手了一个政局动荡的国家，同时还需要证明她并不是哥哥他信的傀儡。极具争议性的政治家应是希拉里。从第一夫人到纽约州参议员再到美国国务卿，她被一半的美国人热爱着，又被另一半憎恨着。极具悲剧性的政治家则是巴基斯坦前总理贝布托，她也是世界上最年轻的女总理。她的父亲死于非命，被人残杀；她的家庭遭受迫害，而她自己也最终因遭遇自杀式袭击受伤而不治身亡。遭刺杀的政治家不计其数，最出名的是马丁·路德·金。他为“我有一个梦想”而倒下，但是他的精神却站了起来，激励着无数后来者为梦想而奋斗。然而，马丁·路德·金的后来者是否能够实现他们的梦想？或者他们会像马丁·路德·金一样倒下？我一直不明白，政治家的目的就是为人民服务，可是为什么往往正是他们被推在风口浪尖上，夹在残酷的权利斗争中，不得不争个血雨腥风你死我活？

我也梦想过成为一个作家。而我现在明白，在当今社会，这同样是一条充满荆棘之路。80后代表韩寒从发表第一部小说《三重门》开始，就面对不断的质疑声。先不说早前新浪对其博文的屏蔽还有不少网友对其的批评，单说不久前麦田以及方舟子怀疑他早期作品是由人代笔的一事。韩寒表示，他不只是躺着中枪，“简直是在地窖里也中枪”。同样，郭敬明的华丽也饱受批评。有人指他故作伤感，有人告他抄袭，有人说他炫富，说他的文字作品带有浓厚的金钱味道。还有那些年，妈妈们一起崇拜过的三毛，尤其是她的《撒哈拉沙漠的故事》，如今依然打动着我们。尤其是她最最私人的情感记叙和生活细节，令读者为她的文字和故事着迷。可是换身说法，如果是我，会不会有胆量公布这么多的私人信息？会不会有勇气剖析自己人性的弱点？还有以文坛硬汉著称的海明威，一向都在他的作品中歌颂勇气和坚毅，可是他自己却也选择了以自杀的方式结束生命。这让我非常疑惑。作家和很多艺术家的心理状况需要引起人们的注意，因为他们常常需要剖析和思想以创作，更需要挖掘普通人所不能体会到的疾苦。还有一些作家，因为文字太过犀利、思想太具煽动性而被剥夺政治权利和被判入狱。看来“当作家”这个梦想不是凡夫俗子能够实现的；它既需要具备心理承受力，还有可能失去身体的自由。

中学时，我也有一段小小的“叛逆期”（这当然是我自己命名的，因为我妈不认可，她说我的叛逆期在小学），强烈地想当一个隐士，归园田居，远离名利。初中上语文课学习陶渊明，老师提问：“你们是否会选择陶渊明的生活方式？”我不假思索地答“是”。其实我也为自己的想法感到不好意思，可当时是真心希望能够隐居田园。陶渊明是我的超级偶像，如果能像他一般，既能自给自足地“采菊东南下”，又能超凡脱俗地“悠然见南山”，该多好。后来我才懂得，陶渊明这种世人熟悉的隐士，不过是“小隐”，不够超脱。“大隐”们完全不屑留名让世人知道。还有人“隐”是出于对现实的无奈和绝望，“以隐求官”或者“名隐是官”。亨利·戴维·梭罗是美国一个自食其力、隐居山林的伟大作家（其实也就是不折不扣的农民）。可是后人还是争论，他究竟是真隐还是缺少面对现实的勇气，抑或是借“隐”以得名利。总而言之呢，我还是觉得，当隐士或者农民，这个梦想最靠谱。反正奶粉可能三聚氰胺超标，矿泉水可能含砒霜，咸鸡蛋可能含苏丹红，猪肉可能含有毒瘦肉精，餐桌上的海鲜也可能深受各种漏油事件（比如墨西哥湾原油泄漏）的毒害。所以，做个农民，自己种菜，逍遥自在，还方便思考和写作。

电影《那些年，我们一起追的女孩》里有一个镜头：六个好朋友要毕业了，坐在海边聊天。他们其中的一个问，你们的梦想是什么。有人说要当医生，做老师，或者从商。女主角沈佳宜说：“我对未来没有什么特别的打算。”而男主角柯景腾说：“让这个世界，因为有了我，会有一点点差别。”于是，妈妈也问我：“你的梦想究竟是什么？”我说：“我的梦想是——有梦，但是还没想好。”

嘿嘿，但愿不会又是个白日梦，所以先不告诉你。

妈妈手记

孩子是梦想的宠儿，每个孩子都有心中的梦想，每个时间段都会有不同的梦想。梦想千奇百怪，无所不有，四岁孩子的梦是天真的；五岁孩子的梦是可爱的；六岁孩子的梦是奇怪的；七岁孩子的梦是美妙的。正因为有许许多多的梦想，才有未来的希望。毕淑敏说过：“尊敬孩子的梦想，让孩子一生幸福，就是最大的成功。”

在孩子的成长过程中，每个阶段都伴随着其独立人格的逐步完善，很多家长习惯了为孩子规划未来，然而在这个过程中，家长们会不经意地嫁接自己的梦想或者扼杀掉孩子自己的梦想。事实上，作为家长最该做的事情，应该是尊重孩子的梦想，引导孩子的发展，帮助孩子在追梦的路上奔跑。让我们的孩子，怀揣着梦想前行，即便是风雨兼程，他们也会满怀积极向上的动力，不光孩子要有梦想，每个人都应有梦想，汇集所有中国人的梦想就是“中国梦”。

我家的专制与民主

有一个小小组织，既有着温情的民主又有着果断的专制，从贫瘠的小村庄到沿海的大都市，从东方的含蓄温婉到西方的热情开朗，这个小小组织茁壮成长。它是我的家庭，一个普通的三口之家，一个加拿大的中国移民家庭。

在我成长初期，我们家中有两个独裁统治者——爸爸和妈妈，苦难的人民只有一个——我。统治者们对人民的管制非常严格。天还蒙蒙亮，统治者就送人民去上学。一放学，独裁者就把人民从学校门口接回家，接着学习。而我，这个可怜的人民极其缺乏人身自由，只能眼睁睁地看着其他小朋友都出去玩了，偶尔获得批准，可以和小朋友们聚会一小会儿，还必须随时向两位领导详细报告：做了什么、和谁一起、几点回家。也许被压迫到了一定程度，人民不得不造反了。一天放学，我和好朋友约好去她家玩，可是妈妈不同意。于是我就在前来接我的妈妈的眼皮底下溜了出去，一直玩到很晚，还故意不接妈妈打来的电话，其实在朋友家玩得并不尽兴，主要目的是和妈妈赌气，公开表示表示我的不满情绪而已。

自然，这种出于冲动的反抗是非理智的，很快就被镇压得灰飞烟灭了。那段时期，爸爸妈妈的教育方针和英国思想家霍布斯的理论有异曲同工之处。霍布斯认为人们最初的生活状态，也就是自然状态，是随性生活，野蛮污秽。爸爸妈妈认为我——一个小孩子，天性就是玩乐，需要约束和管制。于是爸爸妈妈就成了霍布斯所说的“拥有绝对权力的君主”，以结束我混乱的“自然状态”、保证我的健康成长。尽管我内心怨言无数，也不明白为什么要按照领导们安排好的路线行走，但我还是硬着头皮走下去了——当然，一定程度上出于服从和畏惧。好在我爸妈正是希腊哲学家柏拉图理想乌邦托里的“仁慈的独裁者”，他们对于这个小小组织的何去何从有着明智的决断。而我，也可以放心地将自己的权力交给他们，并换回了不少意外收获。比如，读了更多的书，练了十几年的舞蹈，参加各项活动和比赛。这么说来，人民也可以得益于这种“明智的独裁”。

随着我逐渐长大，进入青春期，我有了自己的想法，爸爸妈妈也与时俱进，开始改进教育方式，巧妙地回避旧体制中的弊端，因为他们发现，需要聆听我这个人民的声音。我拥有了家中大大小小决策的发言权，爸爸妈妈也用一种肯定的目光注视我了。

出国前，我们全家开了一次会议：就去加拿大还是留在中国的问题，进行民主投票。结果全票通过——我们决定移民加拿大。当然，选民就我一人，其他两人由统治者沦落为选举结果执行者。像英国哲学家洛克说的，政府只有在取得人民的同意时，社会契约才会成立。如果政府与人民缺乏了此共识，那么人民有权利推翻政府。爸爸妈妈尊重我的想法，也自然没有被我“推翻”。不仅如此，正是因为民主选举的结果，人民来到加拿大后，想对统治者表示不满也没有正当的理由，因为所有的行为都是人民自己的决定，即便走一些弯路，也要自己负责。于是人民开始思考应不应该作这个选择，选择的后果是怎样，已经由“被迫”转为“主动”。

刚到加拿大，我发现，爸爸妈妈这两个“独裁者”突然间成了“弱势群体”。他们虽然俄语不错，可是英文很烂，与西人交流就像是鸡和鸭对话，谁也不懂谁。那一刻，我完全没有“人民终于革命成功、获得自由”的沾沾自喜，取而代之的是沉重，甚至恐惧。家里炉子坏了、预约医生、购买打印机……这些以前我不会参与的家务事，现在都需要由我出面解决。出门旅行，爸爸不再是那个无所不知的“指挥官”，而是依赖我安排路线、寻找景点、联络宾馆；学校活动，妈妈也不再是那个侃侃而谈的“外交家”，需要我代笔给老师发英文邮件，在家长会上充当她的翻译。有时看着爸爸花整整一个晚上时间来弄懂一份简单的英文信件，我恨不得自己能够一下子长大。我的中文名是父母取的，而他们的英文名是我取的。从中国到加拿大，我们之间的角色悄然转变。法国启蒙思想家卢梭说过：在自然状态下，有些情况是个人没有能力也无法应付的，必须通过与其他人的联合才能生存。人们联合在一起，以一个集体的形式而存在，便形成了社会。正是因为大家要“相互依存”，这个社会就必须尊重每一个个体的权利和需求，因此这个社会也变得更加团结，演变成了真正的和谐社会。同时，由于原统治者的“权力”减弱了，人民迅速成长直至当家做主。

不知从何时起，爸妈早已不是“统治者”，我早已不是他们的“被统治者”。不知从何时起，我明白了“责任”的意义。不知从何时起，爸爸已经学会用他的“鸭语”和西人的“鸡语”交流。不知从何时起，我家已从“专制”成功转型为“民主”。原来，都是从那一天起，也就是飞机越过太平洋着陆在枫叶国土壤上的那天。

妈妈手记

我没想到你能用这么恰当的比喻来形容我们家庭关系，父母和孩子的角色又岂止“君主”和“人民”，“执行者”和“独裁者”之间简单地转换，这些称呼的背后都是沉甸甸的爱和责任。你说小时候的父母是“独裁者”，你只能无条件服从，其实这个时期的父母都是“独裁者”，因为弱小的你们还不懂得保护自己，分不出是非对错，我们必须采取独裁的手段，来给你们营造有规律和秩序的环境，让你们明白只有首先在家庭中学会遵守规则和秩序，将来才能适应社会的规则和秩序。

青春期的你们敏感和脆弱，爸爸妈妈更是明察秋毫，及时给予你们足够的空间和自由。不留痕迹的让你们在我们可控制的范围内享受着“自由”。其实孩子成长的每个时期，他的身体和心理都在发生着细微的变化，这就要求父母的教育必须跟上变化的步伐，最好能走在前面，为孩子的下一步教育做好准备。从婴儿到青春期，在你成长的每个阶段，我和你爸爸都是有准备的父母，我们做到了防患于未然，所以，你的成长是平静向前的，留在我们共同记忆中的也都是些平凡日子的温暖与幸福。这份幸福你化作文字记录了下来，我看到了你的骄傲和自豪，也读出了你的成长和责任。

敞开的大门

2010 年温哥华冬季奥运会期间，作为活动策划者，我在移民服务机构中侨的礼堂里组织了为期两周的庆祝活动，包括游戏、文艺演出、奥运比赛现场直播，等等，向来自各地的游人展现温哥华的魅力和多元文化。在这里，人们免费观看节目、享用点心。

念念主持庆冬奥会活动

文艺演出在每天的下午两点开始。上午我们到周围派发传单、宣传活动。在唐人街一家购物中心食品街的角落里，三位老妇人引起了我的注意。她们的衣衫有些破旧，头发苍白而凌乱，目光呆滞，不和外人说话，相互间也几乎没有什么交流，只是静静地坐在那里。我拿了几张节目单向她们走去。

当我微笑着邀请她们参加庆冬奥活动时，没人答话，也没人看我一眼，让我觉得自己就像一个推销商业产品的推销员。我只好把三张节目单小心地放在她们手里，告诉她们可以看看传单，了解演出内容。一位老人摆摆手，用粤语说：“我们都不识字啊！这些东西都看不懂！”我连忙说：“没关系，你们留着。我们的活动向所有人开放，欢迎有空来看看。”旁边的一个中年男子笑了笑：“她们是不会去那些社区活动的啦。”

回去的路上，三位老人的身影在我的脑海里挥之不去。有人告诉我，加拿大在 1880 年左右修建铁路，不少粤港地区的穷苦华人移民到此来参与修建。那些铁路工人的后裔，很多一直都待在唐人街。他们还在为生存挣扎，有些还可能被儿女遗弃。我真后悔没能和她们多聊聊，决定明天再回去。

第二天，在同样的地方，我又看见了这三个老人。她们的位置和坐姿都一点没有变化。这次我没有带节目单，而是拿着一些点心和水果，向她们打招呼。她们瞟了我一眼，有了一丝和蔼。仍然在旁边晃悠的那个男子，向我了解了演出的时间。

还不到两点，那个男子就在门口徘徊。我赶紧跑到门口招呼他。他有些拘谨，找了个靠边的位子坐下，也没有吃太多点心，只是演出结束后，悄悄地将每种点心都拿了一点，装好放在包里。

第三天，演出快要开始了，我惊喜地看到那个男子又在门口出现，还领着三个白发苍苍的朋友——就是那三位在购物中心的角落坐着的老婆婆们！她们拄着拐杖，蹒跚地走向观众席。等他们一坐下了，我立刻端去点心和饮料。其中一位老妇人拿着点心，嘴角动了动，却没说出声来。从她的嘴形判断，她在说："多谢。"我心中一阵暖流。

那天是中国民乐专场。演奏家们精彩的演出，吸引了众多的听众。快结束时，只听见台下观众喊着："再来一首！"我走到台上问："大家意犹未尽，还想听哪一首歌？"此刻，三个老妇人正和那个男子耳语。他不停地用手心搓着裤子，在这么多人面前说话，显得紧张。他涨红了脸，终于说道："阿姨想听《十面埋伏》。"我顿时笑了，原来老太太还知道琵琶曲中这首最有名的曲目。她那不能读书的双眼，那双曾经茫然和呆滞的双眼，此时陶醉在音乐中，充满了智慧的光芒。临走时，那个男子自发地拿走了好多张传单，说是要帮我们宣传。而三位老人布满皱纹和沧桑的脸，向我轻轻地露出一丝微笑。

后来，我再也没有看见过她们，不知道这三个老妇人去哪里了；不知道她们现在是否开心一点了；不知道这个世界上，有多少像她们一样的老人，孤独地坐在城市的一角，不言不语寂寞地守在自己的世界里；不知道一个微笑、一个邀请能带给她们多少改变。至少、至少可以告诉她们的是——她们并不孤寂。我们始终敞开着大门，等待她们的到来。

附：An Open Door（十一年级翻译）

During the 2010 Vancouver Winter Olympics, I was selected as the Program Coordinator for a six-day celebration founded by S. U. C. C. E. S. S. , a service organization dedicated to providing the well being of all Canadians and immigrants. During the Winter Olympics Games, through daily cultural performances, live broadcasts of Olympic events, interactive games and information on Chinatown's heritage, we endeavoured to promote multiculturalism and provide a positive outlook on the City of Vancouver for visitors from all over the world. At the celebration venue, visitors and citizens could watch games and enjoy refreshments for free.

Performances during the Olympics often began in the early afternoon. In the morning, however, I would lead a group of volunteers to distribute flyers and promote the celebration on the street. One day, while distributing flyers in a Chinatown mall, I noticed three slow-moving elderly women with rumpled clothing and pallid complexions. They stared blankly into space—their eyes dull and mouths shut. They did not communicate with anyone, nor did they talk to each other. I approached them, offering them some flyers.

When I smiled and invited them to participate in the celebration, they did not glace at me and waved me away. Disappointed, I had no choice but to cautiously put my flyers into their hands. With a blink of hope, I simply introduced the celebration and asked them to take a look at the flyers. One of women finally spoke a few words in Cantonese, "We are illiterate. We can't read any of this!" I promptly answered, "It's okay. You can keep them. Our event is open for everyone; we would love to see you there." A young man sitting beside her laughed, "Aunties don't read. They never go to those community events."

On my way back to the S. U. C. C. E. S. S. celebration, the poignant image of these three gloomy women lingered in my mind. Later that day, I learned that a majority of Chinese immigrants in Vancouver's Chinatown were descendants of railway workers who came to Canada in the 1880s. Many of them lived under the poverty line; some were even abandoned by their children. I regretted not talking with them for a little longer and not understanding their circumstances. So I decided to return to the mall to find them-the next day.

On my second attempt, at the same place in the mall, I saw these same three women again. Just like last time, they were sitting on the bench without a word spoken. This time, I greeted them with fruit, treats, and pictures instead of flyers. They finally glanced at me. The nephew was still wandering around the mall. He had become curious and asked me questions about the event.

Shortly before the show was to begin, this curious man was already hovering outside the event venue, waiting to be led into the performance. Seeing him at our venue, I had to refrain my enthusiasm so I did not run to him to lead him in. Hesitant and restrained, he located himself at a far-away seat, after eating only little dim-sum. After the performance, he carefully wrapped a basket of dim-sum, secretly put it into his dirty, old side bag, and quietly left.

On the third day, to my surprise, he came again, followed by three slouching figures—the three elderly women from the shopping mall. They all used canes, faltering as they took their seats in the audience. Once seated, I promptly poured them tea, selected an assortment of refreshments, and brought them to the seated women. One of the women holding her cup of tea looked toward me, and slightly moved her lips, but did not make a sound. Judging from her gesture, I knew she was trying to say, "Thank you". I was filled with a sense of joy.

On that particular day, the musicians were playing traditional Chinese instruments onstage with a thousand people in the audience. When the performance was almost over, the audience shouted, "One more song!" I went on stage and asked the audience, "Is there a specific song you want to hear?" At that moment, the three women were whispering with their man. Nervously, he rubbed his palms back and forth on his knee, perhaps afraid to speak in front so many people. He approached the stage and anxiously mumbled, "Aunties wanna to hear 'Ambush from Ten Sides'" —a classic Chinese musical masterpiece. When the musicians began to play, one of his aunties' gnarled fingers began tapping along and her once half-opened eyes were filled with radiance. Upon leaving, the nephew voluntarily took many flyers, saying that he would help promote this event. As these three women raised themselves on their canes, one of them moved her lips slightly to smile.

Since then, I have never seen these three women. I do not know the impact we had on their lives, but I would like to think we have made them happier. I do not know how many people in this world are like them: solitary, lonely individuals sitting on a corner somewhere in the city, removed from reality. I do not know how much difference a smile or an invitation can bring them. But at least I do know that through our volunteer work, there are places where these women will not be lonely. We always keep the door open awaiting their arrival.

妈妈手记

你从小就喜欢在家举办“文艺晚会”，在学校也是积极的文艺分子，曾协助过老师举办过各种演出，比如：初二负责过学校的“省实百变秀”。到温哥华后，你并没有因为语言和环境的改变而有所顾忌，反而越办越大，你曾协助过学校局组建新移民学生社团3Bs，带着新移民同学为敬老院为社区中心文艺演出，受到了学校和社区的欢迎。但你还嫌不够，你说你想要更大的舞台。这一次，温哥华唐人街庆祝2010年奥林匹克冬季运动会，为期两周六场的多元文化汇演，这么大的项目，中侨互助会竟然放心交给十年级、不满十六岁的你来负责，并且发工资给你。从安排节目到聘请演员、号召义工、组织观众都是你来全权负责，这样大胆的决策，真令我和你爸爸吃惊。不知中侨的负责人怎么想的，是头脑发热、病急乱投医，还是独具慧眼，看出了你的领导组织才能？你得意的一笑说：“心有多大，舞台就有多大。”

温哥华的冬天，下午四点就天黑了。在这次活动里，你下午两点前去敬老院接老人们来看演出，四点钟后，看完演出，再将他们送回去。虽然敬老院距离中侨的演出礼堂距离不到500米的路程，但对于依靠手推车行走的老人们来说，那是一段遥远的路程，特别是天黑后。接送老人们是你的任务，因为其他人去接，他们就会摆着手，说：不去了。

那些天里，温哥华唐人街的街头，下午时分，行人们就能看见一个小姑娘小心翼翼地带领着二十到三十个推着手推车的老人，排成一队，浩浩荡荡地穿过十字路口，几乎所有的车辆都停下来为这个特殊的队伍让道，所有的路人都为你们行注目礼……

每当经过这里，我的脑海里都会浮现出当时的镜头。

知识链接

推荐书籍

《教出孩子的自信、品格和抗压力》（澳大利亚）迈克尔·格罗斯著，清华大学出版社。

第十四章　海到天只有一个码头的距离

海到天的距离

我和妈妈在海天高速的码头上眺望远处的风景

海到天有多远？到了温哥华，我一直在想：有些距离真的很远，远得就像海和天一般，也许永远没有尽头……

今天，我们一家从温哥华途经海天高速去惠斯勒。如同“海天共色”，她的英语名也令人迷醉——“sea to sky”，海到天。爸爸说，这是《国家地理》杂志评选出来的11条全球最佳驾车旅游路线中的一条。

两卷诗篇镶嵌在“海天高速”两侧。一篇是彩云间的碧水，偶有日边来的白帆，惊起一滩鸥鹭。另一篇是与海峡彼岸相对的雪山，轻柔地连绵着。两岸鸟声啼不住，车已驶过了万重山。

海边的码头上，有一间小木屋是一家咖啡厅。骑着单车锻炼的人们，驾车飞驰的行人都不禁停车驻足，被美景吸引，忍不住进了咖啡屋，边喝咖啡，边眺望大海。

对海蓝蓝的赞叹还未落音，爸爸就已经把我们带到了雪山的脚下。

我惊异为何众鸟高飞尽，却不觉孤云独去闲。摇下车窗——隐约可以听见山间森林中嘤嘤成韵的鸟鸣；或见树枝蓦地弹起，一个轻巧的身影闪过，只剩下沙沙作响的树枝。纵使空山不见鸟，却可闻得语响，原是调皮的鸟儿都在与云朵捉迷藏，云朵自然不孤、不独亦不闲。就连端庄躺在玉壶之中的雪山，看了也微微地笑了。

峰回路转，忽见飞流直下的雪水，疑是银河奔流到海不复还；又好像一位白发如雪的女子在轻歌曼舞。我兴奋地对爸爸大呼："停车!"

追寻蜿蜒的小路，忽逢"桃花林"：安静得只有鸟鸣，干净得只有水彩颜色，可爱的小黄花尽情绽放。

爸爸择了一处树荫停下。不经意间，我一抬头就看见了枫叶。

"停车坐爱枫林晚，霜叶红于二月花。"想到这句诗。

一家人在森林里野炊

“桃花林”中，清泉流于石上，两岸青树翠蔓，落英缤纷，远随流水香。来往的游人说说笑笑，老老少少，背着旅行包慢跑。几张木桌怡然坐落小溪边的草坪上，几对夫妇怡然自得地野餐。古人梦寐的桃源境未必只在世外。

汽车继续在诗篇中驶过。夕阳西下了，仍旧留恋海天的风景不愿归去。再次行走在 sea to sky 高速路时，我蓦然回头，望见一个码头安静地伸出海岸，仿佛要一直延伸到天际。

原来，海到天只有一个码头的距离。

妈妈手记

你和你爸爸都深爱着温哥华到惠斯勒的海天高速公路，不仅仅因为这条美丽的公路既能看见大海，又能望见雪山，开心时需要来，烦恼时更需要来，而且因为奔驰在雪山大海之间，能让人心旷神怡、宠辱皆忘。海天高速承载了我们全家太多的喜怒哀乐以及对生活的憧憬。驰骋于此，便能感受海到天的距离。

对我来说，旅行的意义是寻找和丰富生命的体验，是脚下的路，更是心中的路，目的地本身并不重要，重要的是它是否能触发内心的某种感受！

经常带孩子去旅行，可以增长孩子的见识，他们在接收更多事物与见闻的时候会寻找到更符合自己内心愿望的爱好，而且亲眼见过一定比只在书上看过或者听人说过更有触动性。

现在国内的孩子很少有接触自然、了解社会的机会。尽管他们可以从书本上知道许许多多动物植物的名字，尽管他们能够流利地讲述故事或表演各种技巧，但是他们的感性认识是浅薄的，他们的体验也是匮乏的。比如我们认识的一个在广州的孩子，从来没有见过下雪，在他的笔下，冬天会是怎样的一番景象？为了弥补这种教育上的不足，有效而简单的办法就是：带孩子去旅行！提高孩子的感知，旅途中的一切都是最形象最生动的教材。旅行中会不断遇到新的考验。孩子每遇到一次挑战，就能学习如何应付周遭环境，同时得到一辈子受用无穷的能力和自信心。旅行中经历的新的人、事、物能够激励个人成长，让孩子变得更好奇、更好学，有更开放的心胸接受新事物和新观念。当然，外出旅行会遇到一些想象不到的问题，孩子也必然面对困境，这就迫使我们克服困难，对孩子和大人的身体和意志都是一种锻炼。

所以，经常带着孩子去旅行吧，你收获的不单是沿途的风景，更有成长的喜悦。

能看见太平洋吗

昨天外公从中国打电话到加拿大，问："念念：你们在温哥华能看到太平洋吗？"爷爷也来电话问过同样的问题。

我说："能看到，我们经常到海边去玩。"

踏浪

温哥华是太平洋西海岸的一座海湾城市，美丽的海岸环绕着她。人们过着悠闲的生活。海边是娱乐场：游泳、冲浪、晒太阳……别以为在海上冲浪的那些矫健的身影都是年轻人，花白胡子的大爷也不少呢！

海边的主人

海边有许多动物：天空中翱翔的白头鹰，礁石上独立的鹤，前来向我们讨食的海鸥，在这里抢食、栖息、繁衍。每当我拍摄到动物时，都会高兴地惊呼。它们才是海边的主人。

你是我的风景

森林里的小木屋、散步的小狗、女郎婀娜多姿的身影都是我镜头下的风景，我暗暗得意。可是一不小心，我也许成了别人镜头下的风景呢。嘻嘻！

海边婚礼

碰巧，海边举行了一个隆重而简洁的婚礼，和国内大红大绿、张灯结彩、吃吃喝喝的热闹不同，整个婚礼的颜色只有黑白两色，新娘洁白的婚纱裙，新郎深色的西装，用白色的蕾丝花边点缀了的一朵朵鲜花。简简单单安安静静，就像一场小型聚会。大家听了牧师的祷告词，见证了新人交换戒指，相互说了一些祝福的话。整个时间不到一小时，参加婚礼的二三十个人就散去了。

还有一对老人静静地坐在岸边，望着大海，就像海边的两棵大树。

海边每天都有动人的风景和精彩的故事。什么时候，爷爷和外公亲自来到温哥华，和我们海边踏浪、森林里散步，一定会喜欢的。

以此博文送给爷爷和外公。

你是我的风景，我又是谁的风景呢

妈妈手记

从二年级暑假开始，你爸爸每年都会开车带我们旅游。我们的车轮碾过了五万多公里的中华大地。每次出行的最终目的只有一个——冰川，仿佛有一种无形的力量吸引着我们走向它。你爸爸说，他最美好的时光是在出野外、住帐篷考察冰川时度过的。他这辈子就喜欢三样东西：一台越野车、一架照相机、一张地图（现在是 Google Map 了）。开着车，带着家人重温往日旧梦，他乐此不疲。到加拿大后，我们依然用车轮来丈量从家到冰川的距离。

也许是受他的影响，你从小就喜欢探索，从你开始学走路起，你都“不老实”，喜欢这里摸摸，那里动动。每一件你没见过的东西都会引起你的好奇：“这是什么呀?”随着年龄的增长，你想要了解的东西就更多了，常常刨根问底，问许多“为什么”，我和你爸爸不但给你一一解答，还会鼓励你自己去寻找答案。这也培养了你勇于探索的习惯，这种习惯一直保持至今，探索让你感到充实和满足，也带给了我们一个又一个惊喜。

十岁的远足

云中行

在迷迷糊糊的睡梦中，我听见爸爸在对妈妈悄悄说：“今天必须到泸州！”我急忙从床上坐起：“好啊！”说罢，叫他们赶快收拾，去吃南丹特产：米粉。

吃完早饭，就出发了。

因为南丹几乎是广西和贵州的边界，所以我很遗憾这么快就离开了美丽的广西。可是，我们到贵州后，发现贵州另有一番迷人的景象：

如绵花的云朵点缀着跟大海一般蔚蓝的天空，山却和广西的山不一样，如果说广西的山像盆景，那么贵州的山，绿油油的，连绵起伏，就像一条巨龙，卧在那里一动不动。

在贵州省内经过了都匀、贵阳、大方等地区，车一直在往上爬，像蜗牛一样。准备离开贵州境界时，爸爸告诉我：“我们要到云贵高原的最高处了！”“真的吗？”我兴奋地说道，“有多高？高得能摸着云吗？”爸爸对我笑了笑，说：“云是摸不着的，它和雾一样，是种气体。”妈妈点头，我也说是。

穿过了一条条山路、隧道，来到了一座大桥前，我指着大桥中央说：“看那里有朵云！”那云可真白啊！白得像刚落在地面的雪。那云可真静啊！静得让你感觉不到它在流动。

这时，车已经在云中行驶了。我急忙打开窗户。顿时，窗外一片朦胧，什么也看不清。云没有味道，颜色跟雾一样，而且两个都是气体，但为什么云在天上，雾却在地上？

我眼中的科学家

今天，我们去了爸爸读研究生的地方，看望了爸爸的几个科学家同学。

去往李叔叔家的路上，我想：他长得什么样呢？住的房子是什么样的呢？一定很豪华、舒适吧！爸爸告诉我："李叔叔曾参加过全国有突出贡献的科学家探讨会，朱镕基总理还接见过他呢。"爸爸接着又神秘地说："他还有一个国家颁发的特别奖状呢！"

"什么奖状？"我好奇地问。

爸爸故弄玄虚，没有回答。

说着说着，已经到李叔叔家了，门打开了，一个又高又瘦，皮肤黑黝黝的叔叔出来了。

他温文尔雅，文质彬彬。"请进，请进。"叔叔说。哦，原来他就是李叔叔！因为他和爸爸都是多年的好朋友了，所以我们就毫不客气地进去了。我这儿瞧瞧，那儿看看，准备找爸爸说的奖状。

当我进入房内时，真没想到，里面又小又乱，只有一个小客厅和两个卧室。我简直不敢相信自己的眼睛。

科学家住的房子就是这样的吗？

李叔叔满足地说："这种待遇在科学院已经不错了！经常在野外也很少回这里。"

我找啊找，咦，奇怪，爸爸说的奖状怎么不见了？我好不容易才在厨房里的冰箱上找到一个用架子撑着的奖状。我把奖状上的灰拍了拍，吹了吹，读道：

"五十年来，对青藏高原做出杰出贡献的科学家。"

"哇噻，真厉害！"我叫道。"这么宝贵的奖状李叔叔竟放到这儿？唉！"我又遗憾地说道。

爸爸说，李叔叔每天工作到晚上十一点才回家。

"这算早的了。"难怪李叔叔这么瘦。我想，他对工作达到了一种境界：热爱自己的工作，虽然工资不高，待遇不好，他的妻子女儿都在国外，就他一人，生活十分单调，但李叔叔并不觉得苦，因为他把整个身心都投在了科研之中。对科学的追求就是他的快乐。

这时，我在窗台发现了一个石头。这个石头怎么和平常的石头不一样哩？有好多小窝窝！我急忙跑去问李叔叔，他说："这是南极石，我在南极考察时找到的，这些小窝是沙子在风的吹动下经几亿年的来回碰撞形成的。如果你喜欢就送给你。有机会也去南极。”

抱着南极石，我激动不已。

沙漠的怀抱

今天爸爸开车带我、妈妈、叶阿姨和她的女儿面面姐姐一起去宁夏沙坡头——姑婆家。

一路上，我看到的沙漠同想象的不一样，没有一望无际、金黄色的大沙漠，而是像山却没有一点绿色，全是石头却没有一点点植被的半荒漠地区。爸爸告诉我，这是戈壁。哼！乏味的戈壁滩！

“看见了，大沙漠！”穿过戈壁，美丽的沙漠呈现在我们眼前。绵绵不断的小山丘一个接着一个，就像画得一样，柔柔地、细细地，风吹过，留下一条一条的痕迹。

沙漠全景

我大声叫爸爸停车，脱了鞋，下了车，我一步一步地往沙丘顶上走去。沙子被太阳晒得多温暖、多舒服啊！我躺在干净的沙子上，抓起身边的沙子，看它多细呀！顺着我的五个指头间的缝隙流了下去，像水一样，怎么也抓不住。我在沙漠的怀抱里滚来滚去，尽情地享受着大地母亲赐给我们的礼物。

这时，车里的音乐响起来，是刀郎沙哑而忧伤的歌声，使我的心里升起一种感觉，这种感觉说不出来，也不明白，反正是我这次旅游中最完美的一瞬间。

腾格里沙漠

我从沙丘上滑了下去，沙子都跑进了我的口袋里，再次回头望望我走过的小沙丘，在夕阳下，变成一串串金色的脚印。

到了姑婆家，首先印入眼帘的是一大片葡萄园，在沙漠中显得郁郁葱葱，生机盎然。

妈妈自豪地介绍说：这一百亩的葡萄园全是姑婆的。哇塞！姑婆怎么这么厉害？这么富有？这么与众不同？她是怎样的一个人呢？

征服的故事

很快，我们到了一排平房前，姑婆就站在那里迎接我们。

她，高高地抬着头，挺着胸，优雅美丽。她的确不是个普通的老太太，曾经担任过中科院兰州分院冰川所外事处处长、甘肃省安西县科技副县长。

这时姑爷也出来了。我知道姑爷是世界上屈指可数的沙漠治理专家，我也知道他们曾经周游世界，可是我不知道他们为什么选择了安家在沙漠？我更想知道，他们又是如何变沙漠成葡萄园的呢?

听了我的疑问，姑爷姑婆都笑了，姑婆叫我“小知己”。姑爷说我提的问题挺专业，一边叫我吃葡萄一边耐心地解释这里的变化：“你看这果园有一百亩，曾经和外面一样，是高高的沙丘。我们先把沙丘推平，然后将黄河里肥沃的泥土平铺在沙子上，铺了很多层，这个工作量很大。平好地后，插上优良的葡萄枝。新插的枝过三年才结一次果。第一次，因为土质还不够好，没结果。我们改进了土壤，再插，第二次因为那年风沙太大，葡萄被沙子掩盖了，又没结果。你现在吃到的葡萄，是第三次的成果，这一次，终于有了成果。你们来得正是时候。”

“你们在这里几年了?”

“八年。除了这里的工作，还要回去写书。”

八年，八年啊！抗日战争都胜利了。

他们在这艰苦的沙漠里待了八年。在沙漠里种葡萄，在沙漠里盖房子，多么浩大的工程呀！他们在这八年里做了多么有意义的工作呀！我看果园里的每串葡萄都经过精心打理，用纸包住，是真正的绿色食品。花了这么多时间和金钱种植了这么多晶莹的葡萄，卖给谁? 也许他们只是乐在其中。

是快乐令他们做了如此多的试验，
是各种试验令他们如此开心，
是开心令他们如此幸福，
是幸福令他们如此认真，
是认真令他们取得如此大的成果，
是巨大的成果令他们如此的快乐，
战胜了自己，也就战胜了困难。

我的绕口令让姑婆姑爷笑得前仰后合。

沙漠里的葡萄园，漾溢着淡淡的果香味，小狗汪汪地叫着，笑声荡漾在清新的空气中，我好喜欢这里，在这里，我感到好轻松好愉快，虽然这里的生活简单而艰苦。

晚上，躺在床上，躲在蚊帐里，还是被蚊子咬了好多包，但我睡得很香很香……

妈妈手记

2004 年是我们第一次开着自己的车，爬山涉水回到了黄土地上的故乡。当时京珠高速公路刚开通，很多路线还要靠“村道”；我们的 CR－V 还没有导航，爸爸开车时需要你看地图，指挥爸爸；当时，我们用的是胶卷相机，相片是后来扫描的。就是这样，我们的车从广州出发到成都，再到甘肃秦安，经兰州到了宁夏中卫沙坡头，见到了美丽的沙漠，再经西安、临潼、华山及少林寺、洛阳等地从长沙回广州。近一个月的时间，六千公里的路程，你用游记《十岁的远足》22 篇，记录了这次旅行。一路上，你不断地探索不断地询问，用你十岁的足迹来记录了自己的成长。

十一岁的疑惑

九寨沟

我见过一望无际的大海，奔腾汹涌的黄河，清澈见底的漓江，飞流直下的瀑布，但是，我眼中最美丽的水，是九寨沟的海子，九寨沟的瀑布。她一尘不染，五彩缤纷，千姿百态，美妙无比，就像仙女的泪珠一样洒落在青山翠树之间。

清晨，坐在进九寨沟景区的车上。导游介绍说，九寨沟是童话世界、人间天堂。太好了，我正想知道童话和天堂长什么样。

隔着车窗，我看见一条奔腾的小溪。浪花一个接一个直往前冲，在幽深的树林里像一朵朵盛开的白花儿。

我还沉醉在那条美丽的小溪之中，一个海子（藏语的“湖”）已映入我的眼帘！蓝蓝的水缓缓地流着，湖底长着各种各样的植物。透过浅浅的水，我可以清清楚楚地看到水中的植物。叶子和花朵在水面随着水波慢慢地摆动，多么像盆景啊！导游姐姐说：“没错，这是盆景滩。”

车上隔着玻璃，看得不过瘾，我们下了车，一下子投入到一个个海子的怀抱里。一条栈道好长好长，好静好静。只有风儿轻轻地吹过，树叶沙沙作响，我的面颊感到凉凉的；鸟儿欢快的歌声传遍了整个栈道，蝉来为小鸟伴奏，还有“哗啦啦啦”小溪的流水声。我们在这条栈道上边走边欣赏动听的“音乐”。

九寨沟

经过了蓝得就像天空一般、静得就像镜子一般的箭竹海，我在熊猫海发现，水里有好多棵树。树怎么会跑到湖里呢？原来是一棵大树倒在了湖里，许多小树就寄生在大树身上。大树是小树的妈妈呀。在“妈妈”的帮助下，小树鹤立鸡群，别的树都长在土里，而它，却长在湖里。多么顽强的生命力呀！它抓住所有机会，让自己能够生存，哪怕是当人家的“寄生虫”。

我们经过了一个很小的海子，恐怕还比不上一个游泳池那么大。虽然它最浅的地方只有两三米，但是最深的地方竟有一百多米！人不可貌相，海水不可斗量。

我们来到算不上“飞流直下三千尺”，但真的是“疑是银河落九天”的珍珠滩瀑布旁，仿佛是千军万马浩浩荡荡地奔向战场，更像一场倾盆大雨，连照一张照片也不行，因为相机的镜头会被淋湿的。

海子是仙女的泪珠，珍珠滩瀑布就是仙女哗哗地落泪了。

穿过九寨沟里最高、面积最大的一个海子——长海时，天空下起了雨。二舅舅和外公正在高谈阔论，我觉得这个地方好像什么时候来过。是什么时候呢？我想不起来了，就是觉得这一幕在什么地方见到过。于是，我高兴得跳起舞来。“小心！”妈妈吓得大叫一声，“嘿嘿，不会摔下去的！”我故意踩在围栏上做了个差点摔下去的动作，吓吓妈妈。“其实摔下去更好呢！我真想在长海里游泳。”是啊，谁不想扑进这美丽的长海的怀抱呢？

我们要去五彩池了。

五彩池，四年级时在课本上有这篇课文，书上赞叹五彩池的神奇和美丽。从那时起，我就开始向往五彩池：五彩池会是什么样的呢？一定是一个五彩缤纷、绚丽夺目、美丽的海子。导游也介绍说，五彩池是九寨沟最娇小玲珑的一个海子，但色彩却是最斑斓的一个。

下了车，我急急忙忙地跑向五彩池，湿滑的地面让我差点摔了一跤。我低着头兴奋地下着楼梯，当我想抬头来好好地欣赏美丽的五彩池时，顿时惊呆了：前面那个狭小的海子颜色单一，我找了半天，只有蓝色和绿色！这不是我想象中的五彩池！不仅如此，水还很少！这肯定不是五彩池！连问了几次妈妈：“这到底是不是五彩池？到底是不是？”妈妈先是“唉”了一声，然后又点点头。不，这一定不是！浅浅的水，单调的颜色，水底的碎石横七竖八地摆着。书上说五彩池是天上瑶池，我看到的却只是一个普通的海子；书上说五彩池闪耀着不同颜色的光辉，但我面前的五彩池却只有两种颜色；课本上说五彩池是一颗五颜六色的宝石，而在前方的，却只是一块普普通通暗淡无光的石头……难道书上会骗我们吗？难道教科书在撒谎吗？

为什么眼前的五彩池和书上描绘得完全不同？我问爸爸，爸爸说：“可能是因为水减少了吧。”我又问二舅舅，为什么水会减少？二舅舅笑着回答：“这是因为海子里的水蒸发掉的比流进来的多。”突然，二舅舅脸色又突然变得严肃了，他叹了口气，接了一句话：“唉，科学家预测五彩池 20 年后会消失。”什么？五彩池 20 年后会消失？为什么？

我又想起了二舅舅的话：“因为海子里的水蒸发掉的比流进来的多。”海子里的水之所以蒸发掉的多是因为太阳光变强、气温升高；为什么地球上会出现这样的温室效应呢？那是因为臭氧层受到了破坏；而臭氧层受到破坏的原因是空气中的一氧化碳和废气增多；空气中一氧化碳多，废气多又是谁造成的？没错，就是我们自己——人类！人们为了自己的蝇头微利而砍树木，不顾二氧化碳、一氧化碳等废气对环境有多大污染而使工厂排出无数废气，怎么搞的?!! 人类分明是在伤害自己！假设地球上出现了严重的温室效应，阳光变得更加强烈，那么水资源就会越少，九寨沟里那美丽的海子里的水，就只存在蒸发而不存在增加，那么海子就会干旱，而树木则会枯萎，雪山上的雪也会消融。仙女和大地母亲赐予我们的如此珍贵的礼物就毁在了她们亲爱的孩子们手上。我们怎么对得起仙女，怎么对得起大地母亲?! 我真的不敢想下去了……

泪水一滴一滴顺着我的脸颊流下，落在了五彩池的湖面上，湖面霎时漾起了小小的波纹。如果我的泪水可以让五彩池的水变得多一些，我愿意流干所有的泪水。

快要离开五彩池了，我望了这个海子最后一眼，真希望，不管是二十年后还是一百年后，仙女的这些泪珠，都能够更加纯洁、更加美丽！

妈妈手记

很幸运，我找到了当时你和爸爸在出发前制定的旅行路线：

（1）7 月 21 日　广州—长沙—常德—慈利—武陵源区（即张家界风景区），住武陵源区，行程 1100 公里。

（2）7 月 22 日　游张家界风景区，晚上观看奇异演出。

（3）7 月 23 日　张家界—桑植—龙山—咸丰—黔江区—涪陵—重庆市，住重庆解放碑海逸酒店，行程 650 公里。

（4）7 月 24 日和 25 日　游览重庆解放碑、朝天门码头夜游长江、红岩纪念馆、白公馆、三峡博物馆。

（5）7 月 26 日和 27 日　重庆—合川，游钓鱼城，住合川三星锦城宾馆。

（6）7 月 28 日　重庆—铜梁—大足，参观大足石刻。下午：大足—邮亭—荣昌—成都，行程 400 公里。

（7）7 月 31 日　成都—都江堰—汶川—松潘—九寨沟，住九寨天堂，行程 430 公里。

（8）8 月 1 日和 2 日　游九寨沟。

（9）8 月 3 日　九寨沟—川主寺—黄龙—平武—绵阳—成都，行程 480 公里。

（10）8 月 7 日　成都—隆昌—纳溪—叙永—大方—贵阳，住贵州，行程 900 公里。

（11）8 月 8 日　贵阳—都匀—六寨—南丹—宜州—鹿寨—荔浦—贺州—信都—怀集—三水—广州，行程 1120 公里。

学习不仅在书本里，更需要在路上。

当你在九寨沟的五彩池，看到的真实情景与课本上描绘的内容南辕北辙、大相径庭时，你的惶恐和不知所措，其实是在训练你为寻找真理去查阅资料，去进一步探索，同时训练了你的批判性思维。

在北美读书的中国学生都知道：文科比理工难得多。这并不仅仅是因为英语不是母语。美国学生也觉得文科更难。

为什么会这么难？美国的文科，着重分析性、批判性的思维训练，不像中国的文科，主要靠死记硬背。就连 SAT 的阅读部分，都叫“分析性阅读”。

而你到加拿大后，英文还没有学好，对文科的热爱已经显山露水。你的英文老师看了你的文章后，说：虽然你还不能用英文来准确地表达自己，却能在你的文章中读到灵气。你的社会学、欧洲历史和英国文学等课程，在高中毕业时，几乎都能拿到九十五分以上的好成绩，对于一个十四岁才开始接触西方文化的孩子，在短短四年不到的时间里，这几乎是一个奇迹。而这个奇迹，因为这种分析性、批判性的思维训练，需要很长时间的浸染才会有效果，甚至要依赖童子功。这种优势既需要受父母的影响，更需要耳濡目染在实践中积累。为什么你在北美会展示出你文科的明显优势？我认为，在我们第一次行万里路时，就已经奠定了。

亲吻大自然（一）——意料之外

昨天还是阴雨绵绵；昨天我和妈妈还嚷着不愿意去班芙旅游了；昨天大

家还感太过疲惫、不够时间、准备不充分……总之，不想出门；昨天爸爸还拿着精心策划好的旅行计划，一脸愁苦，不知如何是好。然而今天，裹不住激动的车厢里，载满了大包小包的行李和妈妈昨晚准备好的食物，带着三个兴奋的旅者，前往加拿大国家公园——芳名远扬的班芙，今天已经是欢歌笑语、笑声朗朗了。

刚出温哥华，我就在车上昏昏欲睡。昨夜准备这次出行一直到凌晨，而今天的路程又很辛苦。爸爸一个人开车，能坚持得住吗？路上若像想象中一样没有餐馆，我们带的食品足够吗？晚上到了第一站 Jasper 又住哪里呢？

一觉睡醒的我，被窗外美景惹得有些坐不住了。

大朵大朵的云在连绵的峰峦上端晕开，好似一团团的白绸子，罩着羞涩少女的美丽脸庞。绿色的草原像一尘不染的地毯，舒展在少女的脚下。

妈妈突然叫起：“啊！看呀！”爸爸吓了一跳，急忙一个急刹车：“怎么了？”我哈哈大笑，前不搭后地冒出一句：“斑点在地毯上涌动。”不是吗，甩着尾巴晒太阳的奶牛，优雅嚼草的骏马，都仿佛是草原上的小斑点，轻巧地跳动。

偶尔一两个农庄，都是极其古典悠闲的大房子，外面围着一圈白色的矮栏。我好像看到了《简·爱》和《呼啸山庄》里的女主角，在童话一样的庄园里嬉戏玩闹或是漫步深思。妈妈问：“你说在这里的孩子去哪里上学呢？”

西方古典小说的情节还在我脑海里徘徊，于是想也没想，脱口而出：“一定有个很漂亮很温柔的家庭老师，教着这些庄园主的孩子们，各种各样的知识，奇奇怪怪的语言，唱着美妙的歌，就像简爱一样……”

沿着 Fraser 河一路行走，原本该是疲劳的旅途却充满了惊喜。

河水一时出现在我们左边，一时在右边微笑招手；一时带我们路过祥和的小镇，一时带我们领略白桦林的静谧；一时像是调皮嚷嚷的小孩，一时像是深沉安静的老人。

最意外的惊喜是，一座雪山刹那间闯入了眼帘。

我不是没见过雪山，而这座 Robert 雪山依旧让我迷恋。坐在它的脚下，久久不愿离去。闭上眼睛，还能看见无瑕的颜色，能感受无边的寂静。

Robert 雪山虽是省级公园，却没有一个售票处，游者任意出入。我们甚是惊讶。

没走两步，又一个观景点令我们不得不驻足停下。清澈蔚蓝的湖水漾起微微的涟漪，风吹过湖面，让我感觉像在嚼苹果。苹果的果肉在口中一点一点地融化，挤出鲜甜的果汁。将果汁咽下，全身便溢满了无名的欣喜和幸福感。

爸爸几乎是跳出了车子，拿着相机冲到湖前，摆好姿势，屏息凝视，俨然一个专业摄影师的样子。我端详着相机展示出的相片：一块纯色的美玉镶嵌在两岸青山之间，太阳亦掩不住对此玉的情有独钟，微微地撒下金条，点缀它的美轮美奂。我挤到爸爸的镜头前，非要做这个美玉的“模特”不可。

然而出乎意料的，不单单是风景，一路的高速，每隔一段路便有一个可以休息的观光点。

Jasper 小镇的环境更是出乎我们的意料。每条街道都干净整洁，充满祥和的气氛。晚上我们住的房间，居然还有可以做饭的厨具！

妈妈抑不住的激动，立刻下厨。当一顿丰盛的晚餐端出时，爸爸装腔作势地问我和妈妈：“怎么样？还嚷嚷着不来了？待在家里能见到这风景吗？”

我和妈妈对视一望，窃窃地笑着，顾左右而言他：“好香！开饭喽！”

妈妈手记

在国内时，我们每年夏天都要自驾车游中国西部，亲近感受大自然的魅力，没想到在国外，我们同样还能在加拿大广袤的土地上，驾着我们的“汗血宝马”畅游；而且一路上还会有那么舒适、周到、方便的待遇；更没有想到道路宽敞、平坦，没有过路过桥费，没有高速公路费；并且所有公园几乎都免费开放。看着沿途的风景，我会产生从国内到国外一路驾车驰过的错觉，从祖国到他乡，变的是沿途的风景，不变的是人的心境和对生活的感悟。

亲吻大自然（二）——不与黑熊同眠

今天的第一个景点是 Pyramid 湖。不过事实是，一路都有看不完的风景。

妈妈在车窗边拿着相机，咔嚓咔嚓照个不停。爸爸道：“别照了别照了，到时整理照片很麻烦的。”妈妈瞪一眼爸爸，手中的相机依旧“咔嚓咔嚓”地闪。

离开 Pyramid 湖去往缆车的路上，前方停靠着三两辆车，几名游者拿着相机，蹑手蹑脚地在森林前晃悠，偶尔相互对望笑笑。爸爸眼尖，立刻刹车。原来，森林里有一只黑熊！那只黑熊竟是丝毫没有畏惧人类的意思。面对成群的“狗仔队”，它依旧立在林子的另一端，不慌不忙地在地上寻找食物。人与动物如此和谐。

兴许这亦是 Jasper 镇的一大特色。野生动物横行全镇，有时聪明的它们还会打碎餐馆的玻璃偷偷打开冰箱。在这里，垃圾桶都是密封的铁箱子，并且还贴一个熊的标志，以免熊发现丢弃的食品跑来偷吃。我在想，要是那些熊某日来镇里逛街、瞧新鲜，突然看到那么多箱子上贴着它们的“海报”，会是得意扬扬还是莫名其妙呢？

坐缆车上到惠斯勒山顶，迎接我们的是两只金栗鼠，在荒凉的山顶上自在地活蹦乱跳。我悄悄地把相机镜头朝它们伸进，它们像宝石一样的眼睛无辜地向我眨眨，毛茸茸的尾巴一摇一摇。

就这样和这两只金栗鼠嬉戏了十多分钟有余，一个问题却一直困扰着我：山下树木成荫，花草繁盛，土地富饶，但是，为什么这两只金栗鼠要生活在这样一个连树也无法生长的山顶荒漠地带呢？是否因为山下太过舒适，还是因为它们想做狂热摄影师眼睛里的那个傲世模特？

告别了金栗鼠，我们逐渐登向了真正的最高峰。流动的河流，平静的湖水，连绵的山脉，洁白的冰川，还有翻腾的乌云，全都一览无余，尽收眼底。一切都不能用语言形容，责怪自己文字这样贫乏，面对大自然无数思绪涌出却张口无言。

我不敢相信自己的眼睛，用力踩了踩脚下的碎石，确定我的脚下汇聚着上帝创造的精华、自己也身在这个自然的奇迹当中。风吹过发丝，松鼠在四周雀跃，原来我正拥抱着大自然，原来我正触碰着它的神奇。

我还能够做什么呢？爸爸紧紧地抓着相机，妈妈迷醉地凝望远处，而我，痴痴地不停喃喃道：“一览众山小，一览众山小……”然而就是想不起上半句了。反正是想不起了，我便上接下凑地拼起：“空山不见鸟，一览众山小。峰回头忽转，野熊在尿尿。”我自己还没来得及笑，旁边的爸爸妈妈已经合不拢嘴了。

上山的时候，我不小心被裸露的岩石滑了一跤。山下万丈深渊，虽是美得极致，看得仍有些惊心动魄。灵机一动，我问：“妈妈，如果我从这里滚下去了怎么办?”她正儿八经地答道：“准备相机——拍照。”拍照??拍照比我还重要？哼！好吧好吧，你们照相，我也乘机体验一次近距离触摸整座山的冒险旅程吧。最好让我再滚到一潭湖里，好好泡个“天然浴”。

可惜不用我自己滚下去，坐缆车下山后，爸爸马不停蹄地将我们带去了Annette湖、Edith湖以及Maligne峡谷。不论是哪一个景点，都是一番美的感受。不论在哪一个地方，人、动物、植物、山水，好像都成为了一个整体——完美和谐的整体。

忘记了高楼大厦、忘记了网络电话、忘记了忧愁烦躁，让心安宁地沉睡在大自然里吧。

不过夜里睡前，我仍然检查了酒店的门窗以防黑熊悄悄入侵，笑着想，还是不要与熊同眠为妙……

妈妈手记

自然界是如此的玄妙，看似不相交的事物之间却是相辅相成的。也是因为它们的相互影响，彼此牵制，自然界才能有和谐之美。人要想与自然界和谐相处，就应该遵循自然界的相处之度，在欣赏自然美景的时候，也别忘了防范黑熊的入侵。加拿大一邮递员突然成为网络红人，因为他将开出的“熊出没”邮件通知放上网，结果被全球网友疯传。

亲吻大自然（三）——改变

此时，我坐在Golden镇里的一间森林小木屋里，记录着过去两天发生的所见所想。

时光过得飞快，像窗外的溪流，顺着山林或是无声，或是汹涌地流过，每经过一个地段，都留下一种叫作改变的东西。

离开 Jasper 小镇的那一天，成片的乌云开始被奇妙的画家，用毛笔轻轻地抹开，逐渐散去。

在 Columbia 冰川的脚下，爸爸妈妈和我换上登山鞋，准备感受登在冰川上的感觉。

这片冰川近年消融迅速，它的融水在末端化为河流流向北冰洋。我们一深一浅地踩在冰川上，晶莹剔透的冰层，发出嘎吱嘎吱清脆的响声。四周被纯白包围，风一吹过，一股清凉透彻心脾。闭上眼睛，就像是前世的遥远记忆晃过一般，我想起了前年爬天山冰川的情景。

当年十三岁的我，也曾像现在一样，把脚踏进冰雪世界。而此时非彼时，周围风景变换，人也不再是那时的人。随着雪山小溪逆流而上，好像可以看见过去两年走过的路，好像所有的得与失、乐与苦、改变的和未变的，都像电影一样一幕幕放映。冰雪会消融，人亦会改变。登在这片静谧的冰川上，有一种强烈的愿望冲击着我：不管怎样改变，心中对理想的那份执着从未改变，对故土的那份眷念从未改变。如果可以一直，就这样一直地走，走在这片干净纯洁的道路上，多好！

这就是 Columbia 冰川给予我的遐思。

当晚到达 Louis 湖，这个闻名遐迩、期待已久的圣地。

在湖边的宫廷式度假别墅里住了一夜，第二天便迫不及待地围绕着 Louis 湖登山。

大多游客在湖边留两张合影就起身赶路，而我们却选择了亲近大自然。记得妈妈下山后感叹，这次登山体会到三个“尽”字：尽力而为、尽情享受、尽兴而归。

不可置疑，登山的一路，松鼠为伴，小鸟为友，若是疲倦了，还可以透过树荫，隐约寻到蓝宝石一般的 Louis 湖。人们都说 Louis 湖的景色宛若仙境，但依我看，它却没有开车走在冰源大道上的那些小湖好看。在我眼中，它多了几分修饰，少了几分野性；多了一些游客，少了几分宁静；多了几分完美，少了几分圣洁。无论如何，蔚蓝的天空、平静的湖水，还有活泼不怕人的小动物，始终叫人赏心悦目。

坐在湖边的茶馆里品茶，望着楼下一对情侣牵着一只调皮的大黑狗在岸上野炊、一群无知的小孩在与松鼠玩耍，心中一阵喜悦与闲适。

走在山间的小路上，仿佛能够感觉到这座山的灵气与精气，全身都得到了完全的舒展和放松。

只有此时此刻，你才可以体会到，自己是自然界里一个完完整整的个体、一个独一无二的精灵。你可以在山林里自由地穿行，可以闻到树木发出的幽香，可以观察到各种生物的一举一动。

下山后，我蓦然懂得，我的存在、我的生命如此真实独特，而我生存的环境如此令人留恋。无论如何改变，都是为了在这个令人留恋的地方，释放自己最真实最独特的生命。

那天抵达 Banff 镇已是傍晚了。在城堡宾馆安顿好后，一家人到当地的西餐厅享受晚餐。远处天空的晚霞，映衬着挺拔的山脉。微微闪烁的烛光，则照着爸爸妈妈的面颊。周围氛围太过悠闲，爸妈也讲起了他们的爸爸妈妈、爷爷奶奶的故事。对我来说，那些都是不可思议的天方夜谭。仅仅是两三代之隔的前辈生活在水深火热之中，而我们正在高档的西餐厅享受着美味的艾伯塔牛扒。区区的几十年，多少日新月异的变化。

这个小镇也因此给我留下了温馨的印象——我们一家人曾在这里其乐融融地聊着家族的变迁。

在离开班芙的路上遇到了“天然桥”。它不是最美的景色，却是让我最记忆犹新，使我豁然开朗的景色。

顾名思义，天然桥是山石间由于河水冲击而形成的一座桥。从介绍牌上了解到，最初在天然桥没有形成前，这里是瀑布。经过若干年，水流在阻挡它们去路的石墙上寻找到一丝缝隙，便拼命朝缝隙涌去。因为水流的不懈努力，石缝被慢慢扩大，最终成为了一个像桥洞那么大的石门。然而，故事还没有结束。随着石门的不断扩大，连接石门的“门梁”也将会被水流冲掉。也就是说，奔腾的水势，会在某天将坚硬的山石断为两截。

我的视线久久地没有离开解说牌上天然桥不可思议的形成故事，耳膜则被河水的怒号声不断震荡着。水虽是温柔易碎的，但那声音却好似可以刺破心脏。水流狂风一般前赴后继地从狭小的石门间一泻而下，长年累月，河床可以改变、瀑布可以变成峡谷，然而，从未改变的是方向、从未放弃的是努力、从未丧失的是信心。

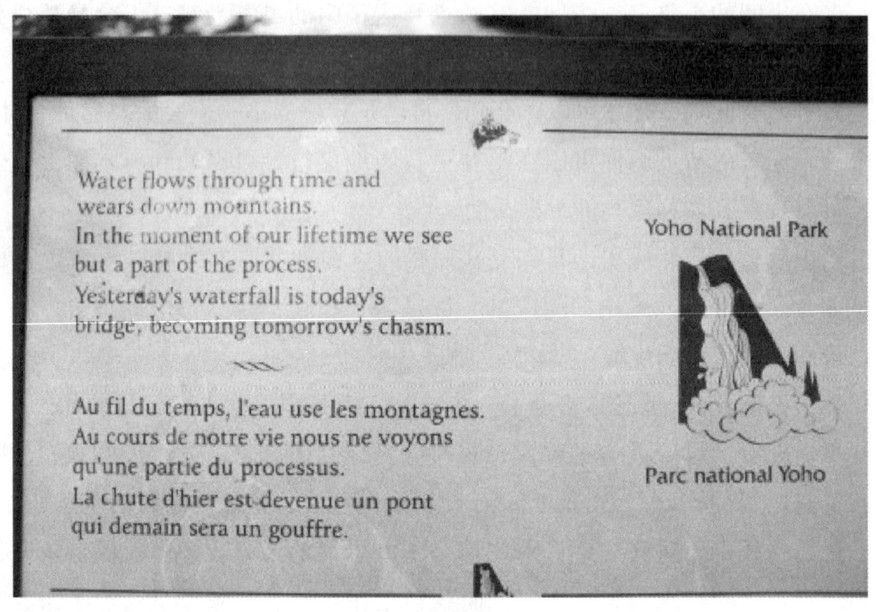

天然桥的介绍牌

介绍牌上的最后一句话烙印在我的心里："Yesterday's waterfall is today's bridge, becoming tomorrow's chasm."（昨日的瀑布是如今的天然桥，将要成为明日的断崖。）

这是天然桥为流入海洋的水流改变路程。

改变，是成长的表现。

而亲近大自然，则是改变的起点。

妈妈手记

如果真有一条通往天堂的路，我们也想象不出，它能美过从嘉仕伯到班芙的冰原大道。它一定是世界上最美丽的公路之一了。洁白的雪山一个接一个，美不胜收、目不暇接；清澈见底的湖泊缠绵在雪山脚下，形态各异、五彩斑斓。一路驾车过来，我们真是举步维艰、寸步难行。这份艰和难，不是道路难行，不是困难重重，而是美景太多，令我们在一个又一个的惊叹声中，停车、踏足、观赏、拍照，希望通过我们的镜头，将这样的美景留得更久些、传得更广些。

清新的空气中弥漫着花的芬芳，妖娆的野山花绽放在雪山、湖泊和森林之间。微风拂过，芦苇摇曳，轻声歌唱，瀑布哗哗哗，为空灵的山水奏响音符。我们忍不住停下脚步，洗耳倾听，静心体会。时而冰天雪地，时而山花灿烂，不让我们有丝毫的视觉疲劳。

冰原大道就像一幅长长的图画，为我们展示美景处处。在画中，不仅有形、有色还有声。那天，从嘉仕伯出发到路易斯湖，约两百多公里的路程，我们却走了整整一天。山川温暖，道路妩媚。但愿太阳不会落山、道路没有尽头……

但再长的旅途必有终点，如同从中国到加拿大这一路走来，虽然这种距离的跨度并不像驰骋荒漠的狂野，也没有漫步小巷的惬意，却也能让人感受到生命的美好，这样的美好并不是那么震撼，却是回味无穷。我们要给这种旅行一种什么样的态度呢？我想，答案应该是——从容不迫，尽情享受。

妈妈手记

你小时候，有一次我拿出一颗黄豆问你："这是什么？""黄豆。""你确定吗？"你又仔细地看了下说："一颗黄豆。"我摇了摇头，告诉你这里是一碗黄豆，你不明白，于是我就拿来一个花盆，把黄豆种了下来，过了不久，这颗豆子发芽了，你很兴奋，我问你这还是一颗黄豆吗？你摇了摇头，等豆子长出了叶子、开花、结果后，我和你一起把种子收在碗里，看着碗里的黄豆，你说："妈妈，你真厉害！"我告诉你，其实并不是我厉害，而是任何事物都是一个发展的过程，我们看事情不能只看现在，而是要用发展的眼光。通过这件事情，你形象地认识了事物的发展观。这使得你在今后的成长路上遇到挫折和问题时，都能不被当下的状态所困惑，用发展的眼光来看待和处理它们，这就少了些许焦虑和困惑，多了一份淡定和坦然。

真正聪明的人，往往会勾勒出对将来发展的预想，他们不是走一步算一步，而是考虑十步，才走一步，永远着眼于未来。用发展的眼光对待事物，未来的人生才会胜券在握。

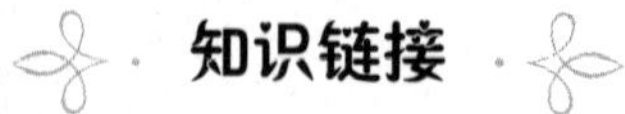

知识链接

推荐书籍

《教孩子把握好说话处世的分寸》丁宁著，九州出版社。

推荐电影

《人生遥控器》。导演弗兰克·克拉斯。该电影讲述了主人公在偶然间拥有了神奇的可以控制时间、空间等的万能遥控器之后，遥控器给他带来了种种欢乐与灾难。

第十五章　在路上的瑰丽心情

回家

高中毕业，我收到常春藤盟校之一哥伦比亚大学的录取通知书。十八岁那年，我离开加拿大温哥华，只身一人到美国纽约求学。没想到，一去就是好几年……

——前记

只有回到故乡，才能知道这些年走出去了多远；只有见到故人，才能找到再次出发的勇气。

从美国纽约回到中国广州，再到四川、甘肃和加拿大温哥华，我开始了久违的归乡之旅。

记得有人曾说过："Home is where you go to find solace from the ever changing chaos, to find love within the confines of a heartless world, and to be reminded that no matter how far you wander, there will always be something waiting when you return."（家是你在混乱之中寻找慰藉的地方，是你在无情的世界中寻找真情的地方；家让你知道，不管你流浪多远，都有一个港湾等着你靠岸。）

四川成都

今天去文殊院看望外婆。这是外婆去世后，我第一次为她扫墓。

穿过苍天古树、黄袍僧人、一块写着"闲人勿进"的牌子，我们走到释迦摩尼佛像前。

大舅舅对一位工作人员说："老兄，帮忙开下锁吧。"

大舅舅手微微颤抖，拉开被解锁的门。里面一个小盒子，几朵枯萎的白花，还有，外婆的遗像——一张黑白照片里的年轻时代的外婆朝我们微微笑着。

大舅舅把外婆的遗像擦了又擦。

妈妈和二舅舅已经侧着脸，在一旁啜泣。

寺庙的钟声响起，音波穿透寺庙，穿过我的所有神经细胞。

我想起了外婆的手，那双因风湿病多年而变形的手，瘦得只剩下皮包骨，却拉扯我一直到三岁，是这双手帮我盖被子，是这双手帮我织衣服，是这双手帮我端菜，是这双手紧紧地握过我的手，直到再也握不住了。

我后悔自己没能快快长大，没能趁外婆在世的时候，让她享享我的福。

钟声又回荡在整个寺庙。我告诉自己：不哭。

看着外婆的遗像，我默默地想：外婆还在，您的气息、血脉、灵魂、生命，都在嘟嘟弟弟、旺旺弟弟和我的身上延续着，继续茁壮地成长着，继续开花发芽结果。您的在天之灵一定会感到欣慰的：最小的嘟嘟弟弟现在可是体操小王子，旺旺弟弟在上海念书，我也从纽约回来看望您了……

大舅舅把外婆的灵位门关上。

外婆：您放心，我会好好珍惜自己，爱护好两个弟弟，让您的血脉在我们身上一代代传下去。

那一刻，我突然忍不住了，泪水从眼眶滑出，落在外婆灵位前。

温哥华

纽约到温哥华的飞机缓缓落地。

飞机在滑行，我看着这片熟悉而陌生的土地，想：在纽约住了这么些年，只回过温哥华两次，都是因要办事而短暂停留一两天。

我拖着行李箱还没到出口，就看到妈妈朝我使劲招手。她跑着穿过人群，接过我的行李箱，说：“妈妈给你煲了你最喜欢的排骨汤，从早上开始煲，现在一定很浓很香。我还做了你最喜欢的三文鱼、回锅肉。噢，还有胡萝卜、西红柿炒鸡蛋……”

我说：“坐飞机坐了那么久，我都困死了，就想睡觉，没食欲。”

妈妈说："就喝一点汤，就一点点嘛，好不好？"

我敷衍着点点头，路上差点睡着了。

一进家门，赤脚踏在温暖光亮的木地板上，踩进暖黄的灯光里，闻到家里飘荡的四川麻辣香味，对于在外面流浪已久的人，突然感受到：真的回家了……回家的感觉真好，睡意没有了，食欲也说来就来了。

爸爸妈妈看我喝汤，开始跟我计划在温哥华的行程。

"我们要带你去 Jericho 沙滩。还记不记得，我们以前一起去看野兔、海鸥和鸭子？现在沙滩修整得更漂亮了！"

"我们还要带你去 UBC 森林。你高中时候，我们一家三口，在你学习之余，经常去那里跑步，你爸说我们仨是森林小分队。现在我和你爸每天都去，森林里每条路都了解得清清楚楚，再去就不会迷路啦。"

"噢，还有 Downtown 市中心那边我们也要带你再去看看。你以前每天都在学习和活动，都没有好好了解下温哥华的市中心区域。还记不记得，你那时唯一来市中心的机会，就是因为要参加课外活动、做义工。唉，可怜的孩子。"

"还有，还有，我们还要带你去格兰威尔岛上！你当时可喜欢这个小岛啦。你当时给报纸写专栏文章时还专门写过一篇《格兰威尔岛的艺术气息》呢。啊，对啦对啦，你最爱喝那里的洋葱汤。我们这次又可以一起去喝啦。"

……

妈妈越说越兴奋，爸爸削尖了头也插不进话来。

我有点不耐烦："我就在温哥华待三天，还有好多事情要办，哪有时间去这么多地方。我们能不能合理安排一下，先把重要的事情完成了再去玩？"

一旁的爸爸，本来还想在妈妈列出的"必去景点"的基础上，再加几条，结果听我这么一说，他理智地回应道："念念说得没错。先完成重要的事情。"

妈妈的眼神闪了一下，像犯了错误一样低声地说："我就想带你在温哥华好好休息一下……我就想重温下我们去过的地方……"

我批评妈妈："事情先后次序要分清，人的精力有限，先把重要的完成了，再用剩下的时间去做不重要的事情。"

自从上大学后，我发现，爸爸妈妈的生活跟不上我的节奏了。他们对我的态度和观念也变了。以前，他们总是不停推我、督促我、监督我、激励我、要求我。而现在，他们的姿态放低了：和我的谈话从“你还需要继续努力”“你可以做得更好”变成“不要那么努力啦”“你都挺好了”“开开心心就行”，这令我有些不习惯。

此时的我，继续在批评指正他们，并道出了我最近所发现的问题：“我发现你们这段时间特别喜欢沉醉于过去。我们能不能不要总是回首往事，要展望未来。我小时候也许取得过一些小成绩，但都是过眼烟云了，人要向前看，好汉不提当年勇，是不是?”

爸爸沉重地点点头：“念念说的是，我和你妈接受批评。”

而妈妈没有爸爸那么理智。她一面默认我所说的，一面嘟哝着：“我知道……可是，你在纽约时，我和你爸想你的时候，只能去以前和你去过的地方、讲你以前的故事……我们是用回忆来互相取暖……”

她停了停，说：“妈妈就是想你了……”

我安静了。

原来，妈妈要带我去那么多地方，不是因为不懂得轻重缓急；妈妈总是回忆我过去的事情，不是因为不懂得面向未来；只是因为，她想我了。

原来，我拼命往前走往前走，忘记了回头看一看、回家看一看，人生最重要的是什么、最需要的是什么。

我拿起勺子，舀上满满一勺妈妈煲的汤，塞到嘴里，连同泪水一起吞进了肚子里。

在路上

我喜欢在路上的感觉。喜欢走在静美壮阔的冰川上，牛羊成群而过的草原边，荒无人烟的沙漠里，高原泞泥的小路间，灯火辉煌的城市里。

人们不停地走在路上，因为停止不动的心灵才会疲惫，停滞不前的灵魂才会孤独。这便是为什么我们选择了不断前行。

在大学分秒必争的生活中，我义无反顾地抽出一段时间，选择让灵魂前行，在旅行中、到路途上寻找自由和升华。我背起行囊，开始游走四方。

我是纽约客

纽约现代艺术博物馆

这里价值连城的艺术品无数，我最爱的是毕加索的《镜前少女》。毕加索用简单的线条，勾勒出一个内心世界复杂的女孩。画中央一面镜子，折射出镜左镜右女孩的两面性：她像天使一般的的单纯、天真和母性，还有魔鬼一般的野性、扭曲、和痛苦。画前的我们，又是怎样的呢？画中人看着镜中的自己，而画外人在画中寻找自己。毕加索用画中人映射出自己的影子，又将画外人吸进了他画中的世界。左边那个天使的少女，也许像还未步入社会的我们、也许像别人眼中的我们。然而，谁又知道右边那位魔鬼般的我们，那位真实的、被现实社会所折磨的我们呢？生活的滋味，就像这面镜子，只能如鱼饮水，冷暖自知。还有谁能解其中滋味呢？

纽约时代广场

我最爱夜晚时分在时代广场旁做瑜伽。每次躺在瑜伽垫子上做 Savasana（摊尸式）时，便看见瑜伽教室外的灯红酒绿，听见酒吧大街上的嬉笑喧哗，与屋内的安宁和执着形成了强烈的对比。然而，练瑜伽的我们不动心。不论外面世界多么繁华热闹，也不会扰乱我们内心世界的平和。Namaste.

纽约中央公园

去中央公园跑步，每天都有会惊喜。有时撞上同在跑步的熟人，有时看见刚生完孩子的妈妈推着婴儿车和婴儿一起奔跑，有时遇到中央公园举办活动，媒体观众排成一条线，有时偶遇一片平静的湖水、一栋古老的城堡、或是一只可爱的小松鼠。今天跑步时，身边飞驰而过一个白发苍苍的女人。她步伐矫健，身姿敏捷，就是两腿颜色不一形状也不同。我仔细一看，原来……她右腿是条假肢。我再瞧瞧自己，不由得感叹：装着假肢的人都在奔跑，我们双腿健全的人还有什么理由在这里慢悠悠的？

走过万水千山

中国苏杭

从小读着白居易的“江南好，风景旧曾谙”，心中总是向往那个“日出江花红胜火，春来江水绿如蓝”的景致。没想到，不论在苏州的拙政园，还是扬州瘦西湖，我只看到里“红胜火”一般人山人海的游客，还有因为污染而变得“绿如蓝”的河流或湖水。

坐在庭院里，我叹口气，闭上眼睛。突然，我看见了梦中的江南，我心目中的江南。

原来，江南美，不在于它实际呈现的景象，因为已在喧嚣的都市和拥挤的游客中流失；江南美，在清雅诗词的字里行间，在古典小说婉约女子的举手投足间，在于对历史的臆想和对感觉的意象；江南美，只有闭上眼睛、放任思绪、穿透心灵，才能感受到。就像莫奈的画，就像三毛的文字，就像朴树的歌。

中国苏杭

中国香港

朋友总是问我：你去过那么多城市，最喜欢的是哪个？每次我都会纠结好一会儿，结果答案总是一样——香港。

香港结合了所有我住过的城市的优点：它有温哥华的山和水，有纽约的现代和繁华，还有广州的饮食和文化。

这里更有志同道合的小伙伴、有一年一度的 Ivy Ball（藤校舞会）。藤校舞会是专为常春藤校友在香港举办的晚宴及舞会活动。今年的藤校舞会在香港会展中心举办。晚宴前，我和小伙伴们在晚宴地点外的大厅，拿杯鸡尾酒聊天、结识新朋友。到点后，入场。舞台上各种歌舞表演，其中各校校友齐唱校歌的环节，令整个会场热情高涨。常春藤学校的校友们陆续上台唱校歌，大展我们“美妙”的歌喉和舞姿。还有各学校之间的比赛和游戏，此时我都快饿死了，终于等到了晚餐！头盘、主食、点心、红酒、白酒、香槟酒……哇，对于一个吃客来说，还有什么比美食更让人目不暇接垂延欲滴的呢？

我的晚礼裙本来就很紧身，在一阵海吃之后，已经快被圆圆的肚子撑爆了……这是我的小秘密……我生怕吃得太饱，一不小心挤破了晚礼裙的拉链，只好拼命收腹不动，假装若无其事的样子。这时，大厅中央有人随着舞台上歌手悠扬的歌声翩翩起舞，饭后，运动运动有利于消化。

中国香港

晚宴结束后，有人成群结队转移战场，去酒吧继续 party，有人回家，有人去其他地方清静清静。而我，第二天一早就要回广州了。于是，我脱下高跟鞋，换上平底鞋，提着自己长长的晚礼裙，在小伙伴的泪眼婆娑中，朝香港会展中心招招手：“再见了，香港！我一定会再回来的！”一个灰姑娘就这样眼泪汪汪、可怜巴巴、屁颠屁颠地滚回自己的小窝了。

新加坡

新加坡就像一袭异常华美，但穿起不舒服的晚礼裙。在游客眼中，她是如此五光十色、整洁安逸。刚到新加坡的前三天，我充满好奇地探索着这个国家，乘着出租车周游于各种景点之间，不亦乐乎。从第三天起，景点玩完了，我开始不知去哪。朋友告诉我，我去的这些景点，在这个弹丸之地上其实只有一步之遥。新加坡太小了，我认识的每一个当地人都告诉我，他们想离开新加坡，因为这是个生活乏味令人压抑的鸟笼。突然间，我开始同情新加坡：美丽的背后，都是不为人知的酸楚，只有自己才知道……

墨西哥坎昆

墨西哥坎昆，位于加勒比海畔，是美国人的度假天堂。我眼中的坎昆，是饥渴、疲惫、麻木、渴望自由的人们，让自己丢失灵魂的躯壳稍微休息一下的地方。也许柔软的沙子能平抚内心的崎岖，也许海浪能冲走脑中的杂质，只是，一旦离开它，一切又回到现实。于是，坎昆，只是一场梦境。

墨西哥坎昆

中国广东南昆山

在南昆山上住了几天，远离尘嚣，修身养性。沿着山脊爬几十层的阶梯回房间。推开房门，迎面扑来的便是山、水、树、云雾和蝉鸣。

我已经淡忘了纽约。

我爱纽约，但是，纽约让我倍感身心疲惫。纽约人的生活充斥着对金钱、名利、成功的追求。权利与财富，是纽约的两个上帝。弱肉强食，是纽约人的生活方式。我害怕自己变得和他们一样势利，和他们一样为了生存而不择手段，和他们一样被名利蒙蔽了双眼。可是我更怕自己成为竞争中的手下败将、成为这个弱肉强食的社会中最先倒下的那个。如此的挣扎和矛盾让我不知所措。身边很多人都这样：白天，上班十几个小时；晚上，继续加班，或者去学校进修补课；深夜，在酒吧或夜店里为了扩大社交圈而继续应酬。每天都如同赶赴战场一般，不免流露出一脸的杀气腾腾。

我们不断问自己：耗尽青春地工作、学习，为了什么？放弃了健康、家庭、爱情、朋友，又得到了什么？

我一直在想，一直继续在水深火热之中煎熬着，找不到答案。

然而，有时，翻然醒悟就是一瞬间的事。

南昆山的野山茅草屋，与纽约截然相反。那天早晨，我推开山中寒舍的房门，山上烟雨缭绕、百般寂静。一滴露珠从门前的树上落下。嘀嗒一声，露珠滴在一地的落叶之上。我毫无来由地想起了日本平安末期的诗人鸭长明。他的一生正值源平动乱的时代，经历了平氏一族的灭亡和古代天皇制的衰落。他出家隐居，也是居住在山中茅屋里，写下了散文集《方丈记》。鸭长明写道："房屋及其主人，（略）无异于牵牛花及其上面的露珠。时而露珠落下花残留，但残花不待朝日时；时而露珠还在花已败，但不到黄昏珠已落。"他把房屋比作牵牛花，把房屋主人比作花上的露珠，其生命都如同一弹指顷，朝生暮死。

人的生命都如此短暂，我想起了柏拉图说的一段话：人通常会追求比自己更美好、更高尚、更不朽的事物，比如，爱，可以使短暂的人生得到延续和持久。

对于爱的定义可以有很多，不论是对一个人的爱，对上帝的爱，对精神生活的爱，还是对自己的爱。曾经读到一篇文章，最后一句话是："世界少了我，其实无所谓。但我少了我，还剩什么？"如果我们都不爱自己了，那名与利，又有何意义呢？我们又如何奢求别人爱我们呢？

爱自己，就是保持自己对真理和内心平静的追求。

我追求对精神生活和对内心世界的经营，可是，出家遁世、皈依佛门，只能是一种可望而不可及也不敢的生活。毕竟，现实生活对我来说太多留恋、太多不舍。身处宁静的山里，心，却怀念着纽约。隐匿山中的鸭长明也有同样的烦恼和矛盾。他说："身虽为僧心仍在俗。"他虽过着与僧人大相径庭的生活，却对俗世依旧依依不舍。

头顶飞过一只小鸟，唱着歌，轻快地扇着翅膀。它小小的身躯，在浩瀚的天中显得那么瘦小，可是却毫无怯意，轻松而勇敢地飞向远方。也许，对于鸭长明而言，"身虽为僧心仍在俗"是他无法解决的矛盾，可是，对我而言，换个角度一想，将两者调换为"身虽在俗心仍为僧"，不就可以找到解决烦恼的方案了吗？

虽然行走于俗世间，但怀着一颗僧人般的心，依然热爱生活、热爱工作、热爱纽约，但不再任凭自己的心灵被生活主宰、跟随着别人亦步亦趋的脚步，而是怀着一颗僧人般的心，行走于俗世间，不断修行、不断磨炼，心让身能够出于俗世而不染。

想到这里，我慢慢推上了房门。回房间，收拾收拾东西，准备下山。我想，我已经准备好下山了。

美国西部自驾游

我和爸爸妈妈又开始了自驾车旅行，这次是在美国西部，想圆一个全家人的梦：驾车行走于美国加州一号公路——世界上最美的一条公路。

我们的行程路线为：温哥华—西雅图—瑞尼尔山国家公园—波特兰—林肯城—梅得福—旧金山—圣克鲁兹—加州一号公路：蒙特雷小镇（渔人码头、十七里湾海岸线），卡梅尔小镇，大苏尔，帕非佛紫色沙滩—洛杉矶：好莱坞、星光大道、比弗利山庄—圣莫尼卡沙滩—里奇克莱斯特—死亡谷—毕晓普—优胜美地国家公园—旧金山—温哥华。

西雅图

在蒙蒙细雨中，我们从温哥华出发了，过美加边境，大概四个小时的路程，我们很快就到了翡翠之城西雅图，也是微软、亚马逊和星巴克的总部所在地。开车一进入西雅图，就马上体会到不同：温哥华仿佛一个现代化的乡村，自自然然、安安静静的，西雅图则灯红酒绿、人来人往；温哥华的车速不紧不慢、行人的步伐也透着休闲安稳的气息，西雅图的车则你追我赶，好像每个人都匆匆忙忙，奔波于生计；无论在多伦多还是温哥华，加拿大人脸上总挂着纯朴的笑容，总是希望和你聊上两句，美国人也是彬彬有礼地打着招呼说着再见，却让人觉得那只是礼貌，琢磨不透他们的心绪飞到了哪里。在西雅图开车转了一圈，爸爸总结说：加拿大要赶上美国还要好几年。妈妈马上说：加拿大甩出美国好几条街了！反正我从小就听着来自他俩完全不同的两种声音，孰是孰非，我心中可是自有定夺。

雷尼尔雪山

今天我开车，穿过森林、小溪、瀑布、湖泊，在傍晚时分终于在距离雪山最近的地方停了下来。我们在雪山脚下一张木头野餐桌前休息。虽然握方向盘的手又酸又累，但是坐在宛如戴了一顶白色草帽的雪山前，看着妈妈为每人泡上一碗热气腾腾的方便面，听爸爸讲解冰川的形成，清凉的山风中伴随着小鸟的歌声，构成了一幅“采菊东篱下，悠然见南山”的闲适画面。我忘记了劳累，好像悟到了一点什么：是万物运转、各得其所的自然法则，是对纯朴自足的理想社会的向往，还是任其自然的人生哲理呢？我不能确定。

第二天继续上路。一路上，面朝大海，背靠森林，绿色的草，金黄的燕麦，温馨的小屋，从容不迫的牛羊和马。我们的车穿越俄勒冈州，翻越海岸山脉，眼前完全是另外的一番景色，让我想起了一首古老的中国民歌：敕勒川，阴山下。天似穹庐，笼盖四野。天苍苍，野茫茫，风吹草低见牛羊。这片土地如此广袤，是我心中理想的社会主义新农村，可是，我很清楚，我们驶入的是美国加利福尼亚州，不是中国的内蒙古大草原。

此时此景，我只能无声胜有声了。

旧金山市

从小就羡慕海上生活，自由自在无拘无束。这次在旧金山湾区，终于体验到了两天水上人家的生活。我们租了一艘小小的游艇，里面五脏俱全：厨房、厕所、浴室、客厅、餐厅和两间卧室，还有我一颗渴望在太阳升起时，扬帆出海去冒险的心。三藩市有我的同学，还有爸爸妈妈的朋友、我的老师，天天忙于见同学会朋友了，在三藩市的五天时间里，我几乎没时间去游玩，原来不管在哪儿，心有港湾就不会流浪。不管在哪儿，有朋友便是家。

旧金山市

硅谷

身边有很多渴望或正在创业的朋友，在我们心中，“硅谷”是个神圣的名词。它是高科技事业云集之地，是传奇故事的发源地。

怀着一颗创业青年般虔诚的心，我们开车围着硅谷转了一圈后，我不由得问道：硅谷为何环绕着斯坦福大学而建？马阿姨熟知三藩市，对硅谷非常了解。她告诉我们说：硅谷的前身是斯坦福大学的“校办工厂”。于是，我在网上查到：“1951 年，斯坦福大学工程学院院长 Frederick Terman 决定创办工业园区，将校园的土地租给当时的高科技公司使用，就被认为是这样一个瞬间。”1951 年斯坦福大学创建的斯坦福科技园成为硅谷的雏形，用它的厂房和实验用房从而获得了租赁和服务收入。由于园区的成功发展，吸引了一批新创公司落户园区，成为美国第一个依托大学而创办的高技术工业园区。斯坦福大学造就了硅谷，硅谷的辉煌正影响着世界。看到斯坦福大学的校训：Die Luft der Freiheit weht（自由之风永远吹拂）。这不正是她的魅力所在吗？

一号公路

纪录片《美国加州一号公路》被称为“前无古人后无来者，史上最美的美国画卷”。沿着千回百转的美国加州一号公路，一边是碧波万顷的太平洋，一边是悬崖峭壁的海岸山脉，海天一色，沙鸥海燕环飞，在深秋的季节里，我们没有“东临碣石，以观沧海。秋风萧瑟，洪波涌起”的荒凉苍茫感，而是“几处早莺争暖树，谁家新燕啄春泥。乱花渐欲迷人眼，浅草才能没马蹄”的春意盎然。孤独的一号公路并不孤独，用安徒生的一句话来表达此时的心情：仅仅活着是不够的，还需要有阳光、自由，和一点花的芬芳。

一路上，无论是奔腾在旷野间的骏马，翱翔在美利坚天空的雄鹰，畅游在太平洋中的海狮，还是随时等待着猎物的鱼鹰，都用一种说不清道不明的眼神看着我们，仿佛是在同情我们好不容易偷得浮生半日闲，踏遍千山万水也只是擦肩而过的过客，留下的永远是匆匆远去的背影，而它们，早已洞察了一切，还没开始就已知道了这样的一个结果……

蒙特利小镇

早餐后，我在旅馆周围散步，走到蒙特利海湾的 Lovers Point（情人角）前。抬头一看，情人角上一对相互依偎的情侣，阳光正好照射在他们头顶，照出一幅动人画面。拿着手机抓拍这一瞬间的我想起 Andy Andrews 的一句话：“我们都是时间旅行者，为了寻找生命中的光，终其一生，行走在漫长的旅途上。一生中至少要有两次冲动：一次为奋不顾身的爱情，一次为说走就走的旅行。”

死亡谷

死亡谷，是加州与内华达州州界处的一片沙漠谷地。这里是北美海拔的最低点，也是全球最干旱、最热的地域之一。

死亡谷之所以被命名的“死亡谷”，因为十九世纪末，无数淘金者在穿越大漠中，没有抵挡住恶劣的天气，大多数人的白骨呈现在黄沙之中。当几个幸存者终于成功走出沙漠，在离开此地时，回头一望，不禁感叹道：“再见

蒙特利小镇

了，死亡谷。”死亡谷便由此得名。

在进入死亡谷前，我们途经一片黄色的树林，在干旱瘦瘠、悬崖峭壁的荒漠地带，显得格外灿烂。深褐色的枝叶，苍凉却又妩媚；粗壮的枝干，扭曲、衰朽却又坚毅、苍迈，弥漫着一种令人感觉窒息又获得重生的黄色诱惑。这是胡杨吗？生而千年不死，死而千年不倒，倒而千年不朽的胡杨树？那个沙漠中的生命之魂，那个古凉州词中拼到最后一刻的战士，一首飘忽在天边如泣如诉的羌笛之歌？虽然从未有缘一睹其芳容，胡杨却一直在我内心的深处，没想到在加州的土地上与她猝不及防地相遇了。越是垂死挣扎之时，越是能达到生命的极限，越能感受到生命的蓬勃。

死亡谷又热又干、荒无人烟、险恶狰狞，绵延的戈壁与昏黄的砂砾让人们巴不得赶快离开这个地方。我却想起“大漠孤烟直，长河落日圆”这样的诗句。眼前的千疮百孔满目苍凉，正是我心目中的诗情画意。站在松软的沙丘上，在黄沙漫卷、如歌如泣的残阳中，我多么想用舞姿剪出丑与美、生与死的图画，这不正是死亡谷想告诉我的吗？越身处险恶狰狞的土地上，越能感受到这片土地散发出的极致的美，越能在这里寻找到内心的平静和心中的诗意。

死亡谷

优胜美地

优胜美地国家公园是我们最后的景点，一副“小桥流水人家，古道西风瘦马”的景象。

大半个月的时间，6050 公里的路程，我们在美国的第一次自驾游结束了。

曾在国内自驾车行走了近十万公里，我们都是冲着那些古老历史去的，我们怀抱中华民族几千年的悠久历史，却发现曾经的辉煌与今天无关。昨天的故事在年复一年、日复一日的奔波中被抹掉，如今只停留于文人墨客的字画之中。当那些朗朗上口、妇孺皆知的中国古诗词描绘的情景，在美国西部辽阔的土地上慢慢展开时，我们欢喜惊叹，更是心痛伤感。

加州面对恶劣的气候、日益缺少的淡水资源，险恶的地势和频繁的地震，就像在死亡谷中的胡杨，因为垂死而挣扎，因为没有过去的辉煌，而牢牢抓住生命有限的力量，却博得蓬勃的生长、无限的生机。虽然她没有悠久的历史，但是，她正在夜以继日、顽强不屈地书写着今天的故事。

我心目中的“虎妞”，正如这片缺乏历史的加州土地，正如那棵缺乏水分的胡杨树，也许天生没有过人的聪慧、没有显赫的背景，但是，却不卑不亢地顽强生存生长着，以自己的方式唱响属于自己的战歌。

附录　虎妞的足迹

2001 年 9 月—2006 年 9 月　入读华南碧桂园小学。期间获奖情况：慕尼黑国际儿童舞蹈大赛独舞组第五名，羊城小市长二等奖和网络人气奖，番禺区绿色环保大使冠军和最佳口才奖，广州市语文能力竞赛一等奖。担任广东省少先队理事会副主席。

2006 年 9 月—2008 年 6 月　入读广东实验中学，期间担任初中部 2008 届学生会主席，荣获校三好学生，校优秀学生干部等称号。

2008 年 9 月—2012 年 6 月　担任袁薇国会医院精选团队青年组领袖。

2009 年 9 月—2012 年 6 月　前往加拿大，就读于洛宾中学。创立 3Bs 俱乐部并担任主席。荣获温哥华政府青年服务奖，校长奖。之后入读西点格雷学校，期间荣获国家 AP 学者奖，国际爱丁堡公爵计划金、银、铜奖，校长奖，荣登加拿大 Fermat 数学竞赛荣誉榜。此外，担任西点格雷学校商会社会服务部代表，创立学校首个社团博客，担任博客主编。

2010 年 1 月—2010 年 2 月　参与组织、策划温哥华冬奥会华埠庆祝活动。

2010 年 5 月—2012 年 9 月　被聘为加拿大主流华人报纸东西文化版面《海念视角》专栏作家。

2011 年 9 月—2012 年 5 月　加入西点格雷学校商会，一年之后担任会长，率领商会打入卑斯省商业竞赛总决赛取得第二名；带领团队参加加拿大英派克小额贷款竞赛，利用主办方提供的 $ 100，最终取得 1500% 的利润。此外，获得加拿大 Dance Power 舞蹈竞赛金奖，温哥华 Kiwanis 音乐节琵琶组第一名。

2012 年 6 月—2012 年 8 月　在广东电视台国际频道 Face Time 节目实习。

2012 年 9 月　考入美国八所常青藤盟校之一的哥伦比亚大学（Columbia University），就读金融经济专业与心理学专业。期间获得院长荣誉名单奖，参加哥大商业竞赛取得第二名。同年加入哥伦比亚大学奥且赛斯舞蹈团。

2012 年 9 月—2013 年 5 月 担任哥伦比亚大学国际关系协会商业拓展负责人。

2012 年 9 月—2014 年 5 月 担任哥伦比亚大学中国法商协会商务部主席。

2013 年 5 月—2013 年 7 月 担任棕泉资本管理投资分析员，参与并购项目；进行市场调研、预测行业发展趋势，并对投资项目做出评估和陈述报告；联络与协调投资人、会计事务所及律师事务所等。

2013 年 7 月—2013 年 8 月 担任新华通讯社—新华电视网财经新闻实习编辑，汇总并分析全球财经新闻，编辑新闻、制作视频，并协助英文配音。参与新华社与马耳他国家文化部部长的商业战略会议并全程进行翻译。

2014 年 10 月 担任 Kenilworth 投资顾问公司金融分析员，为纽约商业地产投资及开发进行金融分析，项目总资产估值超过 7 千万美元。

2015 年我计划去好几个地方旅行，写更多的文字。还有把落下的西班牙语补起来。

还有 2016，2017，2018，2019……

我仍然在路上，我的征程，我的故事。

未完待续。